| 博士生导师学术文库 |

A Library of Academics by
Ph.D.Supervisors

曾泽霖志忞考

———·———

李 岩 著

光明日报出版社

图书在版编目（CIP）数据

曾泽霖志忞考 / 李岩著 .-- 北京：光明日报出版

社，2021.3

ISBN 978-7-5194-5854-6

Ⅰ.①曾… Ⅱ.①李… Ⅲ.①曾志忞—人物研究

Ⅳ.① K825.76

中国版本图书馆 CIP 数据核字（2021）第 058733 号

曾泽霖志忞考
ZENGZELIN ZHIMIN KAO

著　　者：李　岩

责任编辑：杨　娜　　　　　　责任校对：李　荣
封面设计：一站出版网　　　　责任印制：曹　净

出版发行：光明日报出版社
地　　址：北京市西城区永安路 106 号，100050
电　　话：010-63169890（咨询），010-63131930（邮购）
传　　真：010-63131930
网　　址：http://book.gmw.cn
E - mail：yangna@gmw.cn
法律顾问：北京德恒律师事务所龚柳方律师

印　　刷：三河市华东印刷有限公司
装　　订：三河市华东印刷有限公司
本书如有破损、缺页、装订错误，请与本社联系调换，电话：010-63131930

开　　本：170mm×240mm
字　　数：260 千字　　　　　　印　　张：17
版　　次：2021 年 3 月第 1 版　　印　　次：2021 年 3 月第 1 次印刷
书　　号：ISBN 978-7-5194-5854-6

定　　价：95.00 元

前　言

　　本书是对音乐家曾志忞一生重要事项巨细无遗的综合考论。首先，作者对曾志忞研究中的缺憾，发"世纪诘问"。其次，对此前曾志忞研究现状综述后，进入正文，共五大版块。第一，对曾志忞卒年、葬仪进行考证，得出其死于1927年8月4日（阴历七月初七）而非普遍误传的1929年。第二，对贫儿院乐队之军乐队、赐封皇匾，曾志忞领受的诽谤（微词）、口角、所作《国歌》等，进行查证。第三，对曾志忞举家北迁、在天津建寿渔堂（其父祠堂）、在北京办中西音乐会等事项查了个"底儿掉"，并发现步其后尘的另一"中西音乐会"为溥侗领导之"史实"。第四，考察了曾志忞与严修、包笑天、日本戏曲专家辻武雄（听花）之间的深厚情谊。第五，从两方面——乐歌创作、戏曲改良实践，论定曾志忞作为音乐家的历史功绩，并在"缘因初度"简略分析了其戏曲改良归于失败的原因。更深入的总结——上海贫儿院创办旨趣及全文各节点之剖析，在"结论"可谓"元因再度"。曾氏本名泽霖，字志忞，而其家人至今称其"曾志文"是学界至今鲜少人知的"秘闻"。此外，本书另一特色：附《曾泽霖年表》及《曾氏寿渔堂家祠落成纪念册》——内含众多学界未知史料，包括曾志忞亲书的《寿渔堂建筑始末记》《艺菊新法》及与亲姐苏曾泽新合撰之《少卿府君行述》，严修撰《寿渔堂记》碑文，曾少卿《戒烟家训》（墨迹），六旬影像，张謇（季直）《曾少卿像赞》，曾志忞弟子高砚耘、冯亚雄、方经的"跋"，寿渔堂多幅珍贵历史照片、所在位置图，各界名人如教育部次长范源濂（静生）、同济大学第四任校长沈恩孚（信卿）等人的题词。《曾泽霖志忞考》的问世，恰逢曾志忞140周年诞辰（1879—2019），本书经作者十余年打造，是迄今为止上海曾志忞研究的"重头戏"。

目　录
CONTENTS

世纪诘问

学界对上海曾志忞的研究已持续一个甲子（1958—2018），跨越两个世纪，但依然迷雾重重：其生卒于何年何日？上海贫儿院被御赐匾额缘由？该院军乐队在中国婚丧嫁娶语境怎样生长？如何应对诽谤？曾举家北迁因果？寿渔堂何物？其作国歌否？两中西音乐会相互承继？大文豪严修与曾关系若何？东洋早稻田大学政学士出身的曾志忞乐歌创作及其京戏改歌剧有何评判、曲谱长什么样？最揪扯人心的是其音乐伟业缘何终止……曾志忞"问题"可谓引无数英才竞折腰，笔者曾以《广学流慈：曾志忞史料"殆近"①之歟？》投刊，试从史料、原点探索，依然未尽人意，终在掌握前所未有资料后，再次姑妄做出若干阶段性判评，亟待大家"教正"乃至"斧正"。

关键词：严修、孤证不立、广学流慈、曾寿渔堂、瑞芝义庄、中西音乐会、四朝燕乐、梁迁堵、结婚三十年纪念册征题、曾志忞挽联·跋语、大桃源、铮铮铁汉

作者简况：李岩，男，哈尔滨音乐学院特聘教授，中国艺术研究院音乐研究所研究员、博士生导师。

---

① 语出自王国维《人间词话》，初始，"和泪试严妆"为王国维引南唐冯延巳（903—960）词《菩萨蛮》句，继而附着了"评述"，全文："若正中词品，欲于其词句中求之，则'和泪试严妆'殆近之歟。"近人俞陛云（1868-1950）曾评"冯文"曰："'严妆'句悦己（知己——引者）无人，而犹施膏沐，有带宽不悔之心。"（转邓嗣明 2011：196）笔者在此，主要引其"意犹未尽"及"知己"既死，仍为其"严妆"——明之"不可"而为之的"不悔"精神。而《音乐艺术——上海音乐学院学报》2014 年第 3 期将本文原始标题《广学流慈：曾志忞史料殆近之歟》中之"殆近"改为"殆尽"，是疑笔者写错但实际未错，虽仅一字之差，却与笔者引用此词之本意龃龉。

研究述往

　　学界认为：曾志忞的史料，已被众多研究者挖掘殆尽，有点"山穷水尽疑无路"了，并基本沿着"生平、事迹""变迁、疑问""著述、观点"三层次，依次开凿。其中，功勋卓著者，非上海音乐学院陈聆群教授莫属，他不但在资料挖掘、观点更新等方面走在了前列，并得天时、地利、人和。据陈讲，1958 年上音组织编写《中国现代音乐史》时，就曾受沈知白先生的"耳提面命"："你们要是写'学堂乐歌'不要只写沈心工、李叔同，还应该写曾志忞。"（转陈聆群 2009：33）故他郑重提醒："在中国音乐史的研究和教学中，首先将曾志忞列入学术视野和做出评述的，是……沈知白教授。"[1]（同上）1964 年，他又借曾宏燕（曾志忞庶子）、曾裔萱（时为上海音乐学院钢琴系学生，曾宏燕之女——曾志忞孙女）之助，得曾志忞珍贵照片资料若干[2]，并在上海图书馆，找到了一张重要的历史图片——"上海贫儿院管弦乐队合影"（曾志忞 1911c：1），按：后从上海图书馆流出的同一照片，下标日期——"时在宣统二年孟夏月"（即 1910 年 4 月，图 1.）。近期，先生虽至耄耋高龄，却依然未

---

　　[1]　据陈聆群回忆：1982 年 7 月 22 日—8 月 21 日，教育部委托山东大学艺术系在烟台举办的"全国高师中国音乐史教师暑期讲习班"，李佺民先生在讲课中也提及曾志忞。（详 2013：110）

　　[2]　1982 年，陈先生将这些珍贵照片复制了一套，留中国艺术研究院音乐研究所资料馆保存。（见陈聆群 1982：122～125）

放弃对曾氏史料、史实、历史线索、人生动向的追寻与查找，2013年年底，又有相关曾志忞线索的"新作"——《曾志忞——犹待探索研讨的先辈音乐家》（2013：110～113）——问世。其题中之意"犹待探索研讨"，昭示着后学继续前行！

其次，为张静蔚先生，他编选、校点的《中国近代音乐史料汇编》（1840－1919）①，辑录了七条"曾氏言论"②及相关材料，如：曾志忞编《教育唱歌集》目录［详张静蔚附录·学堂乐歌曲目索引（2004：330）］若干。

再次，为美籍教授韩国锽（生于福建厦门），曾发研究曾志忞的两篇论文：《早期推广新音乐的先驱——曾志忞》（1985：29～39）；《曾志忞生平再探》（1990：145～154）。在其第二篇力作中，篇首即告之："近承上海音乐学院陈聆群教授告以，曾志忞妻即五四时代政坛闻人曹汝霖妹，得以在曹作回忆录中寻获部分尚未为乐界知悉之曾氏资料……"（1990：145），其历史功绩：首次让中国学者得见《曹汝霖一生之回忆》③中，隐含着的与曾志忞相关的丰富"口述"史料"真迹"，而曹为曾之大舅哥。

其后，有两次曾志忞相关史料"出土高潮"：

一、1999年，由中央音乐学院俞玉姿教授指导，中央音乐学院黄旭东先

---

① 此书最初为铅印资料集，成书于1983年10月，初名：张静蔚编《音乐史料与论文汇编》中国音乐学院音乐学系（1983b）；首次正式出版书名：《中国近代音乐史料》（1840－1919），人民音乐出版社1998年12月版；后加入现代部分再版（书名：《中国近现代音乐文论选编》，上海音乐出版社2004年9月第1版）时，增加了一篇卢梠找到的新资料《歌剧改良百话》（陆续刊于1914年4－6月的《顺天时报》，北京，过程详后）。

② 即《乐理大意·序》（1903a）、《教授乐理之初步·附图》（1904b）、《音乐教育论》1905a(a)-(b)、《告诗人》（1904a）、《自序·乐典教科书》（1904e）、《音乐四哭》1906a。署名中国未来之裴獭——陈聆群注曰：未知是否以"中国未来之比才"自命？（见1983：46）。以上均见张静蔚"目录"（1998：Ⅲ～Ⅴ）。

③ 于20世纪60年代连载于香港《天文台报》及《春秋杂志》，1966年由春秋杂志社发行单行本，现已绝版，台北传记文学社曾于1980年重排出版，虽大体相同，却不幸省略了原书第22页上的"重要合照"，包括曾氏——曾志忞、引者——在内（详韩国锽1990：145）。故他重刊了此照，见该书彩页"图4"。（同上：7）

生提供的"线索"引领，并得陈聆群、韩国锁、张前等教授及曾志忞的亲属曾裔萍（上海）、曾裔萱（美国费城）两女士帮助，卢栩（时为北京广播学院讲师）找到了一份曾志忞的关键材料《歌剧改良百话》（原刊，北京《顺天时报》1914 年 4 — 6 月，现刊冯文慈教授"整理本"，详曾志忞 1914a：47 ～ 53），据此"新鲜出炉"，卢写出硕士论文《中国近代新音乐的拓荒者——论曾志忞的音乐思想及实践》（1999）并择其菁华（该文第四章），发表了《京剧改革的先声——曾志忞〈歌剧改良百话〉》。（2000：54 ～ 59）

二、2010 年上海举办第 41 届"世博会"，前期，上海图书馆研究馆员张伟借这一千载难逢的契机，于 2008 年，公布了一批与曾志忞及其父曾少卿、上海贫儿院相关的珍贵馆藏史料，并撰写了文章《曾氏父子与贫儿院》（2008：B13 版），其中最重要的讯息：贫儿院乐队的演出简况，曾少卿、曾志忞等人〔如高砚耘（字寿田）、冯亚雄（字孝思）——均曾志忞弟子〕的相关史料。但文中对引文出处未予交代（因报纸文风及版面规则所限，作者将这些对于后来研究者最重要的信息一律删去），但其"线索"，可在陈聆群《从新披露的曾志忞史料说起》[①]（2009：33 ～ 43）中找到：

1.《慈善：上海贫儿院月报》（无署名，暂定"贫儿院编"）若干期〔为自宣统二年（1910）正月二十五日出刊的第 1 号，至"中华民国"元年（1912）十一月出版的第 24 号，其中缺第 3 号和第 21、22、23 号；除第一号为 16 页外，余皆 8 页。（其中若干号有缺页，是上述时段，该院部分活动情况的实录）——其中有大量贫儿院乐队的演出信息、节目单等，引者〕。

2. 曾志忞等编《上海贫儿院第一次报告》封面标明：自开办至宣统元年六月止，即上述时间内，贫儿院的简略情况；其中，刊有署名"忞"的文章《予之贫儿观》、创作歌曲《院歌·其一、其二》《追悼创办人曾少卿先生歌》等。

---

① 此文写成于 2008 年 9 月 18 日。（详陈聆群 2009：43）

3.《上海贫儿院概况》，为曾志忞于"民国"二年"北行"（详后），院事由高砚耘独任后编辑出版，其中虽无曾志忞署名的文字，但在"序""教育方针与设施"及"年表"，记述了与曾相关的史事。（详陈聆群 2009：36）

至此，曾志忞再次成为"中国近现代音乐史"研究领域的"热题"，多位学者注意到这些新史料，并相继发表了文章，如：刘湜湜《遗忘·重现·永恒——曾志忞研究综述》（2010：47 ～ 49）、程美等《曾志忞的人生三部曲》（2011：65 ～ 68）、袁韵佳《二十世纪上半叶中国管弦乐队发展史略》（2011：21 ～ 24）。据中国知网最新检索，曾志忞的相关研究论文已达 85 篇。

一、钩稽补罅

即便有如此众多的史料"新见",但在笔者上文提及的"三层次",依然有遗漏及舛误。现依笔者近年的搜集、研究、整理所得,综而合之,述列于下。

1. 卒年

1879 年生人的曾志忞,本名泽霖(其义,详后),字"志忞"(苏曾泽新等 1919:1),并非 1929 年去世[源自陈聆群(1983:47),据曾宏燕[①]口述,以下简称"陈说"。后来学者,大都沿用此说,如达威(即张静蔚,1983:4)、张伟(2008:B13 版)、刘湜湜(2010:47)、程美等(2011:65)等],而是

---

① 曾宏燕即刻成研究曾志忞的重要"线人",缘此,笔者据史料提供曾宏燕的生、卒年:1920 年 2 月 8 日—1997 年 8 月 2 日。此据曾裔萱提供的曾宏燕《公证书》(上海公证处 1987)——除证明其为曾泽霖、曹理蕴所生之子外,还写明其出生之年、月、日,另她提供了曾宏燕在美国的《死亡证明书》(Pennsylvania 1997),在此特向曾裔萱女士致谢。但据 2017 年 12 月 18 日,在天津"津菜典藏"晚 9 时许采访专程从美国来津拜谒"曾寿渔堂"的曾裔萱称,她父亲的生母非曹汝锦,而姓邬(家人均称邬氏,名俊叔),是曾志忞二房太太,此因曹汝锦所生之子曾宏杰病亡后,考虑家中偌大财产要由男性后代承继,故娶邬氏为姜后,生曾宏燕(当时,靳学东、曾裔萍女婿方联等在场),这与公证书的文字不符,但却是"事实"(同父异母)。为保险起见,笔者在第二天即 12 月 19 日上午 9 时 15 分许,再次确认此事时,天津《今晚报》副刊总编辑王振良先生在场,由此说明,曾宏燕非曹理蕴——曹汝锦所生,并与清癯《曾志忞接灵记》(1927:17 版)所言"庶子"——姜生之子吻合,而《公证书》中文字,显然是为"简洁"起见,而未写出此曲折"隐情"。

1927 年，据清癯[①]写于 1927 年 12 月 25 日的《曾志忞接灵记》（1927：17 版）报道，"曾少卿之子曾志忞，自病殁于北方，迄今已数月"，即曾志忞是于 1927 的 12 月 25 日数月前病逝于北方，这一说法与"陈说"相差两年；另据严修《日记》查证"清癯报道"中之"数月"，应为 1927 年 9 月 15 日前[②]，因在这天严修为曾志忞写了挽联及跋语，故"陈说"——曾志忞已巳年"七月初七后一两天病故"（陈聆群 1983：47）是不准确的，曾志忞的"殁日"，当为 1927 年的 8 月 4 日，即农历丁卯（兔）年戊申月庚午日（七月初七）——此据六天后（七月十三日）曾氏嘉定瑞芝义庄账房的《报丧》"七月初七日接津电惊悉：庄长志忞先生于本日疾终北戴河燕燕山房本宅，择日回南再行讣告，先此报闻"（1927a–b：2 版、1 版）云云证实。而报丧的日子，照中国葬仪，一定在阴历的"单日"而非"双日"。

　　1.1 场面。接灵的地点为：嘉邑——现上海嘉定区的"瑞芝义庄"[③]，该报

---

　　① 著名文人，在 1927 — 1937 年间，为《申报·自由谈》栏目、《国闻周报》，及各类期刊，如《军事杂志》（南京）、《神州国学医报》《妇女杂志》《真光杂志》《时兆月报》《更生》《图画周刊》《对公会报》《兴华》等；撰写过大量杂文、报道、回忆、评论文章。

　　② 据严修日记：1927 年 9 月 19 日"六钟起，作曾志忞挽联（起床后的第一件事，引者）……附跋语百余字，写八言联一支"（1927b：10810）。此记"蹊跷"的是，查"跋语"所记日期为 1927 年 9 月 15 日（同上 a：15818）——"跋语"及"挽联"细节详后。但上两日期，均非曾志忞死亡的精准时刻。

　　③ 《曹汝霖一生之回忆》中，有"少卿丈（即曾铸，是曹汝霖妹曹汝锦的老丈人——引者）急公好义，乐善好施，曾在嘉定购田千亩，设义庄"（详曹汝霖 1980：42）云云，其"义庄"，即嘉邑"瑞芝义庄"，而千亩之详数，为"一千五百八十五亩六分八厘六毫"，价值"一万一千九十七两七钱三分三厘"（曾铸 1900a：2 ~ 3）。另据无名氏报道，"光绪间，购良田建瑞芝义庄……以赡族属"（1925b：3 版），详细地址：上海嘉定嘉清乡西门外（详无名氏 1928b：11 版）；成立日期，据曾志忞在《予之贫儿观》中云："创敝族瑞芝义庄议事（因其有此'倡议'在前，引者），成于庚子（即 1900 年成立，引者）。"（转陈聆群 2009：37）其中"义"字，据何卓勋（字阆樵）云："振饥不期于鼎食，拯溺无待于规行，曾公有焉。然而，泽被一时者，其沾濡有限；泽及百世者，其灌溉无穷……公（即曾少卿，引者）有鉴于此，由是竭力缪绸，持躬节俭……不数载，积数万赀（与资同义，引者）……建义庄于嘉邑，自老而幼，灿然有条，由亲而疏，并及无告，推其恩于师门戚里，仿其教于州序党庠……"（1914：2 ~ 3）其"义庄"非仅行小善之举，而是致力于更为久远、深长之"教书、育人"并不求回报、"泽及百世"的弘达大善。由此凸显了其"义"深意。

道还说：

> 昨日（即 1927 年 12 月 24 日，引者），为曾氏接灵之日，其仪仗虽非极盛，而点缀亦应有尽有，中有十骑十伞及军乐队等；以外，如邑（即嘉邑，引者）中因有之三班与香亭路祭、僧道，概屏弗用；沪上贫儿院之西乐，则于先一日到嘉，是日最为出色者，以此为风头。盖该院即为死者所手创，而二十余青年子弟，特地来送，亦分所应尔也。路由（即行走之路线，引者）自义庄出发，进城兜大十字街，然后至学（即庠——嘉定县学）前汇龙潭（现位于上海嘉定镇南下塘街，引者）接灵位起岸，由其夫人曹氏（润田——曹汝霖字，引者——之妹）扶其庶子（妾生之子）拥坐篮舆（类似于人抬的轿子，引者）而回。唯送迎者绝尠（同鲜——很少之意，引者），以曹氏，虽家属侨寓邑中，而出外之日多，乡谊极薄，酬酢往来，非其所有焉。（1927：17 版）

1.2 仪理。上文虽短，但透露出一些有益的信息：1927 年 12 月 24 日，曾志忞灵榇被从北戴河刻有"心坟"（为"忞"字分拆而成）的曾氏别墅[①]，迎回"嘉邑义庄"时，上海贫儿院的军乐队、西乐队为其奏乐送行，而"邑中因有之三班与香亭路祭、僧道，概屏弗用"，表明了点滴受教于东洋的曾志忞及其弟子们的文化倾向。其实，以洋式的文化场面，对曾志忞葬礼予以陪衬，乃严守父道："府君——为曾泽霖（志忞）、苏曾泽新（志忞姐）对过世父亲曾铸的讳称，下同，不一一注明，引者——力行正道、破除迷信，营墓不相、移宅不卜，而平生犹恶僧道，不许入门，故逝世后，不雇僧道礼忏，盖遵遗命

---

① 曹汝霖云："志忞于别墅界石刻有心坟字样，其意将志忞两字分开。但以坟名其居，总觉不祥……（后）不知何病，殁于别墅。"（1980：264）其实该别墅另有称谓——"燕燕山房"。曹汝霖又称："志忞因……酒毒成肝硬症……以酒病丧生……"其死讯是曹汝霖发电（报）告其妹（汝锦）并"嘱方允常兄赴海滨料理棺殓"（同上），也即，是曹汝霖首发曾志忞的"死讯"。

也"（苏曾泽新等 1919：6）。又，曾铸生前曾训其子侄，"吾死后不做道场，如违，以不孝论"（1900a：3），此"家法"延续至曾志忞葬礼，再自然不过。同时，二十余名曾氏青年弟子、曾嫡夫人（即第一夫人）曹汝锦（1879.12.14—1968.11.16）及姜生庶子（人数不详）亦在场。在作者清癯看来：弟子送行，"分所应尔"——理所应当，而"送迎者绝趁"，则因曹汝锦及曾志忞"出外之日多"，使得乡谊变"薄"，让本应热闹的场面，变得"非其所有焉"。此语，映衬出曾志忞身后事之凄凉！"名噪一时"的曾志忞，该有隆重下葬场面，但"非其所有"的原因，除"出外日多"、疏远了乡亲外，还有何其他因素？特别送葬行列中的"军乐队"是什么来历？

2. 军乐弥漫

1910 年，对贫儿院的乐队而言，已声名卓著，在这一年的 4 月该乐队的一张照片（图 1.），引来世人羡慕的无尽目光，而该院还有一军乐队（图 2.），从该院《财政一览》统计看，从 1911 年 8 月 24 日至 1912 年 2 月 17 日，贫儿院管乐队从出队吹奏若干次 [1] 中，收取吹奏费 1010 元（贫儿院 1913：4），该院管乐队当时有详细"出吹应雇"价格：以不超千元价码为例，八人加一领队半日十元、全日加倍；十六人、廿四人、卅二人价格从半日至全日，分别以十八、廿六、卅四（半日）至卅二、四十八、六十四（全日）不等，并称"不论婚丧喜庆皆可出奏"（贫儿院 1910c：1 版）。另据该院管乐队培育者冯亚雄讲：其始于"宣统元年正月"长成于"（宣统 [2]）二年十二月，计二十四月"（1911：3 ~ 4）。对此队成绩，曾志忞十分认可，称："一人之力、二年之功、皆子（冯亚雄）之赐也，得一如此少年乐队，合全球以观之，恐亦不可多得，

---

① 陈聆群称"60 余次"赢利 1800 元（2009：40），但依据不明。

② 以下注释均出自引者。

子好为之。"（同上）并对其提出严苛要求："勿自画（自我限制）、勿苟完（要发展）、勿苟美（百尺竿头更进步）、以期大成，勿让 Sousa's Pryor's band［苏萨（John Philip Sousa，1854－1932）、阿什·普赖尔（Arthur Pryor，1870－1942）两人的乐队①］一步，予曰：诺。"（同上：4）在冯领导下，该队在 1911 年共有五次出队经历：首次，辛亥正月五日在临时女院晚会，欢迎章仲和（晚六时——七时半），章公是将贫儿院乐队照片带往万国卫生博览会展示的功臣；二次，为曾少卿忌日，管乐队全体（32 人）在曾公位前"祝祭"籍表敬意，"曾（志忞）院监惠队费十八元"（同上）；三次，许荣春出殡，招贫儿院管乐队三十二人、一领队从许府十时出发，至午后一时许，许府当时共雇四支管乐队，贫儿院管乐队此次表现"最占优胜"被评为"年虽幼稚，而奏曲高尚，音色宏大，特居人上"（同上）并收洋六十八元；四次，沈府婚娶，定八人、一领队半日迎送，收洋二十元；五次，环球中国学生会假万国体育会开新年大会时，请该乐队八人、一领队，收洋十元（同上）乃该管乐队辛亥年五次出奏"全录"。与婚、丧、吉庆、悼念场景对应，而对其指责，接踵而至：

　　受雇于人自食其力，本何贵贱之足云，但亦必视其所受之雇当与否耳。今者，社会风俗日事侈靡，遇有吉凶，类皆藉军乐队，以铺张其事，涓涓于沪上，将靡靡于全国，吠影吠形，恬不为怪！究之：吉礼而用音乐犹可言也，凶礼而用音乐，声容愈美备，哀戚愈不足。曾何取义？不特西俗未见此办法，且记昔报载有曰：中国学生之军乐队，不过供婚丧喜庆之用云云，其訾议已在言外……（无名氏 1911a：4）

　　此虽意在劝诫，但透露了一事实：军乐弥漫于上海乃至全国各大城市。据

---

　　①　［美］苏萨（John Philip Sousa，1854－1932），最著名作品《星条旗永不落》组建的苏萨管乐吹奏团名扬全球；［美］阿什·普赖尔（Arthur Pryor，1870－1942），长号独奏家，曾任苏萨管乐吹奏团副团长，后另立门户。在此曾志忞提及后者是因冯亚雄学长号出身。

笔者查证，此风"源头"在军界，据称：

> 中国陆军之军乐，日日招摇过市，众兵戎服戎冠，厚其老脸，大吹大擂，专为嫁娶丧殡之前导，因而花轿仪仗店门外，大书"包雇军乐"等字，是中国之军乐随意招之，呫嗻立至，与以数金，沿途追随，甘受婢仆僮厮，指挥叱骂，情同乞丐，除此以外，一无所用。此为欧洲万国得未曾有之奇闻，而独为中国军界别开生面之"'呫'彩"也。呜呼！外人之评我军界若此，而我海陆军部暨各地之握有兵柄者，一若司空听惯，恬不为怪，其故何欤？君子曰：是为无耻！（息影庐 1913：10 版）

军乐不仅军界"滥用"，上至先总统孙中山（逸仙）登基、下葬，均有军乐相随（申报 1912a：4 版；梁所得 1929a-c：12、28、32），下至一些戏曲名角，在离场时，亦以军乐欢送。据报：杨小楼、章遏云、言菊朋在上海天蟾舞台演出大获成功后，在 2 月 28 日最后一场结束时，天蟾舞台老板特雇用一班军乐队"于彼等戏毕欢送之"，被称"开梨园新纪录"（无名氏 1932：8 版）；大文豪鲁迅逝世，出殡时，由军乐队前导（沙飞等 1936：13）；廖仲恺灵榇 1935 年 6 月 20 日过沪，亦由军乐队迎接（无名氏 1935：3 版）……结婚更无论矣，早在宣统元年，上海附近西乡七宝镇绅士孙翰青侄女孙葆真，与七宝镇董潘子畴第四子潘宗仁结百年之好时，由该地方龙门师范军乐队及各学堂教员、女学生百余人前来贺喜，被称"文明结婚礼"（申报 1909a：3 版）。对此，有人大不以为然，称："军乐之用，本以鼓战争之气，乃近来平民婚嫁事，往往于舆前，列军乐一部，识者嗤之……"（双林黄敦鼎 1912：8 版）。此虽略带谐谑，并夹带了些许不雅词语（不录），但仅攻其一端（婚事），不计其余。更有一全面对婚丧用军乐的颠覆性言论——其以明末清初国家典制专家顾炎武言论起兴，称：

> 顾亭林先生云，鼓吹，军中之乐也，非统军之官不用。今则文官用之、士

庶用之、僧道用之，金革之器遍于国中，而兵由此起矣。盖声音之道与政通，非军事而奏军中之乐，此声为不详也。今则无论婚礼、丧礼无不用军乐，识者但讥其不称也已，而其影响所及，已几成举国皆兵之象，是真所谓民之所欲，天必从之矣。然谓人心尚未厌兵？则又绝非事实。大凡无意识之举动，往往足以影响于政治，古之童谣，事后辄验，见于史册者多矣，惟其无意识，故不啻预言也。今人之好用军乐，宁得谓之有意识之事哉？吾闻军乐之声，每不禁与顾氏同其感想，然则欲希望天下之太平，其必自婚丧废军乐始乎！（随 1923：71）

此乃典型"因噎废食"论，但民国元年军乐初兴持续至 20 世纪 30 年代繁盛无边事实却得验明。曾志忞对此，自有独特看法，称：所谓"风俗日侈，军乐铺张，将靡全国，推尊意，将使全国无军乐乃得社会反奢为俭？呜呼！此等理想在前清百年前、中外隔膜时代犹可行也，今恐此流难挽此局……"；所谓"改良社会先从学界矫正……婚丧喜庆之吹乐"可谓"不敢从命"，这是"金玉其外、败絮其中、假仁假义于其口、似是似非于其衷"式议论，而"理想不同，做法遂异"（1911a：4～5）自不必言；"盖婚丧喜庆社会上常事也，人孰无此境遇？家孰无此际会？婚丧喜庆人家之作乐（yuè，下同），亦常情也……所可鄙者，以作乐者与技术不高尚耳！今以高尚人物，用严重监督为生产计出外吹奏婚丧喜庆，安足污我纯良清白之青年？"（同上：3）即曾志忞贫儿院管乐队，是在冯亚雄训练精良，并不让美国苏萨、普赖尔吹奏乐队技术风范，为世人所送合于常理、急人所急之种种吹奏，怎还忍心对操此业之纯良青少年诽言相谤？尽管有"一千元之限"——金钱交易，对此有人说："不过为此一千块洋钱耳。"（同上）目的在此——因毕竟慈善需众人之力，演奏仅其筹款之一径，但绝非仅此，曾志忞进一步质言："是举改良社会，补助乐界，不独敝院一团之幸已也！"（同上）即有移易风俗之效，并敢为人先、不惧蜚语、特立独行。该院军乐队一次重大的军乐活动为 1917 年 11 月 18 日，贫儿院创始人盛宣怀出殡时，由二十四名贫儿院院生组成的军乐队，在盛氏葬礼中奏乐（详申报 1917：10 版）。此作为及相应议论，充分彰显了曾志忞的"个性"，但皦皦者易污，由此带来恶语相向，仅开其端；尤其曾氏家族，似有受攻击之祖上基因。

3. 皇匾

而使曾家成为"众矢之的"并鲜为今人知晓的事件，为清光绪帝于 1908 年御赐上海贫儿院一方匾额。具体经过：光绪三十三年（1907 年）八月二十日，曾少卿与焦乐山提议组织孤儿工艺学堂，此时已有盛宫保（即盛宣怀，上海籍，时任商约大臣、邮传部右侍郎，引者）"认捐地二十五（亩）有奇"和"曾君（即曾铸，时任二品顶戴上海候选道，引者）捐建筑费三万金，焦君认募若干万两"（转陈聆群 2009：83）。其时，资金可谓充裕。查《政治官报》，对此事有标题式简略报道（1908：3）。再据中国第一档案馆（北京西华门内）珍藏"宫中朱批奏折"有端方的如下文字：

> 现经上海职董周晋镳、曾铸等集合同志，在上海创设贫儿院一所，专收贫寒子女住院膳宿，教以粗涉小学，并习各种工艺，总以能成一技一业，足自糊口为宗旨。现在建院之地，已经商约大臣盛宣怀捐助上海西门外西南首基地三十余亩，该员曾铸捐助建屋费规银二万两，乐善同志并允：捐集开办常年经费规银五万两，约计岁需不敷甚巨，仍拟陆续筹劝，翼垂永久……（此举）使贫子孤儿，既免流离失所之虞，又得化育同沾之乐；在个人多一技能，即社会少一游惰，似于宪政机关，不无裨益。呈请立案……（端方 1908a）

3.1 赐未得瞻。 上"奏"不久（四月十五日）即被朱笔批复"知道了"[1]，

---

[1] 在封建时代，当朝皇帝，以红笔写下的这三个字，具无边法力。

此"奏"表明了三层先前研究者的未尽之意：一、在上海周晋镳（曾四度担任上海商会总会长）、曾铸（专项集资建屋费）等人集资、上海籍商约大臣盛宣怀（在赞助者中，官阶最高）捐地后，才开办了上海贫儿院，故其"职董"是由多人或称多种因素而绝非凭个体之力。但在此前，研究者们大都认为贫儿院的兴建，仅与曾铸有关，这与史实误差较大。二、该举动被顶头上司——两江总督端方首肯后，先前虽有个体属性，但均高官巨贾，并对社会有益无害，且针对广大穷困无助的贫寒群体，前所未有，加之捐资数量巨大，最终感动了朝廷，此后，其不可避免地带有某种神秘色彩。三、两厢对照，有盛宣怀捐地 25 亩余（陈聆群 2009：37）与 30 余亩（端方 1908a）及曾君捐金三万加焦君若干万两（粗疏）与曾铸与乐善同志捐银七万两（精确）之差，笔者在此，更倾向后者之说辞，因端方作为亲历者，定比后人记得真切。

上"奏"被朱批十一天后，曾铸即撒手人寰［殁日：1908 年 5 月 25 日——光绪三十四年（戊申）四月二十六日子时——23 时至翌晨 1 时（曾少卿遗族 1908：1 版）］，该院以光绪戊申年四月初五（己未，德宗景皇帝 1908a：14），被呈报的承请贫儿院成立奏折被朱批"知道了"至批文对外公布的五月初一（乙酉），为上海贫儿院成立日期。在同年六月十三日端方的另一奏折中，不但为曾铸等人此种善举大声疾呼，还力主褒奖贫儿院，可见端方并未因人死废事，只是事主曾少卿无缘得见贫儿院的被褒奖，而端方奏折与此相关的细节为：

该院（即贫儿院，引者）现将竣工，先收二班，额生一百二十名……事关公益，本不敢腆邀奖激，奴才念贫儿院之设，为中国创举，若能办有成效，各省闻风兴起，遂乞案禀请，恩赏御书匾额，悬挂院中，以垂久远……下略。（端方 1908b）

迅即（戊申六月廿三丁丑——1908 年 7 月 21 日），此奏被当朝皇帝、皇太后批复，有"上海绅商捐建贫儿院，赏匾额，曰：'广学流慈'"（大清德宗皇帝 1908b：19）之明文记载。而对公众的正式报道，则见于 1908 年 8 月 23 日的《申报》：

> 上海绅商捐资创设贫儿院，援案恳恩褒奖一案，业已钦奉，朱批"允许"，转行钦尊在案，兹承军机处寄奉：御赐匾额一方，文曰"广学流慈"，合亟札发，札到该司，即便转发该院（即贫儿院，引者）职董收领，敬谨悬挂，具报毋违！（申报 1908：2 版）[①]

由此可知，曾少卿遗愿（因未见贫儿院成立之景象，即死）未果、曾志忞等在将成未立贫儿院时刻，即沾皇族之气[②]而夺人耳目！那怎能不招蜂引蝶，以致狼奔豕突呢！特别当皇家的保护伞收起——乃至倒毙（民国之始，万象更新，帝国轰然倒塌）之日，脏水的倾泻，势所必然！

4. 微词

以江亢虎（1883—1954）为党首的"社会党"杂志《社会世界》，曾于 1912 年报道：

> 社会主义不行，社会无慈善可言，且适足济奸人之恶，支那曾志忞者，

---

① 以上各项对皇匾的记述，与苏曾泽新等自记"光绪三十三年，府君捐资创办上海贫儿院，奉旨嘉奖，并颁御书'廣學流慈'匾额"（1919：4）云云，有一年之差，故此条仅可视为一"粗疏"材料，亦"孤证不立"的现身说法。由此证明：即便"当事人"抑或"亲历者"，回忆也存误差！

② 从该院大门有创办人之一盛宣怀（杏荪，公保）题写的对联"安得广厦千万间代朝廷慈幼恤孤徧育此大地芸芸黄口，同是国民一分子愿吾侪解衣推食庶养成异日卓卓青年"（忞 1909d：64），其"代朝廷"，在时代变迁中、曾改"代四海"［1919d(b)：22］但出身之贵、显及皇家色彩，依然如故。

鸦片烟鬼也，不知出于何氏，为曾某抱养成人。藉其狡猾欺诈手段，在沪上创两贫儿院（因该院分男、女两院，故如是称，引者），以掠夺金钱，鱼肉善类，且尤妒（妒，引者）嫉同办慈善事业之人，杭州张摩诃——杭州孤儿院院长也，受其污蔑，已至再三。其原因为：曾志忑所办贫儿院，虐待贫儿，惨无人理，张摩诃颇能合于慈善宗旨，相形之下，为人指摘故也，曾志忑既霸占玉佛寺财产，入诸私囊；尤复肆其凶焰，骂人为乐，曾志忑真狼心狗肺之徒也！此种狼心狗肺之徒，虽有社会主义圣药，亦无以医之，惟有以赤血黑铁相饷耳！（无名氏 1912e：70）

上文，为笔者所见曾志忑唯一被攻击之激烈"言辞"，其所指陈，如"掠夺金钱""鱼肉善类""霸占玉佛寺财产""骂人为乐""鸦片烟鬼""曾志忑是否为抱养而非曾铸亲生""虐待贫儿"……均为"孤证"，现有"证伪"材料若干：

4.1 抱养。据苏曾泽新等称："母马夫人……生泽新与弟泽霖"（1919：1），此 11 字使所谓"抱养"成为"臆语"；另有证言："铸……生其子泽霖，禀资亦异，铸培植尤殷，髫龄应试，即斌采芹，越明年岁试，又列一等，所谓有志者，事竟成也"（曾铸 1900c：2）；专此，笔者查《松江府试上海县文童正案》曾泽霖（申报 1893：2 版）在录，时在光绪十九年其正值"髫龄"；再查《县试招覆案》曾泽霖的资格审核通过，并在当年十一月初四先期赴学保，亲填公座册，初十与其他考生（包括曹汝霖）齐结县署，听候上海县局门（考生各闭一围挡之门，已成考局代名词，引者）覆试（申报 1894a：3 版），十四日县覆试作诗、文各一道（同上 b：3 版），诗题：以"花榜题名"之"花"，作"五言六韵"诗一首；文题："道善则得之"（同上 c：3 版，典出自《大学》），是次考试"张榜"在十六日，同考曹汝霖得第 17 名，曾泽霖排第 81 名（同上 d：2 版），故曾铸之言虽与史实稍有出入，但事实、榜位俱在，可谓"不虚"。此外，曾泽霖 1896 — 1901 年间共经历九次考试：光绪廿二年，曾泽霖（十七岁）参加上海县试（首场，三月初二，申报 1896a：3 版）、覆试（三月初十，同上 b：2 版）、三试（三月十三日），榜位上升至第八位（同上 c：3 版）；正试在三月十六日，榜位依然在此（同上 d：2 版）；五月二十一日正试覆试（同上 e：2 版）、正试二覆试（五月二十三日）时，曾泽霖榜位上升至第六位（同上 f：2 版）、正试三覆试（五月二十七日）曾泽霖榜位退至第八位（同上 g：2 版）。光绪廿四年三月廿四日，曾泽霖参加提督江苏学政瞿子玖大宗师组织的考试，首题：假道于虞（通场，必考）；次题：必也临事而惧（选择）；诗题：赋、得孔氏如天，孰得违得天字。曾泽霖此次考试成绩排第廿二名（申报 1898：2 版）。光绪廿七年四月十九日，曾泽霖（廿二岁）参加由江苏提督学政李荫墀组织的松属七县文童考试，此考试分正取（三十名）、次取（若干名），曾泽霖在后者，有"次取，曾泽霖（上海）史论"（同上 1901b：2 版）记录，当年史论题之一："鲁肃批一囷（三千石米，引者）与周瑜论"（同上），是三国时期周瑜向鲁肃借粮的故事，这是曾泽霖参加的最后一次考试；同年七月，曾志忞即自费去日本留学了。在《松江留东学生调查录》（见图 4.）中，第 1 号人物即"曾泽霖志忞"，到日时间：光绪辛丑七月；性质：自费；学校：日本早稻田大学预科。该"录"第 18 号人物"曹汝锦理蕴"，到日时间：光绪壬寅五月；亦自费；学校：女子美术学校、东京音乐学校。由此观，她才是清国首位名正言顺在日本专习音乐美术的"捷足先登者"[①]。（同上 1905a：3 版）

4.2 鸦片烟鬼。曾铸为清末禁烟先锋，他抱定"鸦片不除，中国无由争存"——连存在理由都没有——的信念，并创"振武宗社"，制"鹅郎草戒烟膏"（转苏曾泽新等 1919：3），劝导戒烟。苏曾泽新等称："府君守祖训极严，不食鸦片……甲午战败，民气更衰……府君曰：'烟害亦弱国之一因也，非禁不可！'"（同上：5）并在临逝世前，手书戒烟家训（见图 3.[②]）：

---

① 据《东京音乐学校中国留学生名簿》，1904 — 1905 年曹汝锦（理蕴）：唱歌为主科，小提琴为副科；曾泽霖（志忞）1904 — 1907：唱歌为主科，钢琴为副科。（转张前 1999：372）截至目前，曾泽霖在日本东京音乐学校有 3 年完整学习声乐、钢琴的记录。

② 此"手迹"初刊《华商联合报》。（1909：1）

中国不欲争存则已，而叹争存，令禁烟无入手（无从"入手"、积重难返，说明禁烟形势严峻——吸食鸦片现象，相当普遍，引者），此前年（乙巳——1905）十月（10月28日—11月26日间，引者），所以有自禁鸦片之发起也，现奉明诏，设年禁烟[1]，海内欢腾，人尽思戒，本邑禁停烟馆，宪谕（上封命令之俗称，引者）以五月十二日实行禁令，此实起点，有志之士方能舍本而不顾，外间谣言亦因之蜂起，多有劝余暂时走避者。顾我思之，古人有求死、饿而不得者，今得死，所后之职没（mò，引者）而逐之，可乎。书此，示孩奉：万一有事，不必与死我者为难，竟我禁烟初志，虽死犹生。丁未四月二十八日，铸、扶病记。（1907：34）

此"家训"写在曾铸身染重病之际，所谓"饿而不得者"是胃病患者的特殊情状，说明其胃病已达严重程度；即使此刻，其所感念并耿耿于怀"所后"[2]宗旨：竟其禁烟之志，才能使其地下有知、"虽死犹生"！另，曾铸生前，曾立瑞芝义庄"庄规"："洋烟之害，甚于嫖赌，人或犯此，必至百事废惰，如

---

① 史实：光绪卅二年八月丙寅日，光绪帝"谕内阁"："自鸦片烟弛禁（不可用银钱买卖，但可种植之鸦片松弛禁令，引者）以来，流毒几遍中国，吸食之人废时失业，病身败家，数十年来日形贫弱，实由于此。言之可为痛恨。今朝廷锐意图强，亟应申儆国人，咸知振拔，俾祛沈痼而跻康和。着定限十年以内，将洋、土药（进口、本地鸦片代称，引者）之害，一律革除净尽。其应如何分别严禁吸食，并禁种罂粟之处，着政务处妥议章程具奏。寻奏，遵议禁烟办法十一条：一限种罂粟、二分给牌照、三勒限减吸、四禁止烟馆、五清查烟店、六官制方药、七准设禁烟会、八责成官绅督率、九严禁官员吸食、十商禁洋药进口、十一分饬张贴告示，从之。"（德宗皇帝1906：2）潘公展（1894—1975，时任《商报》编辑部主任）对此曾记曰："曾少卿……鉴于中国民族的衰弱病废，以为奋发图强的入手办法，须先禁绝吸食鸦片。于是创振武宗社，劝导自禁，一时支社纷起，自行报戒的有数万人之多。到丙午年，他又上议枢府（即军机处，引者）、力请禁烟。这一年八月间清廷居然下诏限年禁烟……"（1925：13）此旁证了曾少卿禁烟对世人的深刻记忆；印证了"明诏"（深得人心之赞词，引者）、"设年禁烟"等史实；亦透露了玄机：当时曾少卿上议枢府的禁烟"壮举"虽深入人心，但毕竟几家欢乐几家愁——触怒了一些人的"利益"，并达不得不暂时"走避"程度。其所谓"求死"饿而不得者"即当时深受胃病折磨的曾铸有强烈饥饿感，又吃不下去，但死也要死得其所、明白、正当，其中杂有胃病患者特殊感受之话语，不明实情，难解"其义"。

② 有两层意蕴：一、由此而引发；二、其死后，晚辈谨遵并承继之遗志。

庄长（时为曾志忞，引者）庄戥（位次庄长的'总管'，1909 年后为方允常，引者）有吸食洋烟者，即有才能，亦应撤退，凭公另举。"（1900d：3）在此家庭，出一"鸦片烟鬼"，不可想象；而所谓"职没""逐之"何义？暂留"悬念"，紧接之"可乎"，似有"又能把我如何？"之蔑视心态，且已预知"死期"将至，故忌言"死"，多次出现，凸显了其近乎绝望之精神！出于何种情境，曾铸发出了这等悲恸之言？（详后）

4.3 虐待贫儿。杨楚湘称：曾志忞对贫儿有巨大慈爱之心，当"贫儿有疮疖者，躬身去脓、抹药"（1919：16）。这是其亲眼所见，故有如是观：其"仁风、义泽，安得不信以为真"！（同上）此绝非溜须拍马！似更像针对类似前文"诽谤"的反唇相讥。

4.4 霸占玉佛寺财产。查地处上海江湾的玉佛寺始建于光绪八年（1882），一度"系盛宣怀私产"（详申报 1912b：7 版）、民国后充公（无名氏 1912a：5 版），并由"吴淞军政分府发封（发布封条，引者），旋经上海贫儿院……曾君（曾志忞，引者）呈请，改作贫儿（'院'——疑此漏字，故补，引者）收养战地流落小孩"（同上），另有 1912 年 1 月 25 日"上海贫儿院监院曾泽霖'呈'"称"敝院前蒙拨借玉佛寺，收养战地贫儿，于上月（即 1911 年 12 月，引者）开办乃入寺"（同上）之明文记载。上"呈"之"拨借"，业已经上海民政总长李某及宝山县民政长钱某分别照会吴淞军政分府备案（同上）。原寺内僧人因此滋扰，并"声言欲将战地贫儿驱逐出外"（同上），还"播散谣言，意图破坏公益"（详申报 1912c：8 版），后又有军人驻扎该寺，吴淞军政分府以"该军人等，亦系保卫地方，故未便阻止"（同上 b：7 版）为由，采取睁一只眼闭另一只眼的姑息态度，专此，玉佛寺辖地行政长官宝山县民政长钱某，照会沪军都督，要求：一、请将其属下"上海先锋队"从玉佛寺内撤回，并将所谓对玉佛寺之保护，"取消"；二、不许相关僧人再"任意诬诋"，因其"语多谬妄"，并指令此等滋扰僧人，"永远不准再入该寺，如有滋扰情事，定即从严究办"！（同上 c：8 版）吴淞军政分府对军人虽有所纵容，但对僧人却毫不留情，称：如再有僧人"滋扰，准即捆送本'分府'从严惩办，决不竟贷"。（申报 1912b：7 版）此等出于官方、军方保护贫儿院利益之"严令"，缘由："曾志忞办理慈善事业，向负时誉，贫儿院成绩尤佳，其培养贫儿，授以国民普通之智识、生活必须之技，他日立于社会，均为生利之人民，立意至可嘉尚，关系尤为重要！"（同上 c：8 版）这说明玉佛寺绝非"霸占"，而是在官、军两方保护下的"暂借"！至于此事件与贫儿院股东之一盛宣怀（详后）之间的干系？待查。

当然有些事项，也不能说无中生有，本着有文必录原则，立此存照，以备稽考；而张摩诃及其所办杭州孤儿院，确常有资金不足、举步维艰"现状"，据云："壬子（1912，引者）元月间，由本城（即杭州，引者）东'定香寺'僧恒德屡次来院（杭州孤儿院，引者），要求组织城东孤儿院事，将该寺不动产田一百亩，作为常年食粮，开办费略已筹妥，不料佛教会副会长杨见心君中途阻止，因无效果，可惜失了许多孤儿的机会。"（无名氏 1913：41）反倒，曾志忞所办上海贫儿院，事业兴旺，资金隆裕，招致妒恨，非"曾"莫属！也正是这一年的十一月，曾志忞自云："呜呼，自冬至春，院事大打击，心绪恶劣，坐食不安，友人劝予曰：予好游，予四年不游矣，盍（何不，引者）作一游以解烦闷？予曰可。"（1912c：2）此言证实从 1908 — 1912 年的四年间，1911 年冬至翌年春，是其院事被打击的第一阶段。

5. 口角

前因：在 1910 年 4 月底到 5 月的一个月中，曾志忞组织一女子募捐队，装扮成乞丐向社会各界乞款、乞物，地点为南郊龙华古寺［兴建于北宋太平兴国二年（977）］，时有很多"风月"场所混迹周边。曾志忞目的："此行为，做非为钱：捐得一文无可恶，捐得百元无可喜，但能逢人劝说，悉心静气，不亢不卑，用高尚之理想，秉庄重之身份，行困苦之事业，欢迎可领，唾骂可受，便达此行之目的矣。"［1910b(b)：2 版］其见解明朗、态度高尚，并意在对女子行社会之切身体验"锤炼"，却不被世人理解，虽有人对此大加赞赏，称："今春三月间，院中派儿往龙华寺募捐，志忞先生贤夫妇，愿为（扮作，引者）穷爷穷娘，率领前往，备尝辛苦，为各报所嘉许，虽有某报，以各国所无，谓为不当，然劝募金钱岂有一定方法，而中国办事亦何必尽效他国！志忞先生以为：仁者见仁、智者见智，毫无退志，此盖富翁而为乞丐也。"（苏颖杰[①]1910：2）此辩固然极是，但涉足场所，有情色交易在侧，反对者对此不依不饶，并攻其一点不计其余："与世人交接，使儿童得亲受社会之教育者，是亦多术矣，何必蹀躞游观之场，效乞儿之行为乎？……（况）日置身于淫乐之场而自见不淄不磷之风，日逐队于娼妓之侧而自有独清独醒之概？伟哉！"（无名氏 1910：4 版；曾志忞 1910d：3 ～ 4 版）换句话：在风月场所不沾风月，绝无可能，以致有"今岁贵院对于社会感情甚恶，贬语蜚扬，若不改变方针，恐暴戾之徒，将以铁血相见"！（同上 e：3）此其屡遭恫吓时的典型言语套路，但曾志忞也不是吃干饭长大的，答曰："怕死不做贫儿院，怕事不做贫儿院，耶稣死于十字架，乃丁（兵丁）格尔（下）面受蛋击［即古罗马鞭鞘带铁球，故鞭笞称蛋击，上句大意：耶稣在被钉十字架（前），兵丁还在用带铁球的鞭子抽打其身体[②]，引者］不亦荣哉！不亦乐哉！"（同上）此"无忌"之言辞，除透露出其坚定意志，还显露了点滴基督教信仰旨趣，这与自小接受"西式教育"不无关系，但毕竟造成了内心诸多烦恼，并要登报，以长篇大论、详细数据、非常理由［详曾志忞 1910b(a)-(b)］加以澄清，说明其"做为"已引起政府相关职能部门警觉，虽未成灭顶之灾而仅流言蜚语并借朋友"吉言"出游——"躲""走为上计"，但由此成就了其一生中一桩"国事"却始料未及、不期而至。

---

① 本名苏本铫（1874 － 1948），是曾志忞姐夫苏本炎之弟，毕业于上海圣约翰大学，从 1904 年起任上海民立中学校长，垂四十余年。

② 《马太福音》第 27 章第 26 节："彼拉多（巡抚，引者）……把耶稣鞭打了，交给人钉十字架。"（鲍会园 1994：72）此可做上文的参照。

二、被遗忘的国歌

2.1 迷局。曾志忞是否作过国歌？ 1912 年 9 月 14 日，有报道说："本邑曾志忞君，研究欧乐最早，留学中，设讲习会，著作传播，全国受其影响。毕业归国后，与二三同志，更尽力于实地演奏，如声乐弦乐管乐等，时在申地，披候数年实验以来，以为国人乐识，不亚欧人，而较日人过之，惜多畏难、苟安，不专研究耳。民国成立，知时者论国歌问题，先生独默不一言，前教育总长蔡（元培，引者）君，知先生有素，邀往北京，冀于临时教育会中，解决此题。先生抵京后，辞不与会，独游西山者三十余日，领略燕赵民谣，临名山大川，酝酿豪气，八月，望竟将国歌曲脱稿，而先生犹以未足也，由大连旅顺，直游东岛，刻下流连于九州［日本，故有"经旅大再渡东瀛"（无名氏 1912c：12 版）说，引者］间，终日从事于修饰、订正，他日功成，拟将此曲，实地演唱，披露：想（计划，引者）黄花佳节（四月廿七日革命烈士纪念日，引者），共祝周年纪念时，凡我国民，共当洗耳，以赞其成矣。"（同上 b：7 版）而事后曾志忞却说："国歌问题至今尚未解决，菲才自愧不敢负此任，（亦）非冷眼也！"（1912d：7 版）即似这一年的 12 月 6 日前，他未完成国歌创作。事隔八年后，他又说："民国三年及九年，教育部两度有制作国歌曲谱之举，遣书征曲，尚未应命。"（1920：14 版）此"三次"确凿"遗墨"，除显现了他对"国事"的担当、关切外，留下的疑问：他是否写过抑或写完"国歌"？此"迷"显然由上诸历史材料造就；如此事做实，将对其负面影响产生"逆袭"效应。

2.2 风清。从史料爬梳中，终于找到曾志忞于民国元年双十节所作国歌及配套国旗歌歌词：一、为以桃园诗格填词的"中华民国"国歌《大桃园》；二、《五色旗》。证明其未负蔡总长之"邀"，此时，曾志忞俨然以国歌作者身份"亮相"，前歌词分上、下两阕（双调）：

《大桃园》

千年沉睡大桃**园**，万万里桑麻鸡犬。

谁赋此天生壮丽，我同胞莫倦莫倦。

阶天磨长剑，杖地拨沉**烟**。

少年少年，勇往来**前**。

光荣渤海边，水滔滔，山绵**绵**。（57字）

尝胆卧薪年又年，振衣万里城，濯足黄河**流**。

自由自由，铁血以求，惟我先亚**洲**。

专制手，顽固头，斩尽，人人不更**留**。

而今五族一大舟，民国乐遨**游**。

前走前走，永建共和**猷**；前走前走，荣誉冠全**球**。（72字，黑体均所押之韵，下同）

上阕（57字）11句押1、6、8、11句（有叠字），将新生民国比作"大桃园"，因其历来是人们逃避战乱、休憩养生的理想胜境，其希冀和平、安定之心跃然纸上；而结尾之"水滔滔、山绵绵"虽为仿清末代国歌《鞏金瓯》中词风[1]，似乎对帝国有绵延、粘连，但下阕"反专制"语锋，则与清帝制之"独夫"

---

[1] 据载，应摄政载沣王令，曾在宣统三年八月十三（丁未），订国乐（即国歌）一章。原文："因国乐未有专章，谕令礼部各衙门，将编制专章，缮章呈览，声词尚属壮美，节奏颇为叶和。着即定为国乐，一体遵行，词曰：'鞏金瓯，承天幬，民物欣凫，藻喜同袍，清时幸遭真熙皞，帝国苍穹保，天高高，海滔滔。'"（宣统政纪1911：31）由于未公布词曲作者，实情是《鞏金瓯》词出自严复，曲则出自爱新觉罗·溥侗（京剧、昆曲专家，但仅名义上而已，详情则语焉不详），此线索由严复答G.D.Gray——英国公使馆医生的询问，并将自作歌词，译成英文，以彰其义（Yen Fu1912：768～69）这一材料透露。

彻底划清了界线——亮出新民、共和之崭新气象——专制手、顽固头，斩尽、不更留，并带有鲜明曾氏思想的"激进"色彩。下阕15句（72字，有叠句、叠字）押3、6、10、12、14（16为14句之叠）句，其黄河"濯足"、长城"振衣"气概及让"共和"永驻、牢固的呼唤，可谓深远、豪迈；两阕均押平声韵。

后歌词亦上下两阕：

《五色旗》

美哉我国**旗**，曰红曰黄曰蓝曰白**黑**，曰汉曰满曰蒙曰回藏。

国旗有五色，五色**旗**，谁组**织**？

白璧黄金无价**值**。（41字）

此为自由**旗**，自由遵道**德**。

此为共和**旗**，共和守纪**则**。

旗在手，旗在手，国民国民莫辜**负**。（33字）（曾志忞1912a-b：9版、1版）

上阕7句（41字）押1、2、5、6、7句，下阕7句（33字）押1、2、3、4、7句，此最后一字"负"虽为仄声，但以曾志忞的上海口音读，则变平，甚至轻声了（上下两阕均有叠字、句）。其呼唤五族共融、共和、自由，乃至无价宝"民主"心志，可感、可敬、可亲。

2.3 月明。在历史材料中，新立之北洋政府教育部在蔡元培（总长）、范源濂（次长）主持下，征集国歌的三次"国家在场"行为，两次与曾志忞有关：一、1912年2月5日，教育部称："民国成立，尚未有美善之国歌……倘蒙海内音乐名家制作曲谱并附歌词邮寄本部，不胜企盼之至……"（1912a：9）但没有规定交稿日期，在2月25日、7月25日有两组同名《国歌拟稿》[（1）沈恩孚词、沈彭年曲（1912：20）；（2）沈庆鸿（心工）词、邹华民曲（1912：15）]见报；二、7月10日至8月10日教育部在北京开会，8月2日"午前五十分"（11点10分），议员中五十人再度热议"国歌案"，两词谱——章炳麟所选古歌（朱云望曲）、沈心工词、朱云望曲《中华民国立国纪念歌》——
被讨论，但均以"不合今日情事及普通社会"为由搁置并退返教育部（我—
1912：13）；9月第二次征集国歌启动，并称"前通告征求，略谓凡歌有辞有
声，今先征歌词，不求声谱……并悬银市五百元以为酬……11月30日为截至
日"（教育部1912b：1版；另见教育部1912d-e：1版、50）。如以此次最早发布
的征集广告（1912年9月27日）算（教育部1912b：1版），为期六十二天（9
月27日—11月30日）。虽投稿者踊跃，依然未尽人意，诚教育部言："数月以
来，投歌词稿者，踵趾相接，计达三百余篇，然而体大思精、足以代表吾民国
者，迄未获睹。"（1913a：1）曾志忞以《大桃园》《五色旗》应征，恰在教育部
第二次国歌征集"行进时"，并于民国元年双十节在《申报》首登，三日后，《新
闻报》头版再登，反映出国歌之"亟需"、故才一登再登的历史实情，虽未中
选，但词中闪现的精彩，不容忽视。另一要点，过往研究者均对教育部1913年
3月约十人第三次撰写国歌（同上b：85）倍加关注，还得出非十而是十四人被
邀"说"[①]；但从曾志忞对教育部"遣书征曲，尚未应命……"并明确指明：时在
"民国三年及九年"（1920：14版）这一材料及实际作为看，此"类"邀约，曾
志忞亦应在列，并较上"批次"更早。曾志忞确曾为此下过大力，其游历名山
大川、足迹遍及"九州"（在元朝设立之辽阳行省管理的东北地区，辖区内有"北
侵鲸川之海"——日本海——之说，九州即在此海域，大有故地抑或失地"重
游"之慨），无非是想体验华夏大地之壮美后动笔；另他除与蔡元培私交甚好，
与范源濂也情非一般，尤其范对曾家慈善大业、教养贫儿本义，十分认可，称：
"强国之本，要在民庶之教养，故（曾氏家族，引者）汲汲焉输财尽力，以从
事根本之图：若义庄、若学校、若贫儿院次第兴举，大惠所布，流泽尘涯"，

---

① 即王壬秋（闿运）、康南海（有为）、章太炎（炳麟）、梁任公（启超）、钱念劬（恂）、
陈伯严（三立）、沈子培（曾植）、张季直（謇）、子民（元培）、樊樊山（增祥）。另，台湾淡江
大学庄政说：民国二年二月二十六日北京政府教育部致函王闿运、辜鸿铭、樊增祥、章炳麟、张
謇、严复、梁启超、钱恂、马良、汪荣宝、沈增植、陈三立、吴士鑑、蔡元培诸学者，谨请撰著
（国歌）（1989：56），共十四人，比上述多四人，只是出处未详，但大体说的是同一事。

故对其"行义之勇，立见之高……"（1919：11）深表折服，加之教育次长身份及与曾志忞日本留学的共同"经历"，范与曾之亲近感由来已久。而国歌在召集时，使范很容易想到曾——这个对音乐有种种作为、议论的人选。除此，曾志忞与政府主管国歌征集的主事袁某很熟，1912年夏、秋出游［按曾氏自云：六月五日出、九月十四日回，其间在西山者三十一日，天津十五日，长崎十八日，余（其余时间，引者）住北京（1912c：2）］，在九月第二次征集国歌启动前，参与国歌的征集并出谋划策，称："开议在即，部中尚未预备，议员中亦无此特识，临议时急得部员无法可想，余授意于袁科长：一、歌与词曲需分二起，先解决词，再解决曲；二、征歌非悬赏不可，词曲各悬五千金，或可得佳作。袁曰：'谁审查此优劣？'予曰：'出钱者操此权。'袁始恍然。于是教育部有今日征歌之广告，其价仅五百元，与余定价减去到九折，可发一笑。"（同上）以上材料证明：一、第二次国歌征集，从动议到实施细则，均按曾志忞思路，其间曾志忞突发两作，大有"重赏之外，亦有勇夫"之"慨"；二、1912年下半年数月曾志忞已在北京，而在天津十五日，与其后"择定津门"有何关联？起码此时已对天津地界、概况、人情，心中了然。

曾氏《大桃园》并非毫无动静，据报：民国元年双十节"上海曾志忞君新编国歌稿连日经上海商团等，在贫儿院练唱，音调雄壮，大可代表国风，今晚提灯会中，须随行随唱，并将曲谱随唱随卖"（申报1912d：7版）。其"代表国风"并在国庆欢祝提灯晚会中"大唱特唱"盛况，可谓空前。另一报道则旁证了上事实："上海商团在上海贫儿院练习国歌一节，已纪（刊，引者）前报，兹闻连日经曾君等教练之后，颇能合节，且歌曲雄壮活泼，大可焕发精神，今晚提灯行列合唱时，并将曲谱随路发行，以志纪念。"（无名氏1912d：11版）由此说明曾志忞的"国歌"确曾产生了巨大效益，并已配曲，这一段1912年10月10日晚间"盛景"，虽转瞬即逝并成历史尘封，唤醒并盘活它，是历史研究者之责！另，在涉及此一时段国歌史的研究，众多学者（李静2007：100～09，小野寺史郎2009：90～100，等）对曾志忞所创《大桃园》《五色旗》的史料有所忽略，故笔者对此进行相应增补。

三、北行

3.1 福祸伏依。曾志忞国歌作者名头，依然不能消解曾志忞的负面效应及此后所走背运，这还要从乃父曾少卿所倡行的"抵制美货"谈起，其在官在民，两重天，因而导致的负面效应，学界虽有提及，但亦有疏漏！因，此与曾志忞举家北迁有关，故不得不赘述如下：

3.1.1 在民。虽因美方《排华法案》——史称《吉尔里法案》或《基瑞法案》（1892）——中，对在美做出巨大贡献的华工，拒之门外——暂停华人的"入美移民"，并在 1894 年迫使清政府签订《限禁来美华工保护寓美华人条约》（以下称《限约》）中，美其名曰"保护"，实则使"限禁华工"的现实合法。1902 年，其又无限期延长了这一条款。[甚至在当今的《美国法典》第 8 篇第 7 章之标题，赤裸裸地写明"排除华人"（Exclusion of Chinese），这是截至目前，美国唯一公然针对特定族群的法律章节，其"排华"的意向，肆无忌惮！] 1904 年，当《限约》十年期约届满，国内舆论和各界民众均要求废约：旅美华侨十余万人，率先联名要求清政府同美交涉。曾少卿则在国内，一马当先，以个人名义，致电"外务部"："吁恳峻拒画押，以伸国权而保商利。"（曾少卿 1905a：2 版）除其"拒押"外，要旨还有："美如坚持此约，则中国商民均相戒：不用美货，以为抵制。"（同上）此后，抵制美货，蔚然成风，曾少卿一时成为民族英雄，并于 1905 年 11 月（详张伟 2008：B13 版）当选为上海商会总会长。

3.1.2 在官。美方眼中，视曾少卿为"罪魁祸首"，美驻华公使柔克义（1854 — 1914，William W. Rockhill），点名要求："将其革惩！"清政府迫于压力，两次密令地方大员缉拿曾少卿，部分美国商人，同时散布对曾少卿的不利流言，甚至有些美商，将抵制美货运动视为新的"拳乱"——"义和团运动"。1905 年 8、9 月间，柔克义多次要求外务部惩罚曾少卿，并密谋暗杀曾铸计划①，在他的压力下，外务部致电江督（即江南提督，为清朝统率江南军务的最高长官，时为周馥，从一品，笔者）磋商，但江督和沪道（上海的道台，监督苏、松、太两府一州的地方行政长官，时为袁树勋，笔者）都未同意，鉴于压力渐增，江督希望袁对曾"讽劝离沪"②（转瞿巍 2008：110），此即曾铸前述"逐之"。实际情况：曾少卿虽未彻底离开上海，但他曾到澳门暂避风头③，而其所任上海商务总会会长，仅一年就被宁波帮商人取代，在 1906年 12 月上海商业总会第二次换届选举，曾少卿连议董的位置也未保住，此即

---

　①《曾少卿留别天下同胞》（1905b：2 版）道出个中"隐情"，曾铸云：光绪卅一年七月初八，接"某某密函"，称某等"闭门私议，已定害公（即曾少卿，引者）之策"（同上）；初九，有素不相识二人，除告以与"密函"相近内容外，还透露暗杀曾铸行动的细节，鉴此，二人力劝曾暂时走避，称"若不走避，万难免祸"（同上）。但曾铸早将"生死度外"，在其信念中，抵制美货，事关公益，"即有风险，亦不过得罪美（国，引者）人，为美枪毙耳，为天下公益死，死得其所"（同上）；此乃大英雄气概，并称"仆（我，引者）一人畏死，更若全球轻视，谓中国人性质不过畏死而已，轻视如故、残贼如故、奴隶如故、牛马如故，固不消说，而仆遂为天下罪人矣"（同上）。这才是关键，他是在为国家利益以命相抵，并将身后事、托付造访二君："请为传语同胞，死于美人，死于业美货者，皆正当死法，虽死犹生，死无遗憾；所不能无耿耿者，仆死之后，同胞暨畏外人恫吓，又畏政府压制，团体因而解散，此后两万万里，任人分割，四万万同胞听人残贼；既无复人格之一日，又无挽回国势之一日，此则九泉有知，死有余痛者；所愿：曾少卿死后，千万曾少卿相继而起，挽回国势，争成人格，外人不敢轻视我、残贼我、奴隶我、牛马我，有与列强并峙大地之一日，则仆虽死之日，犹生之年！"（同上）读此，任一男儿，莫不潸然泪下！与前"戒烟家训"比照，"死"有"抵制美货"而遭人暗算乃至暗杀，亦有劝导戒烟之时，对贩烟、吸食者利益、恶习冲击之后对曾铸的深恶痛绝乃至除根……诸多原因，但曾不畏死，奈何以死惧之！更可赞叹者，是他还不计前嫌——"不可与死我者为难"，并向杀人者通告了他的住处、行止时刻（联合华商报 1909：1；曾铸 1905b：2版），这是何等高尚、宽阔、无畏的胸襟、胆魄、气度！真乃"君子坦荡荡，小人长戚戚"。此对曾志忒，更如醍醐灌顶，称："公真商界伟人，公一大声呼，举世震惊，公言、公行，为世珍留别一书，今尚存，嗟乎小子，且畏宜且敬！"（1909c：64）

　② 此材料原文，出自《北京学界公电·中国抵制禁约记》（油印本）第 15 页。

　③ 曹汝霖说：在抵制运动过程中，美国曾"要求（清）政府追究倡议抵制美货之人……商人与政府对抗，总是商人居下风，况又有外交关系，（曾少卿）遂离沪避到澳门"。（1980：42）

曾铸前言"职没"①。但他并未就此消沉，转而发起并创办了以振兴商务为己任的上海崇实商学会，还继续声援江浙路权（当时隶属英国）斗争，即刻引致英方忌恨和清廷严防。以致后来，上海商务总会的继任，生怕与其粘连，要以登报声明方式，与"激进分子"曾少卿"划清界限"（详谭洪安 2012：D08 版）；而更为有针对性一则"关键材料"，时至今日，未入学界"法眼"，即清廷公文《合行密饬札》——《奉饬转知各行勿轻信曾少卿倡抵美货》，内容如下：

　　顷闻曾少卿在沪，倡抵美货之议，不用汇丰钞票，不与怡和贸易，已发传单四万张，传送各埠，信义储蓄银行司事尹克昌，从而附和，亦发传单，此等无意识之举动，无益于路事而有碍于邦交。现路事已有转机，若经说鼓动，商民不知底细，必多纷扰，殊于市面有损。祈诸公饬属，刻速密谕商会，剀切开导，告以此说，万不可听信！宣布：如接前项传单，务即销毁，敦促江浙沪官绅，设法维持，自有转圜之策，切勿误信人言，自贻伊戚大局，幸甚……合行密饬札到……即便遵办！［光绪三十三年十二月十五日（1908 年 1 月 18 日，为录札日），光绪三十三年十二月十九日（1908 年 1 月 22 日，为天津商务总会的接札日），详天津档案局 1908。］

　　据笔者在天津档案局查到的信息表明，此札被分别派送至：天津商务总会、直隶通商事务兼管海防蔡兵备道、两江总督府等处（至于各地的同类"札"文，待访）。此"札"清晰表明了清廷对曾少卿"抵制美货"的打压态度。在此札发布四月后，1908 年 5 月 27 日，肝火甚旺并染有肝病、胃病②、年仅 59 岁（虚岁 60）的曾少卿气绝身亡③，与此有多少干系？待查。

---

　　① 就此而言，其"禁烟家训"所谓"逐之""职没"，确具深义。

　　② 据曾志忞称："丙午、丁未（1906－1907 年间，引者），先严染有胃疾"（1919a：8）；又据苏曾泽新等称："府君奔走国事，忘私忘身，因之肝胃致疾，光绪三十二、三年，已病不能与。"（1919：4）这两条性质相同的材料均说明：曾铸晚年，确实身染沉疴。

　　③ 苏曾泽新等称："府君……久病积劳，忧时愤世，遂于光绪戊申四月二十六日在嘉定瑞芝义庄逝世，享年六十。"（1919：5）以上这些材料表明，曾铸死于忧愤及肝、胃疾病。

四、曾寿渔堂

4.1 堂铭。何谓寿渔堂？严修（清末学部左侍郎，字范孙或范荪，号梦扶，别号偍扇生，1860.6.2 — 1929.3.14，原籍浙江慈溪，生于天津）云："'寿渔堂'（下称'堂'，引者）者，留学扶桑早稻田大学政学士曾君志忞，为其先尊少卿先生纪念而筑之祠堂也。"［见图9.（先生别号寿渔，因以名之）详严修 1917c：37］地点：天津意租界五马路［现意大利风情街，福楼·巴黎式经典法餐（厅），河北区光复道 37 号］，样式：为一典型的中西结合建筑［因其南北两面的廊柱数量，按道德经"一生二、二生三、三生万物"之理，从右至左，依次排列为 1、2、3（共六柱），而廊柱方式，又是典型的西方建筑样式，再加一中式大屋顶，只是不知何故，那个硕大无朋的屋顶，已不翼而飞了（见图 6.），而其被标记为"曾国荃——曾国藩之弟祠堂"（图 8. 为其西侧、现移东南侧墙壁铜扁），明显有误］。据说"堂"的修建，动工于"民国五载夏历（即农历，引者）丙辰十月（1916 年 10 月 27 日— 11 月 24 日间，引者），落成于丁巳八月（1917 年 9 月 16 日— 10 月 15 日间，见图9.引者）"，当时"堂"的整体占地面积分两部分，庭院及屋宇，占地及所费银两，前者，"十三亩有奇，价银为两万三千两"；后者（包括堂屋及垣墙及径路——即园中小路），价银为两万五千两；又加一日式园房——阳光房，以种植花木为主，引者——一所，价银三千两，其他花房、花木，价银两千两；"堂"外三面为园，中立曾少卿半身铜像（西北角），附立曾少卿亡孙曾宏杰[①]全身铜像（见图7.）。严修曰："造像工蒇（即完工，引者）日，学士（曾志忞，引者）以余与先生（曾少卿，引者）交最深……邮示（指示、详陈因由，引者）营筑原委，嘱为之'记'。"严修非但不辱使命，还亲自撰书了碑文[②]（以上所有相关"堂"之信息，详严修1917c：37），由此透露出曾与严两家族为"世交"。（详后）

4.2 不同凡俗。"此堂"绝非仅为祭奠曾氏"先严"，而同时具有多种功能，诚如严修所云："中国旧习，为纪念先人计，族必有祠，然费巨金建大厦，春秋两祀而外，无使用之者。以不使用故，平日之洒扫、修葺，淡焉，若忘祠，致有名无实；兹祠（即'堂'，引者）之筑，谋反其道，其道维何？曰：祠成之，日日有人使用之、洒扫之、修葺之，使此祠有日新、又新之气象焉！"（同上）即该"堂"，实际成为当时曾氏家族与"先严"日夜相伴的另一居所。并可见其中"写真"的艺术情趣，诚如辛盒所云："'先考'子云（曾少卿另一字，引者）府君遗像，即学士（曾志忞，引者）监制，须眉宛然，回首庭趣，辄深哀慕，敢以告孝子顺孙之：欲不朽其亲者，其制法以影像为范！"（辛盒1921：14版）即以当时写真技术最高规格的摄影照片，为雕塑之模本，由此凸显了当时国人对"写真"——真实还原人物真容——的追求及不迷信：不以与逝者祠堂共住"讳"，而与其生生相伴"乐"，实为破除旧俗之典范的特征。曾氏后人对"先

[①] 曹汝霖云："（志忞）因忙于院事，对于家事不免疏忽，致外甥（曹汝霖为其舅，引者）宏杰坠马受伤，又转患伤寒，因耽误竟至不治而殇，才十六岁"（1980：42）；苏曾泽新称："弟取曹氏年余，举一子，府君名宏杰"（苏曾泽新等1919：2）。由其1896年结婚（理由详后）推算，曹汝锦1897生曾宏杰，其16（虚）岁夭折时，应在1912年。

[②] 完成日期，据严修日记：1917年8月21日星期二，在天津"午，小睡（后），为曾志忞写寿渔堂记，寸楷三百数十字，约两小时乃毕"。（1917c：8176）

严"爱之深，难以言表！此亦将亲人葬于居所附近之古风遗续①。曹汝霖之曾氏夫妇"到天津在义（同'意'，为当时之'音译'，'义''意'两字同期并用，下同）租界购地十余亩，置宅而居，园庭甚广"（1980：109）云云，虽缺少细节，但旁证了曾氏一家确曾在津生活，并留曹汝霖及曹汝锦父（曹成达，字豫材，1856—1922，引者）在此小驻月余（同上）。另，打造"堂"之石雕、石像、栏杆等物件，均由"中华美术石工制造所"承担，此"所"属曾志忞产业（辛盦1921：14版；郑逸梅2006：236），主要业务：专造今人石像、神仙佛像、房室石品、坟墓瓦当、方砖、庭园装饰；员工：技术监督曾志忞、绘图方允常、技师杨元科；地址：天津意界四马路六号（申报1921a：5版），即"曾寿渔堂"工地（详后）。

4.3 择定津门。作为"南人"，为何到天津这等人生地不熟之"北地"建造"堂"？曾志忞身为长公子，有先严遗训在身，曾少卿有言："曾氏家祠之建筑，今虽无力，他日必成之，此庚子（1900，引者）秋初之语也，敬谨聆之，不敢或忘！"（转曾志忞1919a：7）但此材料并未展示建祠地点，选建于天津。据笔者考证，起因是：袁军攻打江南制造局的1913年7月24（农历六月廿一）日——曾志忞称此为袁世凯"攻沪之大纪念日"（同上：8），因在这天，位于该局之侧的女贫儿院及曾志忞私宅，被袁军大炮轰炸，加之有人借此纵

---

① 商、周时代，古人将逝者，均葬于屋后房前，与逝者"邻居"，此现象在2010年年底挖掘湖北随州叶家山墓葬群中，较为普遍。在此需要说明，曾铸并未在此埋骨，据称：曾铸庚申四月廿六日子时逝世，至七月廿九日午刻——1908年8月25日11—13时"出殡"［其间停灵91天，如按七天为一周期，其间共十三"七"，此"俗"由来已久，有观亲人是否真死，及企盼死而复生之意念，但并无定律。查《左传·隐公元年》称："天子七月而葬"（转杨伯峻1990：16），即先秦"王上"类人物自殁至葬，费时七月有余；而唐代帝王停灵、久不归葬现象甚多，如：宪宗死后，葬期未定，"太常博士王彦威奏：臣按礼经，天子七月而葬，国朝故事，高宗六月而葬，太宗四月而葬，高宗九月而葬，中宗六月而葬……盖有为而然，非常典也……"（转［宋］王溥 约952—982：696），即有唐一代，帝王停灵之期无定］，申刻（15—17时）安葬于嘉邑葛龙镇新阡主穴（详曾少卿遗族1908：1版），此即曾氏家族之"祖坟"所在地；而1927年12月24日曾志忞灵柩从北戴河归葬于上海嘉邑之前，亦停灵达数月，这是否遵从了某种曾氏祖制抑或家规？不得而知。另从上材料笔者得知：曾铸在死后，被清廷诰封为"通奉大夫"及"荣禄大夫"（同上）；生前，曾官居"花翎二品"封职盐运使同衔。（曾铸1900b：1）

火，致使其宅邸所藏乃父遗物，如曾少卿诗文、画稿①及与曾志忞的家书九百余件……全部付之一炬②（同上），这是其北行的重要原因之一。诚如曾志忞言："袁氏虽为贫儿院之敌，然可谓家祠落成之媒介人也，盖贫儿院不毁、私宅不焚……恐家祠之建筑，尚未动议也！"（同上）也正因对曾家第二次毁灭性打击，在其走抑或留犹豫之关口，恰一"旧友"相邀，"往天津作小住，遂调查此地风土、各国租界情形，（及）一切衣食住生活程度（后），乃大喜，曰：'可以家矣'"（同上）。而选址意租界，还因：一、其为天津"交通便利之中心"；二、比较津、沪两地地价，前者便宜，且邻近京师，曾少卿曾以"未竟北游"（未到北方，引者）导致"终身未识京华，引为缺恨"（同上：9），如在曾志忞手中完成家祠建设，将先严供奉于此，若地下有知，曾少卿"得毋掀髯一笑乎"！（同上）当时意租界主管，意大利国领事费来谛（V.F.Loti），对曾志忞在其辖地建造"堂"，亦表赞赏，称："此建筑（即'堂'，引者）亦足为界（意租界，引者）内光也！"（同上）

4.4 提掖俊才。 更重要者，费来谛对中国艺术，尤其曾少卿在艺术及相应教育上的所作所为，尤为关注，称："对'美'有特殊敏感及天生兴趣的曾少卿先生，懂得艺术在教育中的重要作用，因此他成为众多艺术家的朋友及赞

---

① 曾铸的书画才能极高，苏祖斐称《上海县志》（应为《上海县续志》吴馨等修，姚文枏纂，1918年刻本，引者）载，曾少卿"少时涉猎群籍，间作画，菰芦秋雁，涉笔成趣"（1994c：10）；还说"我祖父（即曾少卿，引者）……精于书法，写得一手好字，有'书法直逼鲁公（即颜真卿，引者）兮，下笔蛟龙飞'之称"。（同上d：16）

② 大火烧屋原因，据苏祖斐称："我家（即曾志忞家族之家，引者）在制造局路，住宅的后面，有一所湖北会馆。那时开来了一支'湖北决死队'……几个月后……全队都开走了，不知去向……当时袁世凯称帝的消息甚嚣尘上，局势十分紧张。1913年的春上……一支小队伍在我家的麦田里放了一夜的枪……我家所处的制造局路是兵家必争之地……当时我已有六个小弟弟……那时正值酷暑……当晚即开始枪战，我们……决定避到父亲的办公室去……不一会儿，留在制造局路住宅值班的老工人赶来报告，说大事不好，我家房屋被大兵放火烧掉了，顿时我们全傻了眼。大兵们为什么要烧掉我家房屋，至今是个谜。但有一点似乎可信，据说我家住宅后面的湖北会馆内驻有革命队伍，他们把我家作为堡垒，顽强抵抗，而忠于袁世凯的大兵为了消灭革命军，就点火烧毁了我家房屋。"（同上b：6～8）

助者，并对公众教育，付出了大量的金钱与时间，用于提升戏剧与音乐的品质……（因此）他自掏腰包，将一些年轻人送出国门，并深信：外国的新思想、新知识将对中国未来的发展有巨大作用，这是何等开放的思维！"（费来谛1919：65）不仅限此，曾少卿还是上海京剧的改良者——被称海派京剧的支持与赞助者，苏曾泽新等称：

府君平生绝少游戏事，然至悲极、乐极，亦能一歌一泣，与时伶孙菊仙、潘月樵善比等得（经常相互比试，并来一嗓子，彰显其戏"道"之深，引者）；（正因）府君提倡，（海派京剧，引者）声价顿增十倍，改良新剧，实因此起点也；府君又爱西乐，尝资派高生寿田、冯生亚雄出洋留学，今春申浦上得聆一小部分管弦声者，府君有以致之也！（1919：4）

上寥寥数语，证"费言"不虚！而被冠以海派京剧赞助者 ① 及"新乐"支持者，曾少卿首次进入学界视野；正是由于"他乡遇故知（V.F.Loti）"的这一特殊情节，加之各方利弊权衡后的通盘考量，曾志忞决定在天津打造"堂"。

———————

① 汪笑农（1858—1918）等曾力邀曾少卿观其新戏，1905年左右，正当抵制美货风潮日渐被政府打压之时，汪笑农致函曾少卿："抑制风潮现正吃紧，孝农援排一戏，名曰苦旅行，刺取波兰（亡国，引者）遗事……内容甚丰，表明不爱国之恶果，与无主权国民之苦状……痛下针砭，殿以黄帝降谕，鼓舞激荡……"并请曾少卿"屈移玉趾，一顾曲误"（1905：669），实乃"嘤其鸣矣求其友声"；而这些人与曾少卿、"二次革命"及曾家被毁之错综复杂关系，诚如曾少卿外孙女苏斐祖所记："汪笑侬是文人，又是艺人，是京剧改良运动的积极分子。他在上海春仙茶园排演'波兰亡国惨'时，致书我外祖少卿公，邀请他去观看。因那时少卿公正在领导声势浩大的抑制美约运动。上海的潘月樵、夏氏兄弟等尤热心于京剧改良运动，曾排演时装新戏《黑籍冤魂》《潘烈士投海》《光复旧土》《秋瑾》等剧目50多种。"（1996：27）此时这些人的革命情绪高涨，同时"辛亥革命前夕，正是京剧改良的极盛时代。当时的满清政府丧权辱国不得人心，群众看了新编京剧，一泄多年的怒气，因而大受欢迎……新舞台的大部分成员都参加辛亥革命，是伶界团的主要支柱。武昌起义后，上海在进攻制造局的关键一战中，潘月樵、夏氏兄弟率领伶界团敢死队英勇奋战，对光复上海起了很大作用。新舞台同人首创义演筹饷活动以支持革命"。（同上）而曾铸在世及家族在其死后遭"严惩"（详后）——毁屋、贫儿院被炸，目前看来确有很多前因后果。

五、中西音乐会

在北洋政府执政期（1912 — 1926），北京先后出现了两个"中西音乐会"，其性质、规模、行迹，至今未见学界论及或混为一谈（详李岩 2014：23）。此乃曾志忞京剧改良的大本营并在此演过多幕大戏，而同名者则为由溥侗（红豆馆主）领衔并与清室遗族有着千丝万缕联系的另一音乐戏曲组织。其演出方式、运营套路、教育模式，与同名兄弟如出一辙。以下（五、六），重在探讨前者在历史上的贡献；对后者，亦作一彻底分割（七），使两者在历史上首次呈"清晰"而非"弥乱"状。

5.1 起底。由于该会资料鲜为人知，截至目前，陈聆群先生曾多次追问，到底该会有哪些活动？并感叹："目前对于'中西音乐会'，还仅仅看到了曾志忞发表的《歌剧改良百话》的文章和编辑出版的京剧曲谱，却还没有做到真正明其底细；尤其是对于'中西音乐会'与上海贫儿院乐队曾经有密切联系的史实，更还不能说清其子午卯西。"（2009：43）现笔者提供几则"新鲜史料"，希望能够拨开历史迷雾，据丁逢吉[①]讲：

> 我国音乐，发达甚早，唐宋六朝，颇见盛况，惜乐谱与乐器，未臻美备，

---

① 当时活跃报人，曾著《电影偶谈》（1925b：11 版），连载《谈棋》（一）（1925c：7 版）、（二）（1925d：7 版）、（三）（1925e：7 版）等文。

加之制乐作曲，苦无名手，遂至日趋腐败地位。曾君（即曾志忞，引者）有鉴于此，于二次革命[①]后，毁家北上（详后），慨捐基金二万余元，在北京琉璃厂内，创设中西音乐会。会中半日研究西乐，半日研究中乐，欲调和中西而贯串之。其目的之远大、办法之精善，早为我国提倡音乐者所惊服。（1925a：7 版）

此为对十二年前（1913 — 1925）往事的追述性文字，其中疑点："二次革命后"的具体时间。按历史记载，当在 1912 年年底，1913 年年初，而这，也仅是极为粗略的估算。为使其更加清晰，笔者再提供如下四个历史时间，以为辅证：

5.1.1 **大约在冬季**。据丁逢吉讲：该会于"民国二年冬季，开会演唱戏剧，各报同声赞许，演奏之日，各部总、次长，靡不与会，提倡鼓吹。余，若日本使署、外交部、中英睦谊会、清华学校等处，时邀该会管弦乐队吹奏，得有名誉奖赏品无数，诚改良戏剧之唯一办法也"。（1925a：7 版）我的理解：其"开会"两字，是中西音乐会正式在北京登场的日子，而"冬季"仅一"大概齐"。循此，笔者曾查访过当时（1913 年冬季）、当地的报纸（《顺天时报》等），一无所获，但这个"1913 年冬季"，无疑是笔者行文至此，曾志忞所创"中西音乐会"正式登场的首篇报道。丁文的重要还在于：其为该年"冬季"，对该会"开场"细节的"追忆"。在丁文发表近六个月后，仲子通[②]另有一篇对"开

①　又称"癸丑之役"或"赣宁之役"，最早出现的北洋政府文献，是 1912 年 11 月 26 日袁世凯发布的《严惩倡言二次革命党徒》通令。国民党称二次革命的起因，因"善后大借款"（即 1913 年袁世凯的北洋政府向英、法、德、俄、日五国银行借款 2500 万英镑，年息五厘，分 47 年偿还，以应对国库空虚）及"宋教仁被刺案"。但这仅为表象，国民党早就处心积虑推翻北洋政府，最终，二次革命的结果，是北洋政府击败了国民党。

②　1922 年春，吴梦非等在上海闸北创设"上海专科师范学校"——后来的"上海大学"（1922 — 1927）前身——时，曾聘仲子通为教授，与田汉、傅彦长等为同事；1927 年 3 月 27 日上海艺术协会成立时，为执行委员，曾编《中学乐理教科书》（1930）、《抗战与歌曲》（1938）等专著，发表《音乐教育的本质》（1924：60 ~ 61）、《论生活的艺术化都市的艺术文化》（1927：48 ~ 53）、《中学音乐教育学法》（1941：35 ~ 39）等论文，及《上海法科大学校歌》（1928：1）等歌曲。

场”的"追述"，称：

> 民国元年春季，北京有中西音乐会之设立，名誉会长为曹汝霖君，该会性质：中西音乐同时研究。中乐方面，如昆曲、京戏、各种弦管，西乐方面，如声乐、键盘、弦乐、管乐、乐学等，均为必修科目；在西乐方面，并有外国教师担任重要科目。该院（即贫儿院，下同——引者）乃选乐队中之精明者三十余人，就学是会；而该院乐队在京时，历蒙各国公使署及外交部之见招，曾演奏数次，得多方之赞誉，与当时最著名之总统府音乐队，及总税务司赫德氏之音乐队，势成鼎足，惜是会困于经济，不数年而中辍，该院乐队亦因之而返沪。（1925：3～4版）

　　上"追述"要点：民国元年春季，中西音乐会既已成立，名誉会长曹汝霖，并且，当时北京有鼎足而立的三支乐队，尤其本文主角"中西音乐会乐队"、名誉会长人选及袁世凯"总统府乐队"，首次于文献中"出现"，而该会中的"外国教师"，亦被"首提"。但1912年时，曾志忞尚在上海，其自云"戊申、己酉、庚戌、辛亥、壬子、癸丑前后六年，置身院事"（1919a：8），即1908—1913年间，曾志忞自乃父去世，一直在上海操劳贫儿院事务，这仅笼统说法，目前看来，抽身成立"中西音乐会"及其"乐队"，亦"院事"一项。

　　5.1.2 旁证。据中西音乐会当时的主管冯亚雄讲："孝思从曾师游十五年矣……甲寅乙卯（1914年12月17日—1915年1月14日之间，引者）助理都门中西音乐会事务"（冯孝思1914：22），即跟随曾志忞15年的冯亚雄，在1914年年底、1915年年初，来到北京助理"中西音乐会"事务。而他在1959年4月11日曾回忆道："辛亥革命（1911年10月10日，引者）打制造局，把女院全部打掉，男院亦毁，我们都感到灰心，三人（曾志忞、高砚耘及冯亚雄，引者）都到北京去了。"（1959：211）这即所谓"沪南兵灾"[①]。遗憾的是，冯所提供的这两个时间均不具体，并有出入；而仲子通所谓"民国元年春季"中西音乐会设立"说"（1925：3版）是否可证：壬子年，该会成立或仅发布了成立消息？此暂存疑。

5.1.3 口述。 曾志忞自云："予自十余年研究西乐以来，苦无研究中乐之起点，去夏得一'佳会'（绝佳机会？不详，引者），创中西音乐会于北京，除研究西乐及昆曲外，兼事皮黄，一载以来，所习不下三十余出，每出制成谱本，兼附译以五线谱，俾中西贯通以比较之。"（1915：1）此话出自 1915 年 6 月出刊的《天水关》中《京剧脚本发刊序言》，而"去年"，顺理成章应为 1914 年，这是最靠谱"说辞"，但从出版印刷的周期推断，此时间可能更早，而早到何时，不知。按丁氏叙述（1925a：7版）逻辑：此时（即 1913 年），曾志忞来到北京勘察地形，并于该年的冬季，组织了中西音乐会的首场演出（此暂存疑），后由冯亚雄协理此会，并基本留在北京。据冯讲："这以后，我就到了北京师范大学（1913 — 1926），那里有音乐系，我教管乐、钢琴、乐理……"（1959：211）此即冯滞留北京的明证，这反倒旁证了 1913 年（而非 1914 年）曾、冯

----

① 即 1911 年 12 月 3 日下午 4 点 30 分，革命军攻打位于沪南的"制造局"（近邻上海贫儿院），此役持续两个多小时，死伤无数，并发 60 余炮弹（详无名氏 1911b：2 版），由此伤及贫儿院的男院与女院。此与曾志忞所说"呜呼，自冬至春，院事大打击，心绪恶劣，坐食不安"（1912c：2）的时间，一致。但这还不是所谓"毁家北上"（丁逢吉 1925a：7 版），而"北上"的另一回忆，是 1914 年 5 月 27 日来自贫儿院的一封信，说："曾君任贫儿院事五载（即 1908 年底至 1913 年，引者），乐队亦成立，正兴高采烈、著著进行之际，忽来第二次革命，北军南下，将贫儿院半成焦土，曾君财物，亦焚掠一空，于是曾君北行糊口，高君留申，维持院务……"（无名氏 1914a：11 版）对此，有中国红十字会 1913 年 7 月 25 日的《通告》辅证："贫儿院女院全焚，男院无恙，曾子忞君死守，保全救护出险男女，计一百八十人，内伤一孩已送医院告以无恙，各孩寄存北商会念（廿，引者）三号，午三时半会员会同高凤池君乘汽车赴徐家汇，由小路入龙华，限今晚十一点半全数救出……"（申报 1913d：1 版）上文，是对 1913 年 7 月 23 日 15 时 30 分— 23 时 30 分"突发事件"——包括曾志忞英勇护院、求助院生过程——的报道，由此校准了曾志忞的贫儿院女院被炸日期，亦表明该院的被"打击"不止一次，此即笔者"狼奔豕突"本义；另据曾志忞亲述，"北行"详细日期，似为：1913 年 7 月 24（农历六月廿一）日（详 1919a：8）以后。

两人即在北京之"丁氏叙述"。

5.1.4 **开场剧献**。上述言论，均属往事回忆，定存误差！经笔者"艰难"查找，终于找到"中西音乐会'开场'"正式报道，称：

日昨（即 1914 年 12 月 11 日，引者），为中西音乐会第一次开会之期，自午后一时开会至午后九时，始行闭会，首由曹润田氏宣布开会词，次则由各学生循次演奏洋乐，最后为中国旧剧，有《托兆碰碑》《举鼎观画》及《碟帘寨》等名剧，亦均由众学生扮演之。旧剧中，最足动人观感者，为《碟帘寨》一出，其"唱""作"，虽不逮内行老手，以大致言之，尚颇不恶；且唱时，除胡琴而外，又辅以西乐；钢琴，即帕诺（piano 音译，引者），音节尤为铿锵动听，当程敬思入沙土国[①]时（即《碟帘寨》：唐末黄巢起义，唐僖宗逃至美良川时，命大臣程敬思携珠宝，往沙土——沙陀国——李克用处借兵……引者），李克用吩咐排队相迎，亦不用华乐而佐以西乐进行曲，更觉沙土国之军容、军势迥非寻常，此则该会中之特色也！（申报 1914：6 版）

上文之真实性——为隔天之"现场报道"而绝非十余年前的回忆——陡

① 亦名"沙陀国"，据 1914 年 11 月 30 严修记："往曾志忞所设之音乐济贫院参观，适（逢）贫儿演《沙陀国》之旧剧，而以军乐为之节……"（1914b：7429）说明此戏之前，早有预演抑或排练；另，上文首次出现的"音乐济贫院"，据查成立于 1914 年 10 月初，有报道称："大理院指定律师曾君泽霖，笃学士也，公务之余，热心研究中西音乐，近日大有头绪。往年在上海设立贫儿院，救济贫苦子弟，拮据经营、成绩颇著。今次与同志高砚耘、冯亚雄等，共谋设立中西音乐会于琉璃厂，业经教育部批准，以改良戏曲、传播欧美高尚音乐、团练音乐人才为宗旨。今又附设音乐济贫院，招募学生九十名学习音乐，其宗旨亦在改良中国现在流行之中西音乐。习成专业，藉以救济贫苦之青年云。"（走 1914：2 版）此文揭示了三条重要历史讯息：一、曾泽霖自 1913 年 7 月 23 日后来京，即被指定为"大理院律师"；二、"音乐济贫院"附属"中西音乐会"，并亮出"专业"牌子——"习成专业"，此在历史材料中，属"首现"；三、该院自成立，已招 90 名学员。而"团练"一词，自古有之，指地方民兵制度。此文专指"音乐济贫院"训练贫苦人才之戏曲、中西音乐"教育"，并已报备教育部。但该"团练"细节，有待进一步查访，尤其此 90 人与 1914 年 5 月中旬由沪赴京的 31 名贫儿院乐队精英汇于一处时，中西音乐会在京人数规模已超出百廿一人。

然提升，证实了此冬（1914）绝非彼冬（1913）！时长九个小时的演出，可谓"空前"，其整本传统大戏、加之西乐的配合，令观者兴趣盎然，能够如此，绝非一日之功，而需长期打造，才能应对裕如。到底为此准备了多少时日？至今成谜①。但1914年12月11日13—21时的"开场"演出，却由此验明！至此，笔者可郑重说：1914年出版《天水关》曲谱的时间，是正确的，但曾志忞来北京的时间，则另当别论（详后）。这也是笔者按丁逢吉（1925a：7版）所说，查遍1913年冬季北京各大报刊后，对"开场"之"报道"，以一无所获告终的"必然结果"！真乃"听尔一席话，费吾数年功"！但1913年中西音乐会大队人马已在北京，并锣鼓喧阗、弓弦喧杂、皮黄盈耳，丁对此记忆深刻，还是顺情顺理的，而"佳会"是"中西音乐会"无疑。

5.2 剧透。该场演出的细节是：一、开会辞（曹润田）；二、洋琴（钢琴，引者）联弹（王松俊、马清泉）；三、弦乐二部（葛正鼎、仲和硅、王天福、邹振元）；四、中西弦管合奏（白承典、叶关林、葛正鼎、仲和奎、邹振元、王天福）；五、小管弦乐（生徒全体）；六、直谏暴君、大回朝（来宾一人、赵全寿）②；七、忠政幼主、黄金台（王松俊、关国钧）③；八、全节得子、朱砂痣（仲吉生、来宾一人）④；九、全忠全孝、断后（叶公连、郭忠义）⑤；十、忠英末路，

---

① 从另一出有记载之戏《天水关》（1914）出版到1915上演证明：一出戏从排练到出演，约需一年的准备时间。

② 净角唱功戏，上古故事，述殷朝太师闻仲荡平北海后，班师回朝，见纣王种种暴虐之刑具，献安邦十策，如劝贬妲己等，并鞭笞奸臣费仲、尤浑，并直谏了暴君，故又名《太师骂纣》。

③ 东周故事，生角戏，述齐湣王宠妃邹与宠臣伊立，诬陷世子法章无礼于邹妃，湣王怒，命伊立将法章擒立斩，法章出逃时，御史田单令其乔装己妹瞒过搜查，并行贿关兵悄然出关，既所谓"忠政幼主"，也即《田单救主》。

④ 南宋故事，述，值金兵战乱，双州太守韩廷凤调东平刺史时，与妻郑氏与子玉印失散，另娶一妇，洞房中妇啼哭，始知其为秀才吴惠朱之妻，因贫被卖，韩怜之，赠银并令其返家，吴夫妻重圆，后，吴知韩无子，为其代买一子，韩问子身世，验其足有朱砂痣，始知此即失散多年之子玉印，父子重逢。既"全节得子"，又名《行善得子》。

⑤ 即《天齐庙》，宋代故事，净、老旦兼重，述包拯陈州放粮，在天齐庙遇一盲丐妇述状，历数宫闱之事，老包始察此人乃真宗之妃李宸妃，遂允代回朝辩冤。

惊梦、困山（志忞、砚耘）①；十一、义抚友嗣、举鼎观画（仲吉生）②；十二、私德报公、沙陀国（王松龄、关国钧）③；十三、大管弦乐（生徒全体）。（无名氏 1914b：3 版；顺天时报记者 1914：3 版）

以上材料（过于简略，且多为行话，尤涉京剧部分，前半句为"剧透"，后半句"剧名"，既有为人熟知的，亦有杜撰的，不谙戏曲者，难明其义。西乐部分所奏曲目则根本不知）的重要性：首先，是对前引材料（申报 1914：6版）的缺漏——如未列之剧《大回朝》《黄金台》《砂砵痣》（亦称《砵砂痣》），洋琴联弹，大、小管弦乐合奏等，进行补足；对该会之乐队队员、部分主演，首次披露，使历史深层的小人物浮出水面，其中邹振元［即周振元（贫儿院1910b：5～6）]、白承典，曾绘制过很多曲谱，而葛正鼎因携物出逃，被中西音乐会告上法庭乃后话；最重要者，是曾志忞、高砚耘演剧行为的珍贵"纪录"，首次使世人得知，曾志忞确曾下过海，还亲自披挂上阵④，好生了得。其次，所演之剧，均表千古之德——忠、孝、节、义，但"直谏暴君"，则使被

---

① 即《李陵碑》，杨家将故事，述潘洪奉旨挂帅御辽，保杨继业为先锋，老帅与六郎、七郎出战，后杨氏父子被困两狼山……杨继业遣七郎突围回雁门关求救，潘帅以七郎打死儿子潘豹，先将七郎灌醉，后绑在树上乱箭射死，杨继业预感儿子不测，又派六郎回朝搬兵，救兵依然渺茫，乃至人马冻饿……杨继业碰死于李陵碑，即"忠英末路，困于两郎山"；而惊梦，乃七郎鬼魂回到两狼山，对梦中的父兄托兆预言，告知父亲大限将至……该剧又名《托碰碑兆》，而此剧由曾志忞、高砚耘于 1914 年 12 月 11 日晚北京琉璃厂厂甸中西音乐会"开会"演出中主演，则实属珍稀史料。

② 隋唐故事，为《薛家将反唐全传》之一段，生角戏，述徐策救回薛蛟抚养成人后，偶与书童在府门玩耍时，力举府前双石狮，恰被刚下朝的徐策看在眼里，暗想其已长成，但其家事并未告知，此时徐策将薛蛟引至祠堂，直告其全家冤仇细节，薛誓欲报仇，徐策乃令其兄薛刚共同起兵，以报此仇，即"义抚友嗣"。

③ 隋唐故事，前引已述，需补充的是：当僖宗逃至美良川，遣程敬思至贬臣李克用沙陀国搬兵，李心怀旧怨，不肯出兵，程知李惧内，复求其妻子刘银屏，刘允起兵，至砵帘寨，被周德威阻，刘激李克用出战，后李以箭法取胜……形成"私德报公"事实。

④ 查：1897 年，十九年（虚岁）的曾志忞入圣方济各学堂，该校每年暑假，必让学生演剧（1910g：5 版；1910h：7）；1901 年入法文公书馆，逢暑假亦演剧（同上）。此乃其演剧之基础，加之他有三年在日本东京音乐学校学习声乐的经历（详张前 1999：372～73），曾志忞上台演剧乃至唱戏，绝非偶然。

逼北上的曾志忞终于找到了宣泄窗口，有一吐为快、淋漓酣畅之"慨"。此时，骂什么已不重要了，得此"依托"，以致想骂谁就骂谁，特别在其披挂上阵之《碰碑》中，去杨继业之曾志忞，以"反二黄原板"之上句高起、怒声痛斥卖国贼之"魁魉臣、贼潘洪"使其"被困在两狼山，内无粮，外无草，盼兵不到"之绝境，已致"弓折弦断、杀马焚帐"、最终以"碰碑"终结之悲凉情境，恰正与曾志忞一家当时某些境况对应，他及心知肚明听者，演、观此壮剧（见谱例20.），怎能不热血偾张、激情澎湃。再次，试想这些个传统经典大戏于1914年12月11日北京城琉璃厂厂甸那晚，在各部部长、次长及众多各界头面人物前，统统"被以洋弦（详后）、钢琴、军乐"产生出了什么"动静儿"？不夸张地说，这才是中西音乐会在京城造就的轰动四九城儿之"特大新闻"，是京剧改革的"冬日惊雷"。

六、深描

6.1 **会址**。北京琉璃厂厂甸，电话：南局 1728。［据《京师警察厅编存文卷》（羽——"羽序"，是一种特殊或很难归类的档案序号，引者，字第 295 号）《中西音乐会学生葛正鼎（携物出走——引者加）案》[①] 卷宗（详北京档案局：1915）］另据《通俗教育会职员录·戏曲股名誉会员》中曾泽霖记为中西音乐会会长，会址：琉璃厂中西音乐会。其徒弟高寿田（砚耘）与冯孝思（亚雄），前者为中西音乐会学监，住址、电话同上；后者则仅为"通俗教育会"的聘员。（薛绥之等 1983：152 ~ 3）

6.2 **性质**。与曾志忞所办"亚雅音乐会"（1904）等一系列"会"性质相近的，为曾志忞 1906 年 8 月 27 日"成立"之"上海夏期音乐讲习会"[②]，其所讲授的"洋弦"——西洋弦乐器如小提琴、大提琴[③]，"直笛"——长笛等西洋

---

① 该案，为时在北京中西音乐会学习的学生葛正鼎，因不满该会管束严苛，而携物私逃，后被中西音乐会告官，并请警察局协助稽拿。详后。

② 人数规模："报名到会者'必修科'一百三十二人，'随意科'五十七人，应试给凭（'给予凭由'之简称）者五十七人。"（上海夏期音乐讲习会 1906：10 版）即 189 名参会学习者中，57 名得到结业凭证。据此估算其教育的成功率，达 30.2 %，杰出学员如高砚耘、冯亚雄（此二人情况详下）等亦在其中，他们是曾门弟子中的二贤达。专为此"会"开办，曾志忞特在东京发行了《教育唱歌集》订正五版（1906c）作为教材。"（上海夏期音乐讲习会 1906：10 版）有近二百音乐学习者。

③ 曾志忞称："兹所谓弦乐者为狭义之弦乐非广义弦乐，即专指 violin 类，而 viola、violoncello 等隶焉，若 banjo、guitar、mandoline 等俗乐器则拒而不纳；violin 译曰'洋弦'名虽未当，然世颇称之（喜好，引者）"。（1910a：2）

木管乐器，"高、中音喇叭"——小号、长号等铜管乐器，"洋琴""风琴"——键盘类乐器，其教材——"摘自英德原书"，曾志忞还为此专购"洋琴一台，风琴四台，洋弦及直笛、高音喇叭、中音喇叭各一具（供）教授练习"（详上海夏期音乐讲习会1906：10版），俨然已是乐队各声部的训练课程了，目前看，其有为1908年成立的贫儿院管弦乐队"预热"——培训该乐队所需各声部演奏人才目的；同类"会"之第二回，1907年6月1日—30日在上海健行公学举行[①]；1909年6月23—7月17日连篇累牍在《申报》刊登的"第三回上海夏期音乐讲习会广告"是其连续三次同类"会"之历史"全踪"。

6.3 程度。以首"回"毕业试（1906年7月6日）的试题为例："第一题，长音阶与短音阶（即大小调音阶，下同，引者）之别？试以图表解之；第二题，短音阶有几种？例举之。第三题，音阶与音程之别；第四题，增五度与减

---

① 据报道："上海音乐传习所曾于光绪三十二年设第一次'会'于南洋中学，三十三年设第二次'会'于健行公学，来会者不下二百余人，曾特派第一次'会'优等毕业生高君砚耘、冯君亚雄留学日本研究各科专术，业于本年（1909，引者）三月毕业回国"（上海音乐传习所1909：1版），按：此"所"早北大音乐传习所（1922）十六年，是1906年以来在上海由曾志忞所主持的"第三回夏期音乐讲习会"操办单位对外"称谓"，该"所"由群学会、民立上海女中学堂、民立上海中学堂（提供场所、勤杂人员）、上海音乐传习所（提供教师、教具）等多家组织组成。另有报道："曾君志忞，研究音乐有年，每届暑假，均在沪上开设音乐会……今夏奉讳（为父守丧，引者）居家……经教育会同仁商请设会，并邀请上海高君砚耘，主任实践科（同课，引者）……已定六月十二日开会……科目：发音、练音、写谱、唱歌、理论、乐典、和声学。"（详无名氏1908a：3版）此"会"虽未入一、二、三回夏期音乐讲习会系列，但说明即使在父殁的守丧之年，此"会"之招生、培训亦未停止，毕竟处哀悼期，故对外"讳称"，由此证明所谓第三回（1909），实为第四回。另外，上材料（上海音乐传习所1909：1版）首次披露：高砚耘、冯亚雄是由"首'回'"会中选拔的优秀人才并得曾家资助（苏曾泽新等1919：4）后，才得以东渡日本学习音乐。冯亚雄自云"光绪丙午夏，理蕴师母毕业归国于夏期讲习，得受声乐、管乐，丁未戊申追随东瀛仍习音律……"（冯孝思1914：22）则旁证上材料之真实，另也证实曹汝锦于1906年夏季毕业归国并执教于首回"上海夏期音乐讲习会"，而丁未戊申"追随东瀛"云云，则证曾志忞1907—1908年时仍在日本；冯又说："亚雄遇曾先生第一次于上海夏期音乐讲习会，于城南从事管乐匝月（满一个月，引者），先生引为同志，翌年春皆往东京，专习斯业……前春（即1909，引者）幸毕业归国……院（即贫儿院，引者）中教授管乐始于宣统元年正月。"（贫儿院1911：3）上述，将冯1907年受曾志忞知遇之恩至日本学了两年后，执教该院的历史，叙述得相当清晰。

五度之别？试以谱解之；第五题，何谓普适和弦？第六题，长三和弦与短三和弦（即大、小三和弦，引者）之别？特别问题，长三度、增三度、短一度、减三度各举一例（上海夏期音乐讲习会 1906：10 版）。上题关键不在难易，而处"数千年未有之变局"（李鸿章 1874）时代的"变数"，理应成为笔者关注点："增三度"这仅在五线谱情境方能生发之"问"，以等音程论属纯四度，但并不表明"增三度"没有应用之可能，[奥]贝尔格（Alban Maria Johannes Berg，1885 — 1935）曾在歌剧《沃采克》（*Wozzeck*）（1926 年 11 月首演于布拉格时，引起骚乱，1927 年 6 月 13 日再度上演于列宁格勒时，大获成功）第一幕中用过如下和弦：

谱例 1.（转桑桐 2001：463）

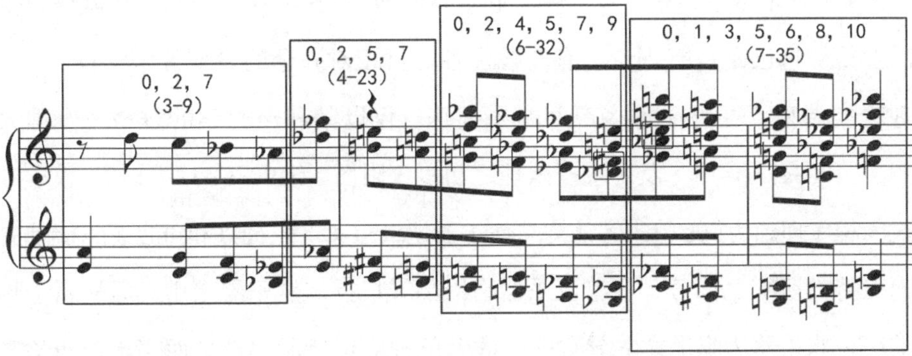

其以四度叠置为基础的非传统和弦中，在音级集成（6 — 32）（7 — 35）之间，出现了两个增三度（见第三、四方框中小方框），而从音级数论，增三与纯四同为 5，这是目前所见最完美的增三纯四组合之新型音级集合，且达到纵向和弦结构音级完全一致（5），曾志忞时代，有无与之镜像的作品？暂且不论，但由此凸显了曾志忞的超前意识；除此，增五度、减五度、短一度（即增一度抑或减八度）、减三度？均西方乐理在"变"之意念统领下的新变化并被设为"特别"而非"一般"问题。当时还梳着大辫子的清末考生，必以五线谱（而非工尺、简谱、简字谱、半字谱、琴谱、琵琶谱抑或箫笛谱之类）应对之，由此映衬出该会运用五线谱教学的实景；特别题中对"普适和弦"发问，言外之意？还有非普适和弦——当时（光绪三十二年）出现的新型——非传统和弦。如考生对此不熟是难过考关的。

6.4 科目。以第一回教学科目为例："乐理讲音阶音程，和声别作讲义，而参以乐典大意一书，声乐采用"实用唱歌教科书草案"及《国民唱歌集》《教育唱歌集》等"（上海夏期音乐讲习会 1906：10 版）。而第三回（1907 年的第二回暂缺）音乐训练科目：发音、练音、写谱、唱歌、理论、乐典、和声学（无名氏 1908a：3 版，此"回"未入"上海夏期音乐讲习会"序列，原因详第 44 页注①）与第一回内容相通，基本以唱歌、风琴、洋琴、洋弦、喇叭、直笛、横笛，也有大鼓、小鼓等演奏（唱）类及音乐理论课程为主，并将授课专家的出身、名头写得一清二楚：乐理专家，日本早稻田大学政学士曾志忞；弦乐专家，东京音乐院毕业生高砚耘；管乐专家，东京音乐院毕业生冯亚雄。这已是一有理论、有实践及各科目相对齐全的暑期音乐学校。① 其理论类课程，更为注重多声部音乐训练。仅以其和声教学的教材《乐理大意》（1903a：1～8）及《教授乐理之初步·附图》（1904b：1～14）、教学方式、相应理念为例：曾志忞认为"使（若使，引者）生徒兴和声之感，能独立而保持其所唱之部分，宜善以乐器附以唱音口授。然乐器之用、但从属于唱歌……非乐器为唱歌之先导也——此乃就独立保持所唱部分而言。若初学之时，音阶虽明，唱未应口者，宜先乐器引诱之"（同上：4），即曾志忞在普及

---

① 对此，曾有人在二十余年（1909－1933）后回忆道："光绪三十三年，有日本归国的留学生曾志忞、高砚耘、冯亚雄等人，设立上海夏季音乐讲习会，利用暑假时间，传授西洋音乐，其科目有乐典、和声学、风琴、洋琴、洋弦、喇叭、直笛、横笛、大鼓、小鼓。此种西洋音乐完全是由日本间接输入的……"（胡怀琛 1933：1111）虽其对事实记写有误（非 1907 年而是 1906 年创办"上海夏期讲习会"）但由此证明世人对此记忆深刻。据此，沈知白在其遗作《中国音乐史纲要》亦记写道："辛亥革命之前，西洋音乐由日本间接传入我国。光绪三十三年（1907）日本留学生曾志忞（日本早稻田大学政学士）、高砚耘（东京音乐院毕业）、冯亚雄（同前）设立上海夏季音乐讲习会，利用暑假时间传授西洋音乐，其科目有乐典、和声学、风琴、洋琴、喇叭、直笛、横笛、大鼓、小鼓等。"（1982：102）此文约写于 1968 年 9 月 15 日夜前（转姜椿芳 1982：9）为沈为上海音乐学院开设的"中国音乐史"课程《讲稿》中文字。

和声之时，生徒（学生）初学时的跑音、走调窘境，以乐器领音带着学生唱，不失为"良方"。此，成其京剧改革时"废口传心授"而代之的重要手段，乃后话。但由此造就了其普及和声先行者形象。从其开列的和声形态看，已分九个声部［不对等，第一声部4小节（以下仅以数字标示），第三声部6，第二、四、六、七、八、九声部8］，模唱了 I^7（1、九声部）、II^9（2、4、九声部，5、八声部，7、六声部）、III^{13}、V^{13}（3、九声部，6、八声部）及三度和音（8、六声部）。（详曾志忞 1904b：11～12）从性质看，除次中和弦外，涵盖上主、属、下属及中音（介于主、属之间）各功能和弦。其简略但并不简单——固为清末普及和声之"初步"并意在训练乃至建立国人的和声功能听觉体系，但已涉及多种高叠和弦——此在爵士乐、流行音乐中才大量使用，可谓"超前"；其间、从数百名音乐学习者（至第二回开"会"——1907年，累计已达四百、至第三回——1908年，则六百余人）中选拔优秀人才成立个乐队，似不在话下；会期：宣统元年六月一至卅日（1909年7月17日—8月15日）；报名地点：时中书局、上海贫儿院、民立上海女中学堂、民立上海中学堂、群学会；会址：上海大南门外民立上海中学堂；学费：每人约4元，不包括考生需另付的膳、宿费（以上资料，详：上海夏期音乐讲习会 1906：10版；申报 1909b-i：1版、2版）。上述多个音乐培训班与将述之"中西音乐会"有共通之处，但前者突出的是"西"，而冠"中西音乐会"后，则"中西兼备"，即更加正规——教学时间更长、课程设置也更为全面、多样的音乐教育机构。其学制，与贫儿院的教育课程设置衔接并一脉相承，按葛正鼎供词：该会每日午前教以戏曲，午后教学太西（西洋，引者）音乐，此与丁逢吉所说"会中半日研究西乐，半日研究中乐"（1925a：7版）一致；戏曲学两年，（西洋）音乐学八年，并于第三年始，由该会发给每个学员奖金一百元，以为资助。前此，葛正鼎已在上海贫儿院学习了五年普通教育，故"有入高等小学的资格"（北京档案局 1915），即上海贫儿院的教育为普通小学，北京中西音乐会，则为高等小学教育；时长：每位入贫儿院抑或中西音乐会的学员，前期贫儿院（5年）、后期中西音乐会（10 年）共 15 年，这与当今国民教育中幼教（3 年）、小学（6年）、初中（3 年）至高中（3 年）的所耗时长一致。这实际是极富"曾志忞特色"的"大学前"教育。对比中国音乐教育之现状，当时虽有"唱歌"科目，但课时得不到保障，因"但遇不得已时，可暂缺"（教育部 1912c：65）证明，其"名存实亡"；专此，在 1912 年 12 月 6 日，他曾向教育部次长范源濂致信，称："忞常谓：中国不以音乐加入中学校之必修课，中国必无音乐发达之日！"（1912d：7 版）这表明：学校音乐课从"随意"到"必修"进程，曾志忞以自身音乐教育实践为例，曾向教育部要人提出"音乐必修"建议。

6.5 开启山林。1913 年间，曾志忞所编《教育唱歌集》（1904[①]），与沈心工《重编学校唱歌集》（1912 文明书局版）同被江苏图书审查会采定，作为拟选用之书讨论（申报 1913a：7 版），说明曾志忞与时为音乐教育俊杰的沈心工，仅在编写音乐教材的被选用率上旗鼓相当。不仅限此，曾志忞曾翻译过由［日］棚桥源太郎（原东京宏文学院教育讲师）、樋口勘次郎合著的《小学理科[②]教科书》（4 册，［日］教科书辑译社洋装本，1902 年版），属较早此类译著。依据：1902 年《译著汇编》第 2 年第 3 期（1902 年 6 月前）由中国留日学生组织的"教科书译辑社"称："本社创办教科书……惟原定仿讲义录之例，按月分类出书，各处同志来函，多有以时日太久，未得全豹……同人公议，改为单行本出书。"（1902：149）其意义：据《政府公报·呈批》，有上海新教育社（原'具呈人'

---

① 此书初版光绪三十年四月十五日，八月十五日再版；三十一年三月十五日三版，目前存见同年九月十五日"订正四版"；前三版由东京并木活版所（东京浅草黑船町廿八番地）印刷；"订正四版"由上海开明书店经销。在一年多的时间内已经销售了四版即可见其社会需求量。

② "理科"一词，与日本明治维新以来�榧木宽则编撰的《穷理往来》（1873）教本有关，并形成"穷理学"："教人穷理之学，在天为日月星辰，在地为禽兽草木，春霞、夏雨、秋夕之露雾、冬晨之雪霜……火学电学力学，气学音声蒸汽气球，暑寒阴晴，风之迟速，不可计之道理，不至穷尽之时，不可言之为全。"（转谭建川 2010：54）其属物理学科的启蒙知识及其相应学理。曾志忞当时正在日本弘文学院学习［《弘文学院の概况·国土》1902 年第 5 卷第 44 号第 69 页"在校学生之姓名、籍贯"一栏，有曾泽霖（志忞）；转高姸 2009：68］，榧木氏教材，应在其学习范围内。而"理科"概念，源出于此。

不详)《高级小学理科教科书》第一、二册,其评语"解释说明、术语出落有致、成能使新旧观念易于类化"(1913:8),透露出此类教科书在新旧交替时代的特殊作用——新旧"类化"乃至"转化"。而棚桥源太郎原著多次被重译甚至效仿[详王季烈——曲学大师(1908)、顾树森、丁锡华(1913、1914),吴家煦(1917)等],并在"壬子""癸丑"学制出台后被众多学校采用,说明此类课本确为民国教育界的"及时雨"。曾氏译本(当在1902年后,共四册)每册分三篇,译者认为:"该书适合儿童一学年之用,所载悉以农、工、水产、林业、育儿、卫生、家事以成科学之全体焉。"(转熊月之2007:298~9)这表明曾泽霖在当时国民普通教育之初等教育界,不仅为实践者,还在教材建设中不经意间筑"蓝缕"之功。

6.6 模式。正像当年东渡扶桑的曾志忞,虽遵父命学了法律,但其最终的志向在"音乐",一切均不能成为"阻挡"。问题是,何种音乐是其"心仪"?这在其花费大量心血的"中西音乐会"教育模式中,有所体现,即它绝非普通教育而类似"曾志忞时代"的"职业教育"。虽其西洋音乐教育内容,现还不太明朗[可参曾志忞嘉邑"音乐研究会"所授课程项目(详无名氏1908a:4版)],但其一以贯之全方位的戏曲教育模式,却极为清晰:

　　重改善不重谋利。我国舞台,因营业上之关系,每发理想,苦难实行。此会(即"中西音乐会",下同,引者)不惜耗费,培养前后台一切人才,为最后之生产计划,此实舞台根本上之改革也。

　　正角配角文武场面,平日受统一的教育,在一人指挥之下,共同生活,无冲突之患,酌量各人能力,分别等次,给薪虽略分厚薄,然无绝大悬殊,此团结后台团体之良法也。(丁逢吉1925a:7版)

　　对上引文,笔者有二点补充:其一,曾志忞所设计的戏曲课程,是全方位的:既管唱戏的,也管张罗——管理人才——的,以当下时髦说法,即"后台监督"，由此才能使正配角色、文武场面，在统一的指挥下，协调一致。这已非就戏说戏式，而将应酬乃至管理学中的人际交往、心理学层面的内容甚至人人平等的分配（其"给薪……无绝大悬殊"）原则，贯穿其中，堪称"一时之'独步'"！其二，在该教育模式中，中西并举，绝非"空穴来风"，而其鲜为人知的"实际"，除生旦净丑必习的"京腔"外，"外国歌曲""军乐""洋弦"等，悉数登场，诚丁逢吉所说：

> 各行角色中西并授。生旦丑净，以唱为主，除唱京腔外，兼唱外国歌曲，编成新剧，既能演唱新曲，可不必拘束于京昆旧套范围。文武场面，兼习军乐并洋弦。苟嫌胡琴板鼓之单薄，或锣鼓之喧嚣，即可以管弦乐替代。此为改良音乐与戏剧之根本办法也。（1925a：7版）

6.7 风采。 在此开放弘思灌溉下，将演出何等壮剧？当时没有录音、录像（或有，也极其简陋并操作不便），如何还原"中西音乐会"演出之神采？固有曹汝霖对此记述："筵散后妹婿志忞，本设有音乐演艺会，领全班学生登台演艺奏音乐，以为余兴，到十二时方散……"（1980：106）却十分简略，根本不能再现当时情形，真愁煞人也！天不绝人，有一戏剧评论家张厚载［1895—1955，字采人，号子，笔名聊止、聊公，江苏青浦（今属上海市）人］，有幸记述了该会于1915年10月16、17两日，曹汝霖为家人庆寿的"大堂会"，地点"那家花园"①之戏台，称：

> 民国四年十月十六、十七两日，外交次长曹汝霖氏，借金鱼胡同那宅，为其尊人及太夫人（曹氏祖母，引者），称觞祝寿，并召梨园演剧，以娱嘉宾，

---

① 清末重臣叶赫那拉·那桐（1856—1925，字琴轩，一字凤楼，满洲镶黄旗人，晚清"旗下三才子"之一，宣统元年任军机大臣）宅邸，位于王府井东侧的金鱼胡同内。

当时，余（张厚载，引者）躬逢其盛……十六日之戏，多系中西音乐会学生所演，而外，约王凤卿（京剧老生，王瑶卿之弟，引者）梅兰芳两名伶，加演《汾河湾》《尼姑思凡》两剧……中西音乐会，系曾君志忞所办，能以中西音律，协和一致，故常以西洋乐器，加入中国旧戏之场面（戏曲的伴奏，包括弦索乐及打击乐，引者）……究其异日能收若何效果，固难预卜，而其毅力伟抱，亦自足多！且即以是日所演中西乐合奏之戏剧言之，亦足使听者耳目一新也。是晚八点开戏，第一出系《天水关》，以幼童演此大戏，能有如是成效，足徵（征，引者）该会平日教习之勤勉。（该会教师多系行内人①）他日造就人才，或有可取。（张聊公 1915：56 ~ 57）

之所以在此引述张的"大论"，其一，张为戏剧内行，在五四时期，曾与诸多学界名宿，如胡适、钱玄同、傅斯年、刘半农、陈独秀（均戏剧外行）等，展开"旧剧"论争，最终，外行斗不过内行。因目前看来，新文化闯将们眼中的"封建遗形物"，如中国旧戏中的"脸谱、嗓子、台步、武把子、唱功、锣鼓、马鞭子、跑龙套等，应废"（胡适 1918：9 ~ 10）、傅斯年"胡琴是件最坏的东西，梆子锣鼓更不必说，若求美学的价值，不能不去"（1918：34）论，已均被历史证明为"偏激之辞"！当时的张厚载②，以"绝对不可能"（1918：43）五字，予以有力回应。其二，张的言论，有纪实性，殊为难得，正如其自己坦言："评论是否有当，不敢自知，自有持于方家之指正；而所记伶工剧目，地点时日，则均属信史。"（张聊公 1941：2）其三，此段文字，与曹氏回忆，基本吻合，曹汝霖说：

---

① 查《天水关》第1场，有"本曲系由本会教师徐立堂（铜锤花脸，引者）、徐寿林（男旦，引者）及其他数教师口授"（详曾志忞等 1915：1）云云，证明此言不虚！

② 时为北大学生，由此开罪了师长，并被迫（还有一些其他复杂原因，因篇幅所限，不赘述）离北大而去，从此，他永远没有拿到北大的毕业文凭。笔者对此人的这段经历，深表同情！为此，正在撰写《异端的权力》一文。

民国四年十月十七日，为我父花甲之辰。我父不喜铺张，本拟在家宴客庆祝，讵为项城（袁世凯，引者）所闻，特送寿礼……僚属亲友以总统既送彩金，怂恿演戏庆祝，大家亦可藉饱眼福。遂约（外）交部庶务科长张君为戏提调，约名伶，假那家花园戏台……（1980：146）

现在可证，曹的回忆，对中西音乐会的演出内容及过程，虽有提及，却极粗疏；而对当时名伶的演出剧目，则基本语焉不详！两厢（曹"忆"与张"论"）对照，可窥全貌：16日在中西音乐会演出《天水关》后，梅兰芳原定演《佳期拷红》，因配角太多而改演《尼姑思凡》，并与王凤卿合演《汾河湾》；17日梅兰芳首演《嫦娥奔月》，以下依次为，王凤卿连演《长亭（会）》《（文）昭关》两剧、陈德霖[亦名"福寿"——因有入"三庆班"之后的"福寿班"经历，故得此名（引者），在当日的《斩黄袍》中，饰演北宋大将高怀德]、谭鑫培（《空城计》）、龚云甫（《钓金龟》）、刘鸿声（《斩黄袍》）及杨小楼（《落马湖》）。客观讲，曹汝霖对"龚云甫漏约，后来电话自请来报效，似以被约为荣者"（1980：146）的记述是准确的，因他确实参加了17日的"大堂会"。另，曹对当时剧场内、外情形，也有零星记录："翌日（17日，引者）……上午十时即开戏……正午三时左右、名伶已上场。晚餐在戏台对面厅事、备冷肴立食，晚饭后外国使节如法、比、义、葡各使偕夫人同来观剧，名伶见有外宾左座，格外卖力，观客均兴高采烈，时闻掌声……座客拥挤、无隙可入进……据行家说是夕演剧，均极精彩，尤以谭鑫培之打棍出箱，刘鸿声之《上天台》，陈德霖、梅兰芳、王凤卿之《四郎探母·带回令》尤为精彩云。"（106～7）毕竟曹为外交部次长，外宾"在场"不足为奇，而梅兰芳连续两日的卖劲儿演出，除透露出与曹汝霖的特殊关系，其与曾志忞及中西音乐会，也关系微妙。

6.8 寿礼·互师。笔者曾发现梅兰芳1928年赠予曾志忞的照片，并率先提供给陈聆群（2013：112～13）教授，但从新发现的"曾志忞忌日"看，曾泽霖无缘得见此照——为梅老板为曾志忞精心筹备的寿礼，其意义：1927恰逢曾志忞"本命（兔——丁卯）年"，而梅赠曾照片标示的"戊辰十月"（见图 10.），是曾志忞 49 周岁（按虚岁则整 50 岁）生日，这暗示了曾志忞是1879 年——光绪五年十月——生人，即此照价值。除此，还有没有证明梅曾友谊的其他材料？据柳遗[①] 称："兰芳于民国四年，曾从宝山冯亚雄（因冯的居所在上海宝山路一带，引者）学弹西乐披亚奴（钢琴，引者），极有领悟"（1919：14 版）；冯亚雄对此，亦曾回忆道："在北京，办了中西音乐会，共办了两年，花了两万元……这时期，我喜欢唱青衣，梅兰芳找我去教钢琴，我请他来教青衣，他不肯，说如教一个钟头嗓子就要哑，不能上台唱戏，就介绍给了他的老师吴菱仙来教。"（1959：211）这两条关涉同一事件的材料，虽均未讲明梅兰芳因何要习钢琴，但缘此，说梅兰芳与中西音乐会关系密切、相互信任，还是成立的，并引带出另一事实：留学日本并研习多种西洋乐器演奏的冯亚雄[②]，此时，也迷上京剧青衣的演唱，该会与其有同好的，还有高砚耘。据韩世昌（1897 — 1976，北昆名角）回忆：高曾演唱并灌制过昆曲《单刀会》中《新水令》一折唱片（1985：81），据查，此片曾有多次播音记录（详陈招慧 1938：5 版；汪笑笑 1938：4 版）。可见，从曾志忞、冯亚雄至高砚耘[③]，均身体力行地参与了当时京剧改革，而绝非光说不练的"假把式"！且志趣多样、并不单一，更非唯西是崇！

---

① 五四时期著名戏剧评论家，曾在《申报》等报刊，辟有"艺林琐记""东篱轩杂缀""都门剧界近讯"等戏剧评论、报道栏目，撰写过大量剧评、报道类文章。

② 冯亚雄自称："我在 1905 年去东京音乐院学习，在日本上野，教师是两个德国人，功课有钢琴、小提琴、声乐、作曲……而我喜欢学管乐，就在宫南明治音乐会……学 Flute（长笛，引者）、黑管、按管长号、圆号、大小鼓等。"（1959：211）冯的回忆中，去日留学时间不准确，从史料看，他在日时间为 1907 年春至 1909 年春。（详贫儿院 1911：3）

③ 据报道，高的追悼会于 1936 年 11 月 28 日下午 2 时，由上海贫儿院群学会、闸北平民教养院、鸿英教育基金董事会、龙门同学会、市立仓基小学等团体联合，在贫儿院群学会举行，届时，有贫儿院乐队吹奏哀乐，贫儿院群学会学生唱追悼歌等哀悼活动。（详无名氏 1936：10 版）

6.9 隶属。首先，可以肯定地说：中西音乐会的学员，即上海贫儿院的精良者抑或学习程度高深者；换言之："中西混成乐队"乐手，即上海贫儿院管弦乐队中佼佼者。1914年5月间，高砚耘与冯亚雄曾从上海贫儿院管弦乐队中，选了31名学生赴京，参加曾志忞发起组织的"中西音乐会"（详陈聆群2009：40），但这绝非唯一"选拔"。早在1913年，曾志忞已率上海贫儿院管弦乐队（全体）北行了，其原因是："曾君抵京后，一面研究北方社会音乐，一面拟将高等西乐输入京津方面，于是贫儿院乐队有此北行。"（无名氏1914a：11版）

6.10 分工。乐队的具体分工，有所谓"高（砚耘）君长于弦（即西洋弦乐器）、冯（亚雄）君长于管（西洋管乐器，详后）、曾（志忞）长于指挥，调和有此三元素，贫儿院乐队遂发现于世"（同上）云云，可见这个乐队，是依组织者所长，各负其责，各展其能，由此发达并名闻国内的。

6.11 难易·曲目。依"欧陆标准"，管弦乐队演奏曲目等级，分"最易、易、不难易、难、最难"五级，当时贫儿院乐队的演奏曲目，在三至四级之间（同上），遗憾的是，这条材料并未具体指陈演奏曲目，查1910年6月30日—7月2日该队演奏曲目：

1. 幻想曲《金星》（原标 Etoile d'or），奥热（Claude Augé）作曲

2. *La Flute Enchantée* ［此为拉威尔1903年所作歌曲《舍赫拉查达》（*Shéhérazade*）第二段，但标记为"莫扎特的歌剧《魔笛》"，有误（详陈聆群2009：39）］，以上为该乐队之管乐队演奏曲目

3. 《里卡尔多进行曲》［选自亨德尔作曲的歌剧《英王理查一世》（1727年在伦敦首演）］

4. 《小摇篮曲》，福希哈默尔（Forchhammer）作曲

5. 《〈贝黛莉娅〉前奏曲：他是水手》，杰罗姆（Jerome）、施瓦茨（Schwatz）作曲

由于"节目单"原版记录不全，且以多国（法、德、英）外语标注，间有缩略语，故只能简略记述、翻译如上。其实这场音乐会，还有一份与之对应的中文节目单，因有重复，故基本被过往研究者忽略，但节目单中、外文之不同，必有缘故：

恳亲纪念会
指挥者"监院曾志忞"

节目	曲目	曲、词作者	演奏（唱）者
一、唱歌	院歌	佛郎池曲、曾志忞词①	
二、风琴独奏（甲）	序乐（乙）	野老	张师辉、川和奎
三、三部合唱	古森林	史邱其曲、曾志忞词	男儿
四、高音独唱	怀乡	马丁罗培曲、曾志忞词	张师翰
五、洋琴联弹	进行曲		白承典、周振元
六、女声二部唱歌	月夜	麦松曲、曾志忞词	
七、管乐	金星、魔笛		管乐部
八、小管弦乐	进行曲、德国弦曲		管弦乐部
九、管弦乐	培特利亚（水手）		管弦乐部

"两单"西文五档，中文则九档（详曾志忞 1910f：5～6），权且作一参照。从演奏的难易程度看，《里卡尔多进行曲》及《〈贝黛莉娅〉前奏曲：他是水手》"难"，其他三曲则属"不难易"；此外，上中文节目单首次披露了多首由曾志忞配词的歌曲——包括独唱、合唱、二重唱、三重唱；再从风琴、洋琴——钢琴联弹、管乐、管弦乐的各类音乐形式组合看，贫儿院在开院不久、各类音乐活动及其相关人员、乐器配置，已达相当规模。最重要者，此材料是曾

---

① 原单写为"作歌"，实际是"作词"，此乃宣统二年前，学堂乐歌时期典型称谓，下同，不一一注明。

志忞指挥、配词甚至组织管理才能的展现，其既属曾日本所学音乐知识运用于该院教学后的丰硕成果，也是自科举废除后、新学堂乐歌制实施以来，一次具相当规模并极富代表性的学堂乐歌时期音乐教学成果展演。最富意味者，曾志忞在解释管弦乐队时，称："Orchestra 者，译作管弦乐，弦声微妙、管声雄壮，权衡二种音色，配合合奏，最完全、最纯正之乐器也。其乐器有奏旋律者、有奏节奏者，有大弦、有小弦、有木管、有铜管，演奏人数，少或数十、多至百数，本曲（《培特利亚》系一种圆滑柔绵之曲也）演奏者三十人。"（同上：6）显现了其对西洋管弦乐知识的素养；从该管弦乐队配置看，显然是单管制乐队，而各声部之间的搭配、作用、音色特性的"解说"，也是精准的。为何中文节目没有外文对等翻译？只能说当时没有能够将这些节目译为英、法、德等语的人才，及绝对时鲜而非故往之"新特征"，既无可资的"参照"，亦无译文之"标准"，干脆以不译为"译"。

6.12 挑费——包括教师及乐队成员共三十二人的开支、乐器购置费等，三名教师留学费 4500 元及"束脩"① 每年 3600 元（三人每人 1200 元），六年合 21600 元；32 名乐队队员每人 100 元［在第三年发放（详北京档案局 1915）］——共 3200 元，后逐年发放，六年合 19200 元；乐器购置费 5000 元。以上总计 50300 元，即"此乐队应值之价值"。附带说明："三教师之'留学费'及历年'束脩'，实均捐免"，意即这部分费用（共 26100 元），不计算在内。由此证明：24200 元，是"中西音乐会"的实际开销。故丁逢吉"慨捐基金二万余元⋯⋯创设中西音乐会"（1925a：7 版）、冯亚雄"中西音乐会⋯⋯花了两万元"（1959：211）两段回忆，与此基本吻合（详后）。

6.13 人数。这 32 抑或此前所说 31 人，还不是当时中西音乐会人员的全部，据说"曾君现在京中创办一中西音乐会，收养寒家子弟百人，专习中西音乐，八年毕业"（无名氏 1914a：11 版），这也即"音乐济贫院"所招的 90 名学员

---

① 孔子对每一位初次见面的学生，曰："自行'束脩'以上，吾未尝无诲焉！"（《论语·述而》）意即带着打捆干肉的学生，我如何能不教呀！以后引申为教师工资。

加入后的大致阵容（走 1914：2 版），再加之教师、管理及勤杂人员，当时在京的"中西音乐会"应超百廿一人规模。

6.14 总账。上材料最后的疑问：1914 年以前的六年，是哪一年？账虽好算——1908 年，但引带出另一问题：贫儿院乐队 1908 年即已成立，而中西音乐会在 1913 年入京后，至此时（1914），也仅驻留了一年多[1]；1914 年 5 月 15 日，曾志忞正式调该乐队 31 名骨干从沪赴京的记录[2]说明，前期的乐队成员，可能是筹建中招收的学员，而那些骨干来京，则为应对排练"开场"各曲、剧目之需。如果把六年贫儿院抑或中西音乐会乐队的总开销（24200 元）按六年平均分配，每年最少 4033.3 余元。

6.15 声名鹊起。中西音乐会的成立，成北京城新景观，1915 年 9 月 17 日有一《参观北京中西音乐会所感》，称："北京琉璃厂内，有一特色的改良戏剧中事业，我上海曾君志忞所创之中西音乐会是也。"（无名氏 1915：1 版）乍一看，似觉"曾志忞"写错，但据笔者 2017 年 12 月 19 日对曾氏两孙女曾裔萱、曾裔萍及其家人采访得知，直到现在她们依然称祖父为"曾志文（wén）"，这一意外收获，证明当时世人乃至家人对此有一致口径；再查苏本铫（颖杰）以英文写就的"记"，称曾志忞亦为"Tseng Tse Ven"（1920：63），更加确凿了这一历史事实。而"改良戏剧"并富"特色"是当时对其戏曲改良事业的定性，并称："该会自创立以来适（恰逢，引者）十二月（年份，按其叙述逻辑，只能在 1914 年，这与历史事实相符，引者），成绩早著，去冬开会演唱戏剧，各报无不同声褒美，演奏之日各部总、次长均与会提倡、鼓吹……"这也与前引材料吻合。最后，该报道透露了一重要信息："闻该会驻京尚有一年时日之研究，预备明夏将往各地游旅，则他日南回为我沪人增进

---

① 据志忞 1914 年 4 月 4 日在北京《顺天时报》"来此将一载"（1914b：5 版）云云证明，其 1913 年 7 月 23 日（贫儿院女院被炸）后至 1914 年 4 月，已来京九月有余，故才有"将一载"之谓。而此前，曾氏在北京并非没有居住之所，详后。

② 贫儿院 1922a：49。据说此次这 31 人来京的旅差费为"四百七十四元八角二分八"（同上 1922d：70），这部分钱显然未列入总开销。

一物质文明，可预期也。"（同上）由此可见，存活两年有余的北京中西音乐会"时长"，似早已规定。

6.16 离场。即中西音乐会撤退北京的具体时间，据"葛正鼎携物出走案"的档案，高砚耘曾于 1915 年 11 月 4 日 13 时亲笔致信京师警察厅，其中片段：

> 即日全体返沪，葛正鼎乃沪儿（上海籍的贫儿，引者）之一，田（高寿田，下同，引者）已于会长（曾志忞，引者）前力保，请停止惩戒，俾得随赴上海，为此，请贵厅从严训诫后，即日开释交来人带回，俾明日（11 月 5 日，引者）一同赴行，曷胜纫感！田以行色匆匆，即日须赴天津，预备一切，不克面聆……顺颂法安，高寿田鞠躬。（详北京档案局 1915）

这表明中西音乐会于 1915 年 11 月 5 日全体离京返沪。可以说：从 1913 年夏曾志忞来北京勘察地形，翌年冬，中西音乐会在京"开场"，1915 年 11 月 5 日"离场"返沪的时间线索是清晰的，而中西音乐会在京时长，近两年半［所花费用 24200 余元，此即前述"基本吻合"之本意，当时贫儿院乐队抑或中西音乐会乐队的财政支出，绝不止此数（只多不少），因存临时的"变更"（如差旅费等），其中还不包括勤杂人员的费用］而非此前众口一词之"两年"；另，曾志忞在京滞留一年（1916）后，就去建筑"寿渔堂"了，此时，他长驻天津监工（1916—1917），而高砚耘，穿插于沪、津，冯亚雄则留守北京，从他所说在京驻留时间（详冯亚雄 1959：211 ~ 212）看，他一直在北京师范大学教音乐。

6.17 隐情。曾志忞的好友日人辻听花一总结性发言，使中西音乐会离场原因变得更加扑朔迷离：

> 余友曾君志忞，盖律师而热心音乐之士也，研究中西音乐垂二十年……去岁夏间，又于京师设立中西音乐会，并养京沪少年可怜者约六十名，除指授雅正音乐外，兼教授各种京剧，又编辑京剧谱集，已出版第一卷矣。顷（刚

刚，引者）闻该音乐会学生周某，俄抱异志，飘然脱走，继而数名学生亦先后潜逃，不知所往。于是曾君愤感交加，断然决意解散该会。爰俟深宵人静，曾君遂忍痛将会中所藏一切乐器，粉齑无遗并戏曲稿本，付之祝融，其所剩学生，各给以川费，嘱归乡里。余聆闻之下，初不信之，后迨与曾君遇谈及其事，始知传闻不虚，怅然叹息，不知所言。呜呼，曾君二十年间之辛苦，何人不知之乎，其育养子弟，教授技艺，惨淡苦心，不可名状，其所以年齿渐长，略通斯艺者，何莫非曾君爱情异常，热心超群、有以提挈？至今学生无智，忘恩负义，为何人所诱惑？演出无法之举动，促中西音乐会于解散，使曾君二十年辛苦，全付东流，谁不憎其劣心，怜其短虑哉！余闻曾君掷碎乐器，烧毁稿本，本想至（是，引者）其衷心最可怜爱，不禁同情，泪痕深沾衣袂也！（听花 1915：3 版）

其言真意切，令人动容，特别是律师身份的曾泽霖十年（1905[①] — 1915）间却专门从事音乐、编辑戏谱、教育孤寒，并有所成就，但最后将所有"其衷心最可怜爱"之物统统或"碎"或"焚"，这是在何等伤心、绝望境况下才导致的行为？原因竟是几个忘恩负义之徒的背信弃义出走及打着中西音乐会名义、行不法之勾当，令人匪夷所思！但这在该会历史材料中，属首次披露的另类"实情"。按让听花叙述，正缘此，曾志忞最终放弃了他钟爱的音乐、戏曲事业。此暂存疑——可能没那么"单简"，唯一能证"其论"的事实，仅《天水关》一谱本冠以中西音乐会存世，余，则芳踪难觅；而"人而无信，不知其可"（《论语·为政》）。上引无论葛正鼎抑或周振元——这些个中西音乐会中佼佼者，均已湮没在历史尘埃中——找不到任何资料，说明：在学艺过程，更重要的是做人，没有底线或见异思迁，即使你起点很高并有天大才能，也不会有任何成就。

---

① 曾裔萱曾提供给陈聆群曾志忞历史照片一张，下标"光绪三十一年志忞表示研究音乐之照"（见图12.），即 1905 年是曾志忞专心学习音乐的"立志年"；乍看此图，似让听花算术不好，将十年错算为"二十年"，但实际另有隐情：1895 时，曾志忞已有志音乐，只是其父反对，后父子妥协，在 1905 年曾志忞才真正走上了学习音乐的道路。并立图12."存照"以志纪念。

七、各美其美

7.1 此会绝非彼会。在历史材料中，自1922年以后，北京东安门骑河楼（近邻东华门附近的"那家花园"，是北京当时文娱、戏曲重地）也有一"中西音乐会"，电话为东局4594，并发布广告，专门承接"喜庆、堂会、宴会、跳舞、结婚、丧礼"的奏乐事宜（详中西音乐会1926：1版）。同样广告在1926年1至12月，在北京《顺天时报》连篇累牍，长期刊载；此"会"滥觞彼"会"？

7.2 名同实异。首先，虽名同、演出形式相近（有"西乐随唱之中国旧剧"说，转无名氏1925a：5版），极易使人误以为曾志忞中西音乐会驻留北京之"机构"（李岩2014：23），但该会隶属1922年闰五月初一（6月25日）成立之宗人府第二工厂[①]，地址为东安门内骑河楼马圈废址，该会法人阿图·铎尔孟，名誉会长溥侗［1871—1952——被称全行（hāng，即生、旦、净、末、丑全能，昆乱、文武不挡，且皆为名家所传）］票友，副会长溥锐、赵廷璜，交际主任溥钟，中乐教员王广寿、钟馨育，西乐教员普焕、俊侠、从保，司事兼乐科教员张宏志（《宗人府》1847号卷，转叶秀云2001：310）兼西乐指挥，中乐指挥则为汤启育、王广寿（听花1922：5版）；该厂第17条章程"本工厂设置

---

① 此前身为"宗人府教养厂"，其中有一乐队，1922年6月归第二厂（参《宗人府》461号卷，转叶秀云2001：309），内分织布袜、石印、音乐诸科，学生最多时有八十余人。［参听花1929：5版，按：此与其前说"六十余人"（听花1915：3版）有出入。笔者认为，应为百甘余人（详本书6.13人数）］主要解决旗籍弟子的生活问题，即为他们找口饭吃。

中西音乐会一门，纯以提倡研究中西音乐为目的"（《宗人府》第 40 号捐册，转叶秀云 2001：309）即其宗旨。

7.3 乐器。 除一架钢琴外（右司、副理事官钟继捐赠，《宗人府》1958 号卷，转同上：313），据听花记，有"韦有林六件、韦有拉（中提琴，引者）二件、塞路二件、把司二件、叩漏爱二件、都龙笨一件、各耳二件、克来的爱二件、夫路二件、喉吧二件、扎子鼓一件"（听花 1924：5 版）。初看上邦气十足的译名，似"天书"，最令人费解的乐器名，是铜管组三乐器：叩漏爱（Piccolo cornet——高音短号）、都龙笨（Trombe——小号）、各耳（Cor——圆号的缩略语）；次难懂之"克来的爱"，为 Clarinet——单簧管的辻氏音译；余，如"夫路"（Flute——长笛）、"喉吧"（Oboe——双簧管）勉强能懂[①]，特别其"爵士鼓"十分扎眼，使其配置既不像古典乐队，也非现代管弦乐队。总之，类似一锣齐鼓不齐的单管制小型乐队。

7.4 中外兼能。 该"音乐会"，唱戏、演戏自不用说，尤其溥侗（人称侗将军）演戏能力极强，能背唱、演百余出戏，并极富感召力，名角客串，成中西音乐会演出常景，仅以一次"戏码"为例，即有：方连元《火棍》，侯喜瑞《盗御马》，马艳冰《打花棍》（西乐随唱），陶畏初《击鼓骂曹》，龚云甫《行路训子》，徐碧云、萧长华、刘景然《审头刺汤》（无名氏 1926：6 版），均当时的名家、名段，而中西合奏式京剧，是否受曾氏中西音乐会演戏样式启发，不得而知。其西乐业务亦十分繁忙，据报："除平日应喜庆事外，近经东交民巷、台基厂、西绅俱乐部之聘，每逢星期一、三、五、日，在彼吹奏，并于每星期二、四、六、日，在中法协进会奏乐，甚形忙碌、日无暇晷。"（同上 1924a：7 版）

7.5 大事件。（1）该会乐队曾参加过溥仪 1922 年 12 月 1 日在紫禁城举

---

① 此怪异"辻氏译法"，却歪打正着地为世人提供了一种前所未闻的日式西洋管弦乐器称谓。

行的婚礼（详申报 1922：10 版；无名氏 1922：5 版）。此有该会法人阿图·铎尔孟进献是次婚礼的泰西手工果盘一座①——写明"宗人府第二工厂中西音乐会"进呈（转秦国经 1985：116）旁证；（2）该会还曾接待过访华的田边尚雄，据让听花 1923 年 5 月 22 日记："日本宫内省乐部讲师、理学士田边尚雄君，来都淹留（逗留，引者）两星期余（他是来北京大学开'中国古乐'讲座②一星期后……引者）赴宗人府第二工厂参观雅乐及西乐，又嘱君奏其所携中国古乐话匣子——钢丝录音机，以供参考。"（1923a：5 版）可见这是田边访华时最吸国人眼球的"物件"；（3）是次活动由该会李宝枢（即沧浪客）、汪隐侠、铎尔孟接待，居然"號浩然"（溥仪）也来了（同上），虽某家已是"废帝"，但皇家气派犹存，况新婚宴尔、颇有余兴，其间叙谈时长"从午后三钟四十分——四钟半"，后，听花请该会李君命学生演奏《出水莲》《双飞蝴蝶》《五福降中天》《水调歌头》（奉李太白诗）《喜遇》五阕，称"弄丝歌竹、缓急有节……田君深为称赞，次奏西乐一曲"（同上）。由于此段奏乐描述得过于"单简"——既无乐谱出示，亦无相应细节，大有云山雾罩之"慨"，但中西音乐会之技艺，被听花评曰"众学生之技艺，较之去岁，大有进步"（同上）还是有实际依据（因他经常被邀该会的音乐演出，故有此比较）的。田边之后，以所携"话匣子"播《兰陵王破阵曲》（南北朝）、《胡饮酒》（约后汉）、《开德太平乐》（唐太宗作）、《唐燕乐·越天乐》四阕，所用乐器有笙、觱篥、笛、唐琵琶、秦筝，据说这些系"唐代经朝鲜传至日本"。后，又播日本新乐三首：《落叶踊》《蜩》《红蔷薇》（均宫城道雄作曲）；所用乐器：弦子、筝、尺八、胡弓等。最后李宝枢以弹古琴刍派《长门怨》压轴（详听花 1923b：5 版）。

---

① 见《大婚典礼进奉衔名物品册》第 165 号。

② 田边的讲座于 5 月 14、15 日在北大第二院大讲堂举行了两次（国文系教授会 1923：1 版；无名氏 1923：6 版）；讲课内容的主办方纪录见 1923 年 5 月 25 日周作人口译、李开先记《中国古代音乐之世界的价值》（田边尚雄 b：1～3）；另见［日］小峄黄蹊笔录的同一报告在 1923 年 5 月 23 日《晨报·副刊》（同上 a：1～2 版）；其后还有李开先纪录的再次发表（同上 c-e：4 版）及《东方杂志》该报告内容之另一版本（同上 f：131～35）等。

可见田边的造访，具相当"惊动力"。

7.6 散会。该会解散于 1929 年 12 月，听花称：具有八年历史的该会"咸系旗籍子弟……惟音乐一科，练习中西新旧音乐，成绩颇佳……今也时局一变，厂事维艰……于是断然决定解散工厂，中西音乐会亦同时消灭"（1929：5 版）。此即溥侗领导之中西音乐会的短暂历史（1922 年 6 月 25 日 — 1929 年 12 月 15 日）。至此，辻听花成了目睹两"中西音乐会"存活、匿迹北京全过程的重要历史记录人。据说此会乐队最终归了热河汤玉麟部，有"蒙涛贝勒（即溥侗，引者）商热河汤主席，作为该署乐队"消息发布（无名氏 1929：5 版）。此一插曲，彻底剥离了两同名"中西音乐会"之间的缠绕，使各自呈清晰而非缭乱状。

八、情谊深长

诚如前述，严修与曾铸（少卿）"交最深"（严修 1917c：37），而曾志忞与"世交"并尊其为"严范孙前辈"之"交往"，依然有鲜为人知"数端"，现披露于下。

8.1 东瀛遇故知。1904 年严修任袁世凯授封的直隶学校司（后改为学务处）督办，第二次赴日考察时，光绪三十年六月初五八时开始的曾志忞办"亚雅音乐会·送别会"（东京札幌麦酒会社）的十时，亲耳聆听曾志忞开场词、曾夫妇合奏风琴、该会会员合唱"送别歌"等节目（详严修 1904a：211）。六月廿三日，在严修身边出现了一个与音乐相关的事件：长原春田（长崎人）携魏氏乐谱，以自制风琴依魏谱所载，奏《昭夏乐》《关雎》等三阕后，据严修讲，"旋（接着，引者）又奏某曲，铃木君（即曾志忞的老师，引者）以西洋琴偕之。长原君所歌皆汉音，余依谱寻之，约略可辨。谱中每字之旁注日本假名，并注'工、尺、上、合'等字，节有长短，音有高下……一览可知。吾华人解此者鲜矣，不图异国人……犹有研究及此者。长原君又携钞本乐器图一册，如胡琴、月琴、云锣之类，种类甚多……"（1904b：231～32）其时，曾志忞在场。

8.2 沪上往事。从此时起，曾与严的友谊一直持续至志忞去世。1906 年曾志忞曾在上海请严修喝酒（严修 1906：12147），所为何事不知；光绪卅四年七月十五日，接到曾铸（少卿）的讣文（1908：5655），虽已时隔数月，加之宫中的"多事之秋"，但由此说明两家一直相互记挂；宣统二年，严修正式向朝廷奏请"开缺"①（1910b：9），实际 1909 年年底即"回津度岁"翌年元月开始出游，二月廿八日至上海时，曾志忞宴请严修至当时最好的洋餐——旅东番菜馆用饭，后移驾上海贫儿院参观，并赠严修贫儿院的"报告书"三册。当时贫儿院井然有序的管理、充裕经费、良好师资，给严修以深刻印象，曾记道：贫儿院"志忞令尊少卿先生所创立而志忞夫妇充管理员，院中男女小儿百余人，有工有学管理甚有法则，经费月才五百元……"（1910a：6096）。正因此，严修回津后，在宣统三年四月初一，汇曾志忞数百元捐助款，并亲自到天津物华楼办理托汇手续（1911：6427）。

8.3 京津之间。从 1912 年曾志忞寄予严修信的通信址看，当时曾志忞居北京宣武门、和平门之间的松树胡同，时在 1912 年 6 月 23 日（严修 1912：6716），虽然这可能是曾志忞北京的临时住宅，但此材料对贯穿全文的笔者重要论点"1913 年曾志忞在北京"，又增加了一重砝码；1914 年 11 月 12 日，严修不请自来地访问曾志忞所住松树胡同，不遇（1914a：7423），但说明，曾志忞已经在此长驻两年有余；此时，严修穿梭于京、津，1915 年 4 月 12 日，严修逛北京东安市场午后记"往球场（据考为'集贤球房'，引者）抛球（保龄球，引者），遇曾志忞及曹润田之令尊（曹成达，引者）"（1915：7538），说明曾志忞已是北京常住居民了；1916 年 8 月 16 日由高旷生（严修第二次访日的翻译）做东，请曹汝霖、曾志忞两家人在北海北岸镜心斋西侧画峰室——建于乾隆

---

① 原因：宣统元年，"因抗疏援救袁世凯开罪摄政王载沣，终以'学部无可为'请假归里，结束仕途"（转杨传庆 2015：1），开罪摄政王事。谢巍称：戊申癸亥"两宫大丧，载沣为摄政王，罢斥袁世凯。先生为惜异才，疏请留袁氏外务尚书任，疏入不报（不准，引者）。袁氏离京，人皆畏祸，先生不惧流言，偕度等往车站送别，不以其人荣瘁异致，故袁氏始终德之"（1990：9）。而严修请假的细节、日期、奏请开缺内容如下——《奏折》："宣统二年三月初四日内阁奉，上谕：学部左侍郎严修奏、因病恳请开缺一折，严修著准其开缺，钦此。"（严修1910c：6115）

二十三年，两开间，硬山灰筒瓦屋顶。北窗外有光绪帝御题"枕峦亭"，室内联：花香鸟语无边乐，水色山光取次拈——吃饭时，邀请了严修但未出席——因从津刚刚入京，车马劳顿（1916：7653），但表明了曾、严两家在北京的密切交往；此事之后续——1924 年 4 月 24 日午后，已定居津门的曾志忞拜访严修，于其书房"枣香室"叙谈约一小时，共同研究《甕牖闲评》（严修 1924b：9905），此书为［宋］袁文之遗书，后修《四库全书》时从《永乐大典》辑出，此纯属奇文（稀缺）共观赏。

8.4 志趣相投。从严修与曾志忞的通信及严修日记看，1917 年始，曾志忞移居天津，1917 年 8 月 3 日严修访曾志忞片刻（1917b：8166）至 8 月 21 日写出《曾寿渔堂记》（同上 c：8178）是曾志忞约严修为寿渔堂写此记的全过程，此后与曾志忞的多次交往，重要者有三：一、1919 年 9 月 8 日赴曾志忞"约"至天津义租界四马路六号——曾氏寿渔堂，大宴严修，严称"肴馔精洺"——丰盛餐食及各种美酒，"饭后谈至两钟"（1919a：8855），由此得知曾志忞已进驻天津两年有余，当时曾志忞管家方经（字允常）的收信地址为天津马厂道西湖饭店旁桃源村 22 号，是否有些信件由他代收，待查；二、1919 年 9 月 18 日，严修访曾志忞时与曾长谈鼓语——锣鼓经（同上 b：8862），这是他们共同感兴趣的话题，曾当时正致力京剧锣鼓经改良，而严则为戏迷，且有多种音乐兴致，1910 年 7 月 13 日晚由三女智闲拉手风琴、五儿智开弹以风琴、严修吹笛为孙辈唱歌伴奏（1910d：6227）并曾在 1917 年 5 月 11 日专程由杭至沪，观汪笑农《党人碑》至晚 12 钟方散（1917a：8108）可见其戏瘾极大；三、1919 年 12 月 18 日，收到曾志忞来信附《艺菊新法》（1919e：8935），当天严修即回信，称："志忞仁兄先生左右……艺菊新法，发之向前人所未发，佩服。"（同上 f：14604）这既表明严修对此"新法"之认可，亦说明严修对种菊也颇有心得，故才有曾志忞寄"新法"之举，实乃"嘤其鸣矣求其友声"，此为单行本，后收入方经辑《曾氏寿渔堂家祠落成纪念册》。（1919：53 ~ 58）

8.5 梁迁堵。1919 年 11 月 12 日星期三曾志忞陪严修到光明照相馆照正面、侧面相，严为答谢曾，在附近的"爱国午饭"（1919c: 8904），此照相出于何因不详，此后曾在12月7日会见曾志忞一次（同上: 8925），从1919年11月12日至1920年1月17日的两个多月间，曾、严之间鸿雁传书计十一次，1920年7月22日在严修家，中午两人谈了一个小时，11月4日致信严修并附一幅为严修所作的画（1920b: 9064）；1921年11月9日严修写信答谢曾志忞派人送来之将要为严修雕刻石像函（1921a: 9337），之后，曾志忞为严修打造石像"工程"浮出水面，而此前大量书信及多次面谈之谜底终于揭开——商谈石像打造的意向明确；这是严修造像工程的扫尾阶段，同年双十一，严修应曾志忞约请，会见严修造像之雕刻师杨君 [①]（同上b: 9338），这也是必要程序，因杨元科仅看照片不见像主，难以最终定稿，之后又有11月14日为严修石像的修改，此次是曾志忞偕雕刻师杨君同来严家（同上c: 9340），在曾的监督下完工，即可见曾志忞对此重视之一斑。以后两家关系更加非同一般，甚至曾志忞令郎曾宏燕［四岁——据其《公证书》（上海公证处 1987: 2）推断］1924年4月22日入幼稚园这等小事也记入严修日记 [②]（1924a: 9904），说明两家友情加深及造像一事对严修意义非比寻常。

---

① 杨系保定曲阳县（因曾寿渔堂所用全部石材均产自此地）人氏，曾志忞称："石工杨姓于同地访得之，雇来津祠，由忞夫妇监督……仿意大利式，从事雕刻，今眉目毕肖音容如在者，杨之技也，此中国之美术也，特表出之。"（1919a: 10）其对杨的赞誉及其留下的雕刻作品，说明杨师傅（元科）之"技艺"确非一般。对杨君之另一记载称："本所技师，乃产石之地之人世传造像，今参西法，杨君元科是也。"（申报 1921b: 12版）

② 《严修日记》中有"曾志忞令郎来入幼稚园"（严修 1924a: 9904）的记载。查该幼稚园，为带严氏家塾性质、清末创立最早的幼儿园，初称"蒙养院"或"保姆讲习所"；另据《严修年谱》称：1905年冬，家中设女小学、保姆科、幼稚园（1910b: 8）。此记虽与前引称谓略有差异，但大体说得是同一事。据说该"所"抑或"院""园"曾聘日本大野铃子为教师，招收4—6岁儿童30人（均严氏亲属及邻近好友子女），每日开课时间: 9时—11时，专从日本购置钢琴、风琴、桌椅等，户外置有秋千、藤圈，室内有各种恩物，手工有编织、折纸、黏土、剪纸、画图。音乐课中所教歌曲，大部分译自日本。语文，以讲中、日民间故事为主。该园自初创至终结，历25年（1905—1930），初由"保姆讲习所"毕业生任教（前15年），后由严氏孙女严任清主持后，改用美国教材与教法，并更名为"严氏幼稚园"。（详教育大辞典编辑委员会 1990: 236）曾志忞二公子曾宏燕入园，恰赶上该园的美国教材、教法时期。

8.6 悲喜叠加。1926 — 1927 年间是曾志忞人生最为蹊跷并难解之"年"，1926 年 3 月 9 日（正月廿五日），刚过大年的十天后，曾志忞夫妇同至严修家中。一来拜年，二来谈他们结婚三十年结婚纪念册属题——题名，谈约两小时（1926a：10234），即可见此事对曾氏夫妇是一件大事。3 月 26 日严修即将"曾志忞曹理蕴夫妇三十年纪念征题"的草稿（同上 b：15661）写出：

比肩嘉话感人深，琴瑟常调静好音；王谢家风能济美，郝钟礼法尚宜今；仙槎共遂观光志，广厦同幝保赤心；愿式芳徽箴薄俗，暵蓷中谷不须吟。

曾氏夫妇的共同音乐志向，以"比肩琴瑟"精准概括；而"王谢家风""郝钟礼法"，是出身"显族"的标志；仙槎共遂——则非一般人，仅神仙才能享受之夫妇共渡东瀛留学"福分"；"暵蓷中谷"句，从《诗经》"中谷有蓷，暵其乾矣"句来，有作曾志忞太太不易之暗喻，因当时曾志忞动辄发怒、打人，借酒撒疯……严修深知曹汝锦之难，能够直接将此入诗，有奉劝之意——不须吟，没有什么可抱怨的，也有对其良母贤妻之赞颂，因"蓷"是益母草的别称，暗合良母、益母之意①。此诗为笔者提供的另一重要信息：1896（曾志忞 17 岁）— 1926 为曾氏夫妇结婚纪念年，而其月份，从 1926 年 5 月 15 日曾志忞来信催促（同上 c：10286）至 16 日严修所记"七钟起，题曾志忞夫妇三十年结婚纪念册七律一首，做完，午后题讫送去"（同上 d：10287）说明，

---

① 据笔者 2017 年 12 月 18 — 19 日在天津，对造访天津的曾裔萱、曾裔萍（姊妹俩生母为马善如，1919 年 7 月—1995 年 11 月，因车祸不幸去世）采访时得知，大奶奶（理蕴）人非常好，如果有时间，每天都要与她们姊妹聊天或嘘寒问暖约两小时，脾气温和，并从不发火。此即陈聆群从曾宏燕口中听到"大妈妈"，事情经过如下：陈聆群口述，"1982 年觉悟过来，登门拜访曾志忞的儿子曾宏燕先生，听他告诉我，如果你 1964 年（当时曾裔萱抱一堆曾志忞相关照片，陈仅选了几张，也未做进一步采访）时来，还可以听大妈妈讲讲当年的故事啊！这样千载难逢的机会就这样被我丧失，真是罪该万死！"（2009：34）即陈在 1964 年时未做之事——全面、彻底征集曾志忞相关史料，对 1982 年以后曾志忞专题研究，成了巨大的、无可挽回的"遗憾"。

这一天是曾志忞夫妇结婚正日子的前一天，因在四月初六（5月17日）才合双日中式"婚仪"古法。曾氏夫妇必定要庆祝这一"珍珠婚"之特殊时刻，一般在晚饭时分并可能持续至翌晨，亦未可知，但严修的"亲送题诗"，足见对此重视之程度。同年的9月9日曾志忞还拜会过严修（1926e：10366），之后《严修日记》中再无与曾志忞交往的"丁点儿"记录。

突然，1927年9月19日严修在日记中写道："六钟起，作曾志忞挽联……写挽曾志忞联附跋语百余字（实183字，引者），写八言联一支（36字，引者）。"（1927b：10810）但再查严修"信草"，写于9月15日——有可能此日所记为"草稿"，19日写出的则为"定稿"，全文如下：

志忞仁兄，学成归国，尽心公益，其在申江，创孤儿院，夫妇并力谋划，黎庶必亲，尤为申人所敬仰，君又多才多艺，凡音乐研究、诗词戏曲、治园之艺、花木皆能外，自遇之年（丁巳—1917，即寿渔堂落成后定居天津以来，引者），翻新像尽力，又遣石雕工，教以雕刻，历经为人肖像（画像，前有送画像之事，引者）、继之非"似"（酷似，引者）而已（不止步于此，引者），又能肖金像（敷以金箔，引者），次则，石之山像，一师看舍面，面字翁，付工筹廿册（240）。继又从京城（丁巳—1917，两次提及此年，大有深意——因其对曾抑或严均极富纪念意义之年[1]，引者）余家（京城住宅，引者），对余改正画像以来，似未能酷似，引为憾事，然其前事：专、精、诲怨、执和可见一斑。计也，别未经年，忽于永诀，长才未竟，齐杰以坠，追念生年，伤痛曷已。（联云）：

爱君随事见经纶打磨须材定料尽为梁迁堵

---

[1] 其意义有三：一、早在1904年，严、曾两人既已在日本不期而遇，故1917年绝非两人初会之年，是曾志忞定居天津之年；二、这年的8月21日严修完成《寿渔堂记》；三、从"跋"透露，曾志忞为严修打造石像从此年即已启动，这有可能是对其写《寿渔堂记》的回报，如此算来，从1917年至1921年年底，石像打造工程，中经多次反复、修改直至完成，历四年有余。

　　为我苦心所雕塑良工束手总缘我比石尤顽（1927b：15817～8）

　　这一珍贵史料是曾志忞与严修之间深厚友谊的最终记录，其意义有三：一、9月15日写"草稿"日为得知曾志忞死讯，即曾家发丧日（七月十三日）月余（第37天）；二、曾志忞的才能被严修概括为多才多艺、专、精、诲怨、执和，前六字毋须解释，以下，则可释为"无怨无悔""抓住不放"之类的执着精神，这在他的种菊、雕塑、执教、音乐、戏曲、诗词、教育、管理等方面均如是；三、严修在百八十三字"挽跋"中，浓墨饱蘸地述说为其塑像事，并将其雕像以敷金箔"伺候"，这在寿渔堂曾少卿多座石像、曾志忞与曹汝锦所生早亡亲儿曾宏杰全身雕塑（见图 7.）亦未若此，还几易其稿，终以石之山像——似一座山似的巨大形状（由此得知其为严修雕塑了一个巨大石像），但以未能酷似引以为憾，从而严修将此"作为"概括为"专、精"，足见严修被曾志忞为其塑像的认真、执着深深打动。而所谓"梁迁堵"直译梁下——屋中之累赘、多余、淤堵之物，有自嘲意味——我本多余之人，为我造此巨像纯属浪费。总之，从曾志忞夫妇征集结婚三十年纪念册题名（1926 年 3 月）到严修为曾志忞撰写挽联及跋语（1927 年 9 月）的一年半中，曾志忞人生的跌宕起伏、阴阳巨变，令人感叹并唏嘘不已。

　　8.7 钏影悼词。世人对曾志忞辞世这一"大事件"，除上述内容外，在曾志忞 1927 年 8 月 10 日《报丧》（曾氏瑞芝义庄账房 1927a–b：2 版、1 版）的第二天，其好友包笑天（1876 — 1973，本名清柱、小名德宝，笔名笑、钏影）即写《悼曾志忞先生》，并主要对曾志忞及其夫人的美术乃至雕刻才能大加赞赏，称：

　　志忞先生能承父志、留学于日本，习音乐、雕刻之术，夫人曹氏，亦于日本习美术，归国以后，从事于艺术，曾办一学校，初即研究人体写生，二十年（1907，引者）前之中国，安有所谓少女之模特儿者，盖宁失身不肯裸体也，于是曾君夫妇不得已，乃择十五六岁之小茶房（雏妓之别称，引者），使之应命，以供描写与雕刻；故中国之模特儿写生，其实则创于二十年前曾氏也，后志忞君则迁居至津并建其家祠于津沽，以种菊自娱，不问政事。彼之好菊，具有天性，在日本留学时，即研究日本人之艺菊，归国后办孤儿院，亦教孤儿艺菊，今每至秋九，上海孤儿院必开一次菊花会也。余以前岁过津，时方八月，志忞君以柬招余，请往赏菊，而余以忽忽回南，未及赴约，但得携有曾君《艺菊新法》一册，摘录于《钏影楼笔记》，复又赴津，欲访未果，不图其遽归道山也，呜呼！（钏影 1927b：3 版）

此悼文，概括了学界此前未知事三：一、人体模特儿写生，1907 年前后既已在曾氏艺术学校中开设，开一代风气，其大大提前了中国此课开创的时间点[①]；二、艺菊是其后半生的主要追求，对曾志忞留给世人音乐教育先锋形象之外，又增添了些许园艺师色彩，故其自称"寿渔园子"（曾志忞 1919c：51～2）恰如其分，而由此不问"法事"甚至"乐（yuè）事"——1921 年起，曾志忞自称："弟从事石工已三年矣，弃儒（学术，引者，下同）、弃法（法律）、弃伶（戏曲、演戏），今而业此，无时无地不研究伟人名士之相，及社会上应有之各种服装，以为造今人石像之研究。"（1921：2 版）也即自 1918 年起，曾志忞心无旁骛地专职石工造像，此喜也？忧乎？三、钏影对曾志忞雕刻技艺及成就的特殊强调，使读者对其"中华美术石工制造所"美术监督之职，有了更深入了解的可能，特别从其倾力打造的曾寿渔堂中逼真的多尊人物石像，精致的雕栏、立柱，宽阔的庭院布局，均得益于曾氏夫妇的美术

---

① 学界此前称，李叔同开创了中国人体写生先河，并发现了其存世的油画"半裸女像"（创作于 1909 年前后，详王璜生等 2012：46），而他开展人体写生教学，则在 1914 年任教浙江两级师范（1913 年更名为浙江第一师范）学校期间，并留有一幅历史照片（图 21.）；翌年，刘海粟才开始此项课程，自云："溯自民国四年三月，上海美专有西洋画科三年级生一班，依学程上之规定，有人体模特儿之实习，其时未有先例。"（1925：114）此言差矣！在 1907 年曾志忞开展的人体写生课，才是此项事业之"嚆矢"。

造诣，加之还有一民间雕刻师杨元科，使当时的曾寿渔堂成为远近闻名、令人神往、急欲观瞻的知名场所（详吉生 1921：16 版），以致中华美术石工制造所的"订单"不断①、买卖兴隆，绝非偶然。

从上披露的信息：《钏影楼笔记》载有曾志忞艺菊相关文字。顺藤摸瓜，果真发现有关曾氏所办贫儿院宗旨，曾本人及夫人的志向、艺术情趣等方面的点滴新资料……包笑天称曾志忞办院，是以其父曾少卿的一副对子"放开肚皮受气，磨快牙齿吃亏"为宗旨，曾氏家族之公益事业不图名利、得失心境，令人肃然起敬；而"志忞君前曾充任大理院特约律师，旋弃而不就、潜心于音乐艺术，与夫人皆隐；夫人曹氏，工西洋绘画，女界中之美术先进也；志忞君曾赠我以《艺菊新法》……"并将"艺菊"上升为"至境"："三百六十余日中，花一日有一日之变化，人一日有一日之希望，养成一枝一叶，一如教养子女、训练学生，少有些微进步，异常欢喜，故颇足快我之精神。以是而论艺菊，进于道矣。"（钏影 1927a：3）此论深刻影响了包氏，称"世务纷纭，人事杂沓，安得一从曾君游欤？"（同上），即在纷繁、杂乱的人世，老包真想与曾君一道玩。这是真诚的感叹，但能达其"境"，绝非想入就入得。由此证明，《艺菊新法》在当时，曾志忞除赠予严修外，受赠者还有老包。前此，他曾专程观其菊展，时在宣统二年十月十七日（1910 年 11 月 18 日），正值初冬，此展除"秋花灿烂，尚有傲霜之枝"外，还"蒙饷以该院烹饪科调制之佳肴，味有余甘，较之市上西餐，真有雅俗之别"。而最令老包感动的，是其食材，均取自曾氏自家"蔬圃家禽"。此外"服务执事，又皆令（贫儿院）儿童为之"，加之"构此广厦（即贫儿院庞大建筑群，引者），大庇孤寒，我见此纯洁高尚之儿童，而起敬爱之心"（笑 1910：9 版）！正缘此，包与曾结下

---

① 著名报人袁寒云（上海《晶报》主笔），曾专为自己及先公（去世的父亲）向曾志忞下打造石像订单，称："闻兄弟造石像绝精，拟恳代制先公与弟之像各一，愈小愈佳，价值详目、即赐寄示……此覆上志忞先生。"（寒云 1921：2 版）此仅曾志忞中华美术石工制造所的万千订单之一。

了深厚友谊。此材料亦反映出曾氏初立之贫儿院对广大"孤寒"的教育，除让其亲力亲为、提供良好住所、教育外，还供应最健康、环保的食材，这在当时异常罕见，崇敬之心能不油然起乎？与前引对贫儿院的不实之词"虐待贫儿，惨无人理"（无名氏 1912e: 70）比照，真不知所谓！再加杨楚湘亲睹曾志忞为"贫儿有疮疖者，躬身去脓、抹药"（1919: 16）证词，使其愈难成立。另外，曾志忞到底与律师界有多少瓜葛？是否真如老包所说"弃而不就"？因曾志忞毕竟遵从了父命东渡日本，专门研修法律，故亦绝非如此"单简"。

九、非花似雾

　　9.1 听花·志忞。曾志忞的北行，目前看来，与其在上海失势（宁波帮商人打压）、父亲（突然）病故、沪南兵灾——贫儿院及祖宅被毁、儿子（事故）身亡等，均有连带，而投靠有权有势的曹汝霖，并想借他的势力东山再起，亦未可知；其音乐上的原因，除他喜欢京剧外，别无他图，天津、北京由此，成为最理想的"佳地"，因借这里的京剧氛围，曾志忞可大展宏图。至于他与辻听花（武雄）的关系，亦值得论说：其实此公，虽与曾志忞交情甚笃，但在戏剧界名声很坏，由于日本人的身份，虽他的戏评，是些无实质内容更无艺术价值可言的"大白话"，并被讥评为"直如（好像，引者）杂货铺的流水账，长年不过几句不通之老话，间亦作诗，以期附比风雅，而诗亦不过'初一十五庙门开'之类耳"［无名氏 1931：3 版，故时人称此公，为一"不通之支那通"（同上）］，但其长期厮混于中国，对中国的事务尤其官场脉络，相当了解，唯对戏曲是外行，却日日评戏，据说《顺天时报》有他的股份，发表文章便利，伶人们怕被他羞辱，提前纷纷以各种方式（包括请吃饭、喝酒、使钱，甚至拜义父——干爹——方式）抢要其"名贵墨宝"，其中不乏名角，如尚小云、新艳秋、李万春、杨氏双菊、小翠花等。另一不好的名声：此公看戏，从不买票，并一晚跑几个戏园子。辻听花于 1931 年 8 月 18 日下午 6 时，逝于北平半壁街（现"东壁街"——故其在《顺天时报》的戏评专栏、名"壁上偶评"——位于崇文区中东部，东起幸福大街，西至东唐街，南望北岗子，北靠三转桥。全长约300米）24号，为其客居的寓所（详无名氏1931：3版），唯送葬之时，义子们均未到场，可见所谓"义父子"，全无真情！有人曾著文道："有子名公雄，字秋堂，服役于津门，平日彼喜着华服，喜中国风尚，有愿死是乡，以中国殡葬归葬。"（转同上）竟一语成谶！可见，他仅是曾志忞的一个不懂戏的"朋友"，对其戏曲改革有无益处，尚难定论；但从"孤证不立"论，这无疑是对辻氏的负面品评，不可不信亦不可全信。而其正面，尤其日人对此，则有根本相反意见：正是辻氏在《顺天时报》开辟的专栏"壁上偶评"，黑根号扫叶（原《朝日新闻》上海分社主任）据此写出《中国戏曲指南》（1915）、《支那剧精通》（1918），迷竹内良男（三菱书院出身）和有志于导演的升屋治三郎共同创办《支那剧研究》，并写出《支那戏曲入门》；青木正儿也是在辻听花的影响下写出了博士论文《支那近代戏曲史》。其"壁上偶评"是在"一战"爆发后创"栏"至民国三年（1914年）停笔，其间还影响了很多戏曲演员及戏评人，王隐侠即是受听花推荐而成名的显著一例。（参中村忠行2006：89～99）

9.2 煮酒论雄。笔者已查明曾志忞在天津、北京的住宅，而他在北戴河，还有一处"心坟"别墅，至今"杳如黄鹤"，但有一线索：1920年7月20日，严修在其北戴河东山金山路15号别墅，与来访的曾志忞谈约一小时（严修1920a：9016），当时曾家的别墅也在此区域，名"燕燕山房"（详曾氏瑞芝义庄账房1927a-b：2版、1版）。此居，管家方经曾赋诗二首，其一："举目无所睹，惟闻涛声怒。新月最多情，彻光透入户。村龙（一种长毛犬，引者）吠不已，鼠子声又起。搁笔侧耳听，欲吟时复止。"又："远山浓翠白云中，树碧天青落日红。暑退闷消欣暴雨，凉生气爽喜清风。潺潺流水鸣琴似，阁阁喧蛙伐鼓同。遥望收帆垂钓艇，闲吟徙倚小楼东。"（1922：15版）此描述，显现了海边、乡野、万物蓬勃的夏日景色及曾家小楼——燕燕山房紧邻村舍的点滴声景——Soundscape——还犹然可闻犬吠、蛙鸣、鼠叫，好一派生机盎然景色，可见是曾家一海滨避暑之所，但详情则待进一步查访。另外，曹汝霖与曾志忞均学法律，到底办过什么案子①？从该会动不动就打官司（这一点也延续到其庶子曾宏燕，笔者发现的"曾寿渔堂"档案卷宗，是曾宏燕对"堂"之房客高月波不交房租且拒不腾房一事起诉专案，由此，让历史存留了一份珍贵的档案）看，确实只有律师出身的人，才能有效地运用法律条文、相应手段，来保护自己所应享的各方权益。

有资料显示：1913 年北京有律师 101 人（萧铮 1977：40526）。据此，邱志红对当年《大理院判决录》中判决案例统计后发现，只有曹汝霖、曾泽霖等八人办过刑事案件（2008：62）。除此，笔者对 1912 年的一起财产纠纷案查证时发现：当事人龚廷磺对江苏省高等审判庭的裁决不服，请律师曾泽霖作为其诉讼代理人。曾泽霖在分析该案判决后认为"原审判决在法律适用上确有重大失误"。大理院在审理该案过程中，基本接受曾泽霖律师的观点，并于 1913 年做出了"原判撤销"（转徐家力 1998：90 ～ 91）的裁决。笔者再查《大理院刑事判决》书，在 1914 年 6 月 10 日该院第 134 号判决书中，曾泽霖以被选定的辩护人身份为"上告"出庭辩护（韩永进等 2015：21 ～ 23）。这两例说明他也办了很多民事诉讼案，而法律上的此类操作，对日本早稻田大学法律专业出身的曾泽霖驾轻就熟，特别当曹汝霖在"五四"时期，被国人视为卖国贼后，其在政治、社会、人际交往中，有诸多不便，曹利用曾志忞的法律智慧、学理、经验，打理一些棘手事务的可能性，是存在的。另，曾志忞虽曾于瑞芝义庄，从父命，在年方"弱冠"写下两行"修德行仁祖父刓万

---

① 曾志忞自云："自癸丑六月二十一日……志忞私宅被大炮焚毁……是时栖居无地，乃奔京师，施充大理院特约律师……"（1919a：8）此即曾志忞 1913 年 7 月以后，即至北京的又一"证言"；其律师身份，亦由此验明了"正身"！且，其律师收入颇丰，据其好友杨楚湘言："音乐会（即中西音乐会，引者）则尽其律师业所入，倾囊从事！"（1919：16）即在北京近二年半中西音乐会的两万余元开销，基本来自其在京师"大理院特约律师"这一职业的收入，由此旁证了其律师收入的大致数额。查曾志忞确有与律师事务相关的活动，如：1913 年 5 月，上海市政厅总董陆崧侯，曾拟聘请曾霖泽赴江苏高等法庭，对江苏省议事会董事会提起公诉，但因变故，陆致函曾志忞，有"起诉一事，且缓进行"（申报 1913c：10 版）的"奉复"可查。

年之业、抱忠存恕子孙守一贯之传"[1]（曾铸 1900e：2）铿锵之语，其时家实殷富，父亲名震海内外，但曾铸宏业，无疑在曾志忞手中败落了，此正应曾少卿之言"创业大（同太，引者）难缔造固资先代德，守成不易继承尤望后人贤"（同上）。在此，论曾泽霖[2]成败，非笔者"要务"，而历史研究者之"责"，诚如陈聆群先生所言："对于历史人物的研究，还是要从开掘收集梳理与之相关的全息性的历史材料做起，只有真正做到了这一点，也才谈得上对其进行全息性的研讨评论！"（2013：113）

---

[1]　曾铸对此记曰：（瑞芝义庄）"庄长办公之所落成日……中间东西向一联命儿子泽霖书句。"（1900e：2）

[2]　其父命名，借［宋］范仲淹（字文正）之"行藏"意："人生天地间，不外行藏二者耳，用而行，则泽彼苍生，舍而藏，则泽吾同族。"（曾铸 1900f：1）而"泽"如"甘霖"，故名"泽霖"。

盖棺论定

首先，曾志忞作为一代音乐家功绩，仅以其音乐言论、首部《乐典教科书》的译者或京剧谱《天水关》的编谱配乐者为据、依次展开，依然停留在"浅描"层次；此项研究绝无"未见乐谱不能随便讲"（内透 1983：65～81）式困惑，但其乐歌、戏曲改革乐谱形态之深义、实际声响效果、曲调来龙去脉、词·乐"创作思维"……却处"知之甚少"抑或"无知"状态。此属地上文物——并非查找不便，已赫然摆在学界面前！究其因由：有"差评"左右，更有无从下手抑或不知从何入手之"难"。笔者本着"明知山有虎，偏向虎山行"之果敢与意志，艰难启程，有回归音乐本体而非"玩顾左右而言他"趋向。彻底、完整、透彻、无憾地研究曾志忞，毕竟是几代学人的"宿愿"，如笔者能继续在这一探索征程中行走，幸甚！

其次，前引严修对曾志忞的定论："多才多艺，凡音乐研究、诗词戏曲、治园之艺、花木皆能"（1927b：15817）已然是一相当全面概括，但这毕竟是"严修墨宝"，止步于此，将失却本书意义；特别"凡音乐研究、戏曲'皆能'"之"能"在哪儿？虽曾志忞人生有过几次转向，1905 年从学法律矢志音乐、1907 始搞美术（包括人体素描、雕刻）、1913 年京剧改革、1918 年专职石工雕刻、造像，其间律师、艺菊、襄理贫儿院事务不辍，但这绝非对曾志忞作为音乐家、教育家、戏剧改革先锋判断的"妨碍"。笔者拟从三端——乐歌、歌剧、省悟，论曾志忞的"卓艺独思"。不如此不足以说明其"能"。

十、乐歌

　　过往对学堂乐歌"取彼国之善本，易以我国之歌词"（王季良等1906：
157）之移用他国曲调创作方式，似成不移之论，但其引用之时的"章法"抑
或"新创曲调"，除张静蔚、钱仁康两先生外，少有人关注，并囿于13首创
作曲调（张静蔚1987：125）范围；更有甚者，称曾志忞、沈心工、李叔同"抄
袭欧洲旋律"（刘靖之2000：8），此世纪"冤案"在今天大有澄清"必要"。
本节仅以曾志忞的乐歌创作为例，因过往曾志忞研究，大都集中火力于音乐
思想，而其音乐创作"形态"，才是认识曾志忞之所以为音乐家的"根本"。
此乃以往曾志忞研究之盲点，缘此，笔者对曾氏创作的音乐内涵、来源、方
法及创作特征进行了深入挖掘。汪毓和先生称"学堂乐歌的旋律大多数采自
欧美的特别是日本的歌曲曲调，甚至有些曲调还被不同的作者反复填上不同
的歌词"（1994：25），继而又说学堂乐歌"绝大多数是根据现成的歌调填以新
词……而由编写者自作曲调的歌曲极少"（2002：34），"此"比前"说"来得
更直接、肯定。而香港的刘靖之先生公然宣称：曾志忞、沈心工、李叔同"抄
袭欧洲旋律"（2000：8）的所谓"早期抄袭"例证，为曾志忞的《海战》（1903）
及沈心工的《黄河》（1905），此言差矣！这两首作品均新创曲调。而真正符
合其指证的实例及其操作规则，刘先生并未捕捉到，现以曾志忞六首乐歌创
作为例，深入对此解读如下。

10.1《新》。1903 年 10 月 20 日发表于日本东京，属曾志忞写作的最早一批乐歌之一，虽仅一单乐段，但其新意颇多，故与其歌名"新"名实相符；从曲调论，明显从《马赛曲》（下称《马》）截取六音 re、sol、la、re^2、si、sol（见谱例3.画圈音符），后衍展出曾氏曲调，此乃曾氏典型创作套路而绝非"抄袭"。此后，中国人开启了取用《马》旋律的"时代"：两年后，权国垣以《马》的旋律风格，改编了一首歌曲《春游》（1905），头句歌词"看，平原一片线漫漫"（转张静蔚 2004：344）；一年后，李叔同在日本创刊的《音乐小杂志》彩色封面，手绘《马》旋律片段（图 20.，1906a：封面）；又过十年，沈心工编配的《方圆进行曲》"大家开步向前进"（即 1913，转张静蔚 2004：352）及《短舰竞走》"于今事事无把握"两歌曲中头句歌词（同上：351），均被以《马》旋律；最完整《马》的引用，是同年《法兰西马赛革命歌》，其起始歌词"咄咄起黯吾国青年"（张秀山 1913：352）；最富创意的例证，是赵元任 1915 年引用《马》开头九个音发展、变化、衍展出的中国第一首钢琴曲《和平进行曲》（谱例 2.）。

谱例2.

和平进行曲

此前所未有新说的"依据"：方框中 14 个音，9 个与《马》相关，仅在首个完整小节第三、四拍缺 a^1，但并非没有此音，它延迟出现在第二小节的第四拍；从第三小节的第二拍至第四小节头拍，则包含了 si、sol、$^{\#}$fa、do^2、la、$^{\#}$fa、sol 各音、凑足了《马》主题的全部"音素"，但迅即衍展出赵氏的独特声音——祈求世界和平的中国钢琴音响。

曾志忞"首引"《马》时，更为巧妙、简省（谱例 3.1903g：71～72）并具独创性，特别曾氏美其名曰"新"之"歌名"及多次在"歌词"中的重复，必然以"出新"为第一要务。

第一新:

结构。

曲式 1.

结构: a(1+1+2)+b(2+2)+c(1+1+2)+d(1+1+2)
小节: 1··········5······· 9······· 13······16
结音: 　　　角　　商　　角　　宫
调式: 加清角六声 G 宫调式
层级: d¹ 徵　　　　g¹ 宫　　d² 徵
中心: c—g—d̅—a—e,以宫、角,作为调性稳定"基石",并"商"居中央

如以 c d e 排序,以 d 音为轴,向上、下各扩展大二度小三度,商音中央轴心位置更加明显、稳固(详杜亚雄 2007:19):

(小三度)羽←(大二度)宫←商→角(大二度)→徵(小三度)

由此显示出有中心、对称、平和、稳定的结构力。这亦是对国之局势稳定的"呼唤"。此对正处"庚子'国难'"动荡期的大清帝国有特殊意义。

第二新:

曲调。上列商中心的左右二端小三度间"缺环"——变宫、清角,后者在《新》第 15 小节瞬间出现,真正派上了"色彩音"(偏音)的用场,令人过目难忘。正是商居中、结构平稳,此歌才显得平和、稳重。其 sol do re sol² 对称音列,与 sol-do、re-sol² 等同构音程所引带出的全曲唯一"清角"且节奏加密形态下的最新奇乐句 fa-mi-re-mi-la-sol-do(15—16)是该曲最令人瞩目的"神来之笔"。虽《马》原曲调(引用 re-sol-la-re²-si-sol 两遍,见 1、2、3、7、9 及 11、13、14、16 小节画圈音符)与曾氏新创曲调若即若离,但已然完美镶嵌在曾氏曲调之中,浑然一体,这才是名副其实的国人跨过起跑线创作。(谱例 3.)

新

谱例3.

曲、词：曾志忞

（谱例乐谱）

第三新：

歌词。 在甲午战败，割地赔款，八国联军于庚子年攻克京城，皇帝、太后（两宫）仓皇出逃①，其时虽国无主，但债却有头，其在高声疾呼"新、新、新"时，充斥着的内在激情指向，必然是"抵御外侮"，故"保我种、复我仇、杀尽豺狼方罢休"之疾声厉喝，夺口而出。而其底气，来自庚子年五月廿五日清廷对外宣战"上谕"："朕今涕泣以告先庙，慷慨以誓师徒，与其苟且图存，贻羞万古，孰若大张挞伐，一决雌雄？"（德宗景皇帝1900：163）其后，虽有令人大跌眼镜的"懿旨""量中华之物力，结与国之欢心"（申报1901a：10001）传出，但曾志忞抗击入侵强敌的决心，依然不改。故才有"愿我四万万国民，日日如临阵"——精神抖擞、斗志昂扬，"愿我四万万方里，变成黄金地"之美好"期许""愿景"。这表面，仿佛将其托付于"新党"——"革党"，而曾志忞不是革命派（如兴中会、同盟会之类），从他希冀"家家高悬

① 史称"两宫西狩"或"庚子西狩"，时间：光绪二十六年七月二十一日至二十七年十一月二十八日，横跨庚、辛，历511天。

黄龙旗"看，还是寄望于康梁为首的保皇党所鼓吹的"光绪归政"。历史的实情是，恰在两宫还在"西狩"途中——驻跸西安之初（光绪十六年十二月初十——1901 年 1 月 29 日），即已宣布"新政"——教育改革；在回銮前一月［辛丑年七月十六（己卯）日——1901 年 8 月 29 日］，又宣布废八股、停武科，并强调招纳"博通中外"之士"储为有用之才"（德宗景皇帝 1901：22），这对海外学子无疑是好消息。而此时的曾志忞，还有更为宏大的想望，并鼓励国人"知识要长进""富国，练兵""五洲万国做主人"，即世界强国梦。这一远大理想，却被曾志忞表达得如此直白、平易、由衷，缘此，曾志忞真正实现了自己对诗人的忠告："以最浅之文字，存以深意，发为文章。与其文也宁俗、与其曲也宁直、与其填砌也宁自然、与其高古也宁流利，辞欲严而义欲正、气欲壮而神欲流、语欲短而心欲长、品欲高而行欲洁。"（1904a：5）

清末更多自创曲调情形，刘先生并不知晓，故"抄袭"之定论未免草率；此"说"在本节以下五段曾志忞乐歌分析面前，愈难成立。特别曾氏创作（沈心工、李叔同拟另文专论），虽对鉴欧洲音乐元素有所借鉴，但瞬间就有所增益、衍展，并展现出新姿。其手法固然简单［按刘靖之说法"相当原始，而且没有钢琴伴奏"（2000：8）］，却新颖独特、极富效果及性格。其在音符间闪现的创新精神，难能可贵，可谓音短意长，法简理深，而曾氏《黄河》则完全是独立、自主的创作。此歌真正开启了国人自创旋律的崭新时代。

回首光绪卅年大清国的音乐行当，曾志忞被梁启超称"我国此学先登第一人"（1904：4），而他的乐歌创作，大都以歌词"存世"亦不争事实，但绝非无乐谱，特别他编著的《教育唱歌初集》（1904）中之"音乐"形态，长期被学界忽略——迄今未见专项研究成果，有三首该歌集中的乐歌《黄河》（杨度词、曾志忞曲）、《老鸦》（龙毓麐词、曾志忞曲）、《蚂①蚁》（曾志忞词、曲）之"歌词"，早在 1904 年 2 月 14 日，既已被梁启超隆重推介（1904：4 ~ 6），

---

① 原文为"马"现统一改为"蚂"。

加之曾志忞从 1905 — 1915 年间，全情投入音乐、戏曲改良，且为《国歌》作者，不对其创作的音乐形态进行研究抑或评论是说不过去亦混不过去（胡耀邦语，转翁礼成等 2013：331）的。现再以五首乐歌，为曾氏开《新》、出新后，"音乐"创作分析之"引信"。

10.2《黄河》。首刊 1904 年 5 月 29 日，梁启超显然提前拿到此谱并率先于 2 月 14 日加以评说（1904：4 ~ 6），证明梁、曾早有交往，其创作年代比沈心工同名乐歌（1905，梁茂春 2006：5；2009：429）早一年。另，从一份 1905 年 9 月 29 日《醒狮》杂志刊登的广告（第 70 附加第 2 插页）看，当时曾志忞已刊布六种音乐图书，并一版再版，仅以带谱音乐教科书为例，除将述之《教育唱歌集》中歌曲，《乐典大意》《国民唱歌集》[（再版）似"入海之'泥牛'"]均曾志忞第一回"上海夏期音乐讲习会"教材，该会称"乐理专讲音阶、音程、和声，别做（不另做，引者）讲义而参以《乐典大意》一书，声乐采用《实用唱歌教科书（草案）》及《国民唱歌集》《教育唱歌集》等"，并由"上海曾君志忞、曾君汝锦及顺天李君惠卿（此人待查，引者）担任教务"（上海夏期音乐讲习会 1906：10 版）。上引四书，仅《实用唱歌教科书（草案）》未刊《醒狮》1905 年第 1 期《曾志忞音乐书之用法》广告，似一新书。梁任公重点将《教育唱歌初集》加以介绍，并"不禁为之狂喜"（1904：4）。其中《黄河》，值日俄战争期，比日、俄两帝国在中国本土争夺各自特权更过分的是，俄趁火打劫——侵吞大清西北边陲小镇"唐努乌梁海"（17.5 万平方公里），这对清人刺激更烈，寸土必争，是华夏历朝历代疆域政策的底线。故日本躲过了大清国人的愤怒声讨（详李岩 2011：35 ~ 60），特别"君作铙吹观我凯旋"之必胜信念，鼓舞了多少仁人志士？但钱仁康对曾志忞《黄河》"曲调平铺直叙，气势不足"（2001：7）之述评，又使多少学者望而"却步"！毕竟这是第一首国人真正意义的全新创作歌曲，它一反学堂乐歌对东西洋曲调全盘借助的惯势，故对曾氏《黄河》（谱例 4.）重新审视，势所必然。

谱例4.

黄 河

曲：曾志忞
词：杨 度

《黄河》（曾志忞 1905e：58～59）调式为加清角、变宫的七声清乐——下徵音阶的 G 宫调式，音域未超十度（d¹—e²），乐句均"抑扬格"，其结构图如下：

曲式 2.

```
                A                      B
结构：  ┌4 (2+2)┐ + ┌6 (2+2+2)  +6 (1+1+(1+1)+1+1)┐
小节：  1……4……5……………10…11………………………16
调式：  G 宫清乐七声音乐（下徵调）
```

旋法：全曲 15 小节，前 16 分音符出现 9 次，后 16 分音符首尾呼应，其在 6、7 小节还出现了前 16 后 8 的变体，仅从次数论，为该曲"主体音型"；弱拍的全 16 分音符出现 6 次，表明其为次主要音型；弱起第 12—13、13—14 小节，节奏型相同（曲式 2.圆圈），唱至"策马"时（谱例 4.第二方框后两音）达全曲高潮。其音型曲折、音乐走势婉转，打破了钱氏"平铺直叙"（2001：7）的定评，并很有气势，且在当时有广泛的传唱度。此即曾志忞总结的中西根本不同并为"实非西乐所及"的"余音绕梁"（1914a：47～48）。曾志忞时在日本，处东西洋音乐"盈耳"状，依然能清醒、自如地创作出极富民族情趣的音乐，即其意义。此歌后被华航琛编入《新教育唱歌集》（初编）时，被重新填词，其头句歌词"铁路铁路全国大铁路"（1914：436）说明其问世十年后，依然深刻影响着世人。

10.3《杨花》。 词、曲均曾志忞（1905e：56～57）作，虽有苏格兰民歌《珍重再见》的影子，但绝非原样照搬，特别其词，优美至极、对仗工整，词曰：

看一湾流水，小红桥，东风两岸飘飘。一朵朵无心高下舞，惹得来人停步。今日何日？还我自由，分明唤醒少年回首。（44）

莫学癫狂柳絮，斜阳如矢，片刻不留。不久暮云将高高出岫；不久长亭旧友分手，唤声杨花走。（36）

此上下两阕词，上（44）、下（36）共80字，均押仄韵，上押1、5、6、8句，下押1、2、4、5、6句，有［宋］康与之《舞杨花》影子。杨花即柳絮，有不怕风之慨。而此词流露出其归国之意，故以苏格兰民歌 *Auld Lang Syne*《友谊地久天长》——已被世人作为再见之符号——为蓝本是适时、合情的，但仅取其"神韵"而非全盘照搬，并有特殊含义：其中"片刻不留"莫学癫狂、飘来飘去的柳絮、长停分手、唤醒少年回首……大有归心似箭之意蕴；而暮云即将高高出岫——"出仕"——毕业，按历史材料，曾志忞此时的学业，法律及法学相关课程正在进行，但1905年矢志音乐（见图12.），则另开疆域，才有音乐、戏曲方面的成就，大有"志存高远"寓意。该曲前18小节为抑扬，至19小节改扬抑"格"，表达了一种由徘徊至坚定的气概，曲式结构如下：

曲式3.

	A	B	A`
结构：	8［4（2+2）+4（2+2）］	+6（1+1+2+2）	+8［2（1+1）+6（2+2+2）］
小节：	1……8·(3.5/4)·	9……14	15……22
调式：	F宫调（加清角六声音阶………	C宫调（加清角变宫七声音阶）	F宫调（加清角六声音阶）…

曲调（谱例5.）虽有苏格兰音乐的影子，但基本以中国民间传统手法加以发展、润饰，如加清角的六声宫调式音阶、清角为宫的中国传统民间借字——转调手法（第8小节后3.5/4拍），先抑扬、后扬抑的轻重变化，总之，这是一首在借鉴苏格兰音乐神韵基础上的自主、全新创作，既有曾志忞在音乐创作上的"创新点"，也显露了其事业上的转折点。同时，此歌编创方式揭示了曾氏创作的重要特征：在现成旋律"断片"嫁接"新枝"而绝非原样照抄。

谱例5.

杨　花

曲、词：曾志忞

10.4《汝小生》。 曾志忞（1905e：36～37）配曲，词原记"未详"，钱仁康说，清廷驻日参赞……黄遵宪（1848—1905）曾写过一首《庭菊》——蓝本：日本歌词作者里见义据《夏天最后的玫瑰》（下称《夏》，引者）编写的学校歌曲（1884）——的"填词歌曲《汝小生》，歌词19章，发表于1904年的《新民丛报》，但流传不广，知者甚少"（2001：183），钱先生引据的曲谱（同上）是否为里见义版不详（因未标出处），而笔者以下所引，均曾志忞版《汝小生》（1904）与钱所引曲谱（2001：183）一致，但笔者依然有数点补正：

首先，《汝小生》最早见于《新民丛报》1903年11月2日《文苑·饮冰室诗话》（40—41号）第2～3页，此比"钱说"早。其次，梁启超称，"黄公度……近作《小学校学生相和歌》十九章……一代妙文也，其歌以一人唱，章末三句，诸生合唱……"但梁任公首录此歌时，仅词无曲。对此，梁公十分怅然并寄望贤者厚焉："惜公度不解音律，与余同病也，使其解之，则制定一代之乐不难矣，此诸编者苟能谱之，以实施于学校，则我国学校唱歌一科，其可以不阙矣。"（1903：6）至于"流传不广"（钱仁康 2001：183），起码在1904 年 5 月后，曾志忞将其配乐并在其主办的 1906 年 6 月"上海夏期音乐讲习会"第一、二、三回中作为教材，仅以"曾家班"论，粗算，起码有近千人对此歌闻知、练习抑或演唱①，故绝非如钱所说。再次，正是曾志忞将黄遵宪的"词"配乐，才得以使《夏》在日本版《庭菊》之外，又多一清国版《汝小生》，这一盛事是被学界绝大部分学者遗忘了的明晃晃"史实"。最后，据张静蔚研究，无名氏将《夏》改编成《枫叶》（赵铭传收录于 1907 年 11 月出版的《东亚唱歌》）时，将《夏》的弱起拍变成正拍，从而三拍变四拍，头句词"西风一夜胭脂冷"（详张静蔚 2004：353）；此改编晚曾版三年；又晚二年以《夏》配歌的《白兰花》（无名氏）收入胡君复 1909 年编《新撰唱歌集》（三编）恢复了曾版曲调原貌，头句唱词"幽兰空谷清且香"（同上：335），而钱先生将上二歌词统统以曾版旋律样貌配曲（详钱仁康 2001：183）是千虑一失，毕竟两版有明显区别（一为四拍、另是三拍），但由此说明《汝小生》词、曲均流传广泛。（谱例 6.）

谱例6.

汝小生

配曲：曾志忞
作歌：黄遵宪

来来汝小生，汝看汝面何种族，芒砀五洲几大陆，红苗蟠伏黑蛮夷，蚁聚碧眼独横行.虎视眈眈欲逐逐.于戏吾小生，全球半黄人，以何保面目.

----

① 详 6.4 科目。如前所述，曾氏从 1906—1909 年间在上海，共举办过四次"夏期音乐讲习会"，1909 对外称第三回，实际为第四回，规模超过往"回"，此前每"回"均二百抑或三百余人。

　　该歌的十九段歌词，谱例6.仅取一段，特点：抑、扬混杂的起句轻重音，完全以歌词为主导，表现出以内容而非形式为重的审美取向——以致根据歌词内容，想怎么唱，就怎么唱，如"汝看汝面何种族"（2—4）与"全球半黄人"（14—15）相对应时，"以何保面目"之"以"恰处弱拍，但唱时则可加重成两个重音，亦可重音转移至"以"，以突出此重要问句的分量；在曲调上，除ABA`段之B段保留原曲的 $^{\#}c^2$、$^{\#}a^1$ 半音外，在A及再现A`两段已将 $^{\#}c^2$ 音去除而完全成一D宫五声音阶旋律了，即对西洋音乐改造的明确印痕，而谁先实施了这一"手术"？从出版年代论，里见义最早（1884），但其曲谱的原貌仍待考辨，曾版（1904）则是现成清朝最早版，并在词曲配合上，显现了曾氏个性，其曲式为一复乐段。

　　曲式4.

```
                        A                    A`
              ┌──────────┴──────────┐ ┌─────────┴─────────┐
               a           a            b           a
           ┌───┴───┐   ┌───┴───┐    ┌───┴───┐   ┌───┴───┐
结构：  (1/4) 4 (1+3)  +4 (2+2)  +4 (2+2)  +4 (2+2)
小节：         1……4·5……8…   9……12·13… 16
调式：  D 五声宫调…………………………… b 和声小调…D 五声宫调
```

　　10.5 《黄菊》。 词曲均出自曾志忞（1905e：42～43），开头曲调明显取自英国作曲家萨利汶（Sullivan，Sir Arthur 1842、05、13—1900、11、22）爵士作于1885年的两幕轻喜歌剧《日本天皇》（*Mikade*，讽刺了英国官僚制度，却移景日本秩父市，故又名 *The Town of Titipu*）第二幕中第12分曲 Katisha（丑妇人）与 Ko-Ko（裁缝）的《二重唱》后半部旋律（谱例7.）——此旋律在该剧的序曲中多次出现。

　　谱例7.

　　据此，曾志忞仅取开头五音，下移小三度、即变化、衍展出《黄菊》旋律：

谱例8.

黄菊

词、曲：曾志忞

黄种岂输白种强，秋风篱落斗斜阳．
就荒三径有寒松，人未归来月影重．

傲霜自有傲霜骨，不以娇妍论短长．
独立秋容留晚节，色香俱化有无中．

歌词"黄种岂输白种强"表明在世界竞争的大格局中，中华虽处弱势，但心有不甘，故"傲霜自有傲霜骨"并保"独立秋容"——不失"晚节"等由来已久的传统，均传达在以"黄菊"既是植物又是人格写照的"比附"中；而"就荒三径"，为［汉］蒋诩隐居后，在居所竹下所开与隐士求仲、羊仲交往的三条密径，后成不入官场、不走仕途的"表征""符号"，故此诗有两重含义：不服外强、不重名利；以示傲骨、名节得保。而恰曾志忞一生对"菊花"的热爱达痴狂程度，甚至为此放弃了一切，是否与此有所关联？不得而知。

曲调：仅开头几音取自《日本天皇》后，自主发展成一既具西洋风格，又富民族手法（除其结构手法外，其调式亦可看作清乐或"下徵"音阶）的全新曲调。这是曾氏"嫁接"技法、思路的再次展现，并含起承转合意念（见曲式5.）。后，此旋律迅速被其他歌集收录抑或配新词，如倪觉民在1905年10月将其录入《女学唱歌》、1906年出改良再版《女学唱歌集》时，署名寿龄倪（参中国艺术研究院音乐研究所资料室1994：13）；无名氏词《胡不归》（录《新民丛报》），其头句歌词"式微式微胡不归"，后被辛汉编入《唱歌教科书》（1906年2月初版、4月再版）中（转张静蔚2004：363）；无名氏编《祭黄花岗》被李雁行、李悼编入《中小学唱歌教科书》（下卷）1914年版（同上），首句歌词："青天白日黄花岗。"（同上：367）

曲式 5.

乐句：a（4）＋a'（4）＋b（4）＋c（4）
结构：起　　承　　转　　合
调式：C 大调·······································

以上，均曾氏《黄菊》曲调一音不改的填词或重刊，也有将曾氏曲调稍加变化（旋律依旧，仅节奏加密：♩变♪♪）的重新填词歌曲，如无名氏的《大江东》，头句歌词"大江东浪淘淘"以一字一音方式，被叶中泠编入《小学唱歌》第二集（1907 年版）中（转张静蔚 2004：347）——这可能是最早的曾氏旋律变形——及《大雨》，头句歌词"今朝大雨倾盆"，与上歌变形相同，被王德昌编入《中华唱歌》第三集（1912 年 11 月版）；翌年，此歌又被李雁行、李悼收入《中小学唱歌教科书》（上卷，1913 年版）中（同上）。可见曾氏《黄菊》在当时是大受各界欢迎的著名曲调，由此映衬出《黄菊》"旋律"风行清末民初的盛况。特殊声明：曾氏《教育唱歌集》光绪三十年九月十五日（1905 年10 月 13 日）订正四版，是对光绪三十年四月十五日（1904 年 5 月 29 日）初版、第二版（八月十五日——9 月 24 日）、第三版［光绪三十一年三月十五日（1905年 4 月 19 日）］的修订，内容仅限供师生参考的《乐典摘要》《教授方法》及新增的《进行曲》［选自 R.C.Miller 的《蜜蜂进行曲》*The Bee March*——曾志忞译作《蜂征曲》（1905e：73），极富美感］中相应文字部分，而曲目从初版至修订四版，一仍其旧。由此判断《黄菊》诞辰，当在 1904 年 5 月 29 日，属曾志忞的创作，它是此后风行于世的各种改编曲之"祖本"。

10.6《蚂蚁》。是曾志忞（1905e：22 ~ 23）最著名的歌曲，并被称"救亡歌曲之鼻祖"（玉足 1936：2 版）。此"谓"当否暂且不论，仅以该曲曾被另填新词（详赵铭传 1907：无页码）论，其影响力即可见一斑，但曲调来源至今成谜，据笔者查证，出自法国作曲家德利伯（Delibes, Léo, 1836 — 1891）所作三幕歌剧《拉克美》*Lakmé* 第二幕印度婆罗门祭司尼拉坎塔之女拉克美与异教徒英国军官杰勒多带有爱意的二重唱"在朦胧的梦幻之中"Dans le vague d'un rêve 旋律片段，在演唱中，爱的情节发展至拉克美想出了他们幽会的地点"在我们附近的树林中"Dans la forêt près de nous 第二主题旋律头六个音（见谱例9.），此歌剧据爱德蒙·贡迪内、菲利浦·吉尔里的《婚礼》改编，1881 年完稿，与《阿伊达》《蝴蝶夫人》并称三大奇异东方色彩杰作，1883 年 4 月 14 日巴黎喜剧院首演；而在曾志忞手中将其衍变成一新曲调，则是学界至今未知的"史实"，说明当时日本抑或上海亦能观赏此剧，并对其产生了深刻印象。

谱例9.

Ah! c'est l'a -mour en-dor-mi Qui de son ai - le l'ef - fleu - re,

上歌词大意："啊，这是沉睡的爱情。谁能用翅膀触碰它"……从该曲调前六音变身的《蚂蚁》（谱例10.），已然脱胎换骨，特征：将节奏改为 6/8 拍，并完全从歌词句式、表达词意出发，而绝不受任何限制，故抑扬、扬抑格自由发挥而无定式，但当唱到"好好好，他跑了"及"得胜回来好""个个要争先"之"好""得""个"等字则一定在强拍位置而绝不含糊抑或含混。

谱例10.

蚂蚁

词、曲：曾志忞

蚂蚁蚂蚁到处有，成群结队 满地走，米也好， 虫也好， 唔
英说蚂蚁蚂蚁小，一团义气 真正好，人心齐， 谁欺负， 一

了就往洞里面跑。谁来与吾争，一齐出伐，大家拼命。不打胜仗不
朝有事无大无小。大家都安排，千千万万，都是一心。邻舍也是亲

肯回。守住洞口谁敢来。 好好好， 他跑了，
兄弟朋友也是自家人。 你一担， 我一肩，

得胜回来好。 有一处， 更好住， 要做新洞去。
个个要争先。 你莫笑， 蚂蚁小， 义气真正好。

旋法及调式，以顶真格为主，并有商、角等结音（见第 8、19 小节），但以 F 宫音收束的终句，亮出了其清乐下徵调的底牌（见曲式 6.）。这是曾志忞在现成旋律片段，产生新调的又一例证。走笔至此，笔者毫无疑义宣称：曾志忞在学堂乐歌时期，是一位极富创意、手法多样，并具浓郁民族情趣的音乐家。

曲式 6.

结构：a(2+2+1+1+2) +a'(1+1+1+2+2) +b (1+1+2)+b'(1+1+2)
小节：1·············8··· 9·············15···16·············19 20·········23
结音：   商   宫   角   宫
句法：以顶针格联接各句
调式：F 宫清乐下徵音阶

10.7 世纪回眸

首先，学堂乐歌被学界公认为新音乐之"开端"，此时段，张静蔚指认的创作曲调（1987: 125 ~ 26）为：《美哉中华》（沈心工词、朱云望曲）、《革命必先革人心》《军人的枪弹》（沈心工词、曲）、《黄河》（杨度词、沈心工曲）、《请君对镜》（沈心工词、许淑彬曲）、《采莲曲》（沈心工词、曲）、《连环歌》《童子军歌》《新村》《木人戏》（沈心工词、朱织云曲）、《春游》（三部合唱）《留别》《早秋》（李叔同词、曲）共十三首。钱仁康进一步辨认，《美哉中华》与《请君对镜》为异曲同歌（即为同首词，创作了三个曲调），另据黄遵宪《军歌》填词时，也有自创歌调三个（详钱仁康 2001: 6 ~ 20），但充其量不过 20 首，这大大低估了学堂乐歌时期国人的创作量。而曾志忞的上述创作，根本未入"自创歌曲"行列，显然，这与历史实情不符。

其次，对外国音乐曲调元素的借鉴，不能构成抄袭的成因，亦不可攻其一点不计其余，其创作、衍展的旋律，才是国人发展作曲技法的"硬道理"。总览曾志忞创作的六首乐歌，将外国曲调"镶嵌"于自创曲调中（如《新》）成为曾氏创作的基础，也有嫁接他者另生的新枝（如《杨花》《黄菊》《蚂蚁》），更有将原型动一小手术（如《汝小生》）而四两拨千斤——幻化出异彩，故绝非原样照搬。此时，我们对曾志忞言之凿凿的"输入文明而不制造文明，此文明仍非我家物"〔1905a(a)：57〕、"欲改良中国社会者，盍特造一种二十世纪之新中国歌"（1904e：4/211，下标日期"甲辰八月"——1904 年 9 月 10 日—10 月 8 日间）再回首时，可以认定其绝非空谈，而是有实效内容的"音乐作为"，并真正肩负起了改造社会的远大理想。其在二十世纪的音乐开篇《新》中体现的"新精神"，一扫自《辛丑条约》签订以来密布于大清国人心头的重重阴霾，其音调中隐含着的《马赛曲》音素，向国人吹响了"杀尽豺狼方罢休"的号角。虽辛丑（1901）年九月七日耻辱的《辛丑条约》签订（史称"九七"国耻）后，洋人又大摇大摆游荡于北京东交民巷等各街头并行使其特权，但此起彼伏之"喊杀"声，难道不令这些个豺狼心头一震、一惊乎？此时，曾志忞所创一系列乐歌的政治担当、文化意蕴，甚至超乎乐歌本身的艺术价值。

再次，曾志忞毕竟是一位音乐学子，其"吾国将来音乐，岂不欲与欧美齐驱？吾国将来音乐家，岂不愿与欧美人竞技？然欲达目的，则今日之下手，宜慎宜坚也"〔1905a(b)：71〕之决心与呼唤，感人至深，并真正落到了实处。其绞尽脑汁创作出的新旋律，虽显稚嫩，但已有蜿蜒曲折、回旋婉转、余音绕梁"意韵"。在《新》《黄河》等乐歌，已突破了一字一音之局限，在《黄菊》已显示曾氏旋律的个性，在曲调已佚的《大桃园》《五色旗》，呼喊"我同胞莫倦莫倦"并有待少年"阶天磨长剑，杖地拨沉烟"等，都是对新立"民国"的良好期许与愿景，并设想了长期隐忍、韬晦之策"尝胆卧薪年又年"；其最终亮出反专制、去独裁的底牌，斩尽那些个"专制手、顽固头"才能"民国乐遨游""荣誉冠全球"之理念，是曾志忞对改制后的中华民国所行国策的坚定拥护。以上即其所创音乐的深远意义，而所谓"抄袭"之评判，起码在曾志忞上述创作中，是不适用也不准确的！这也是曾志忞音乐思想、政治情怀、时代意蕴，一定要从其创作的"音乐本体"探究的"硬道理"。否则，必然隔靴搔痒，甚至谬之毫厘、失之千里。

然后，如果《新》等，对外国曲调还有所借取，至《黄河》则是毫无依傍、全然独立的音乐创作。从性质而论，是在鼓吹乐——"铙吹"情境中，对决—死战、收复失地、凯旋将士——"十万兵"的"鼓"与"呼"，堪称20世纪"新军歌"，其词作虽出自杨度，但曾志忞深切理解其寓意、意境，创作出流连婉转却又不失铿锵果断的曲调，与词作水乳交融，是曾志忞杰作中的杰作，亟应重新认识。该曲对应了曾志忞"输入文明而不制造文明，此文明仍非我家物"[1905a(a)：57]的豪迈语词，他真正制造出了一批属我"家物"的乐歌乃至国歌。

最后，1917年9月，时任江苏省立第二师范学校教室主任兼乐歌教员的高寿田，对上海乐界之今昔及曾志忞的贡献有一概略性回顾：

十余年来上海之所谓教育音乐之提倡……当时研究者若沈心工、若曾志忞……李叔同诸氏，传播新声、改进教育，厥功良伟。有乐会（即音乐讲习会，引者）焉，则自务本（女学，沈心工为乐歌教师，引者）发轫，至育才（书塾，曾志忞曾任教职，引者），曾氏主催一会，传授愈广，理想渐高。乃进而注力，而专科音乐教师之修养，吹奏乐队之组成矣……曾著声、器理论各书（详曾志忞《音乐全书》1905b，引者），亦畅销内地。小学校即列为一目，师范科复专人教授。男女学生之"5566553"俨然户诵而家弦。乐器则如谋得利之小风琴，生涯殊不恶。而Piano之名词，Violin之样子，以及吹奏乐之说明，实提倡自曾氏夫妇。音乐传习所之集合，游学同志之东行，皆于音乐界渐显独立之征象。不数年而中国破天荒之Orchestra居然昙花一现于数十贫儿之手。音乐二字，方呱呱坠地，而有渐次成长之望。教育家某某曰："某游美，方感音乐之感人深，而君辈，竟先十年着手！"懿欤！十年前提倡之神勇，进步之蓬勃有如此者。（1917：256~7）

其对曾志忞音乐业绩之评论，客观、全面。而评主眼中的"美中不足"，是"重（chóng）音仍阙如"（同上：256）之社会音乐教育现实。这既是曾志忞在推行新音乐时将旋律加上和声的裉节儿，也是其辉煌音乐事业即将落幕前最后一道彩虹中的阴影，更是对师傅心知肚明的高寿田，深知此乃师心中最大痛楚，故才刻意"提醒"。

　　清末"家弦户诵"之调调"5566553"曾以《手戏》首登1904年5月29日《教育唱歌集》初版，是目前此调见刊曲谱的最早确证。是否为其源头？[①] 钱仁康认为，沈心工1902年留学日本东京时，编创了《体操》后改名《男儿第一志气高》（2001：1，未提供任何"证据"）被收入《学校唱歌初集》（沈心工1904）并在甲辰年[②]出版，与曾志忞《教育唱歌初集》档期相同。而高砚耘对此之"强调"是为哪般？前此普遍认为是沈心工于日本在铃木米次郎教唱歌时，学习了音乐，自云："光绪二十八年，我年三十三岁……我在日本约有十个月……那时留学生会馆里请铃木米次郎教唱歌，我也去学唱，略微知道了一点乐歌的门径，就做起歌来。"（沈心工1902：27）但其并未提及编创了《体操》，而该歌的创作过程及具体时间，均属后人回忆（详黄炎培1948：8版；沈洽1990：35、42[③]等）。首刊《体操》的《学校唱歌初集》出版日期，仅有1904年而无月份（中国艺术研究院音乐研究所资料室1994：13），缘此造就一怪象：曾志忞《手戏》与沈心工《体操》刊自同年，却无有人问及孰先孰后，

　　[①]　指国人引用此曲调之优先者，其真正源头为玲木米次郎编《指游び第一：てまりはまろまく》（1901c：8～9）；编者是留日习乐者沈心工、曾志忞、曹汝锦、萧友梅、辛汉等人的师傅。

　　[②]　出版仅标甲辰，没有月及日（详中国艺术研究院音乐研究所资料室1994：13）。查李静专著（2012：245），沈氏《学校唱歌初集》的出版日期为丙午（即1906年，疑为笔误，似为"甲辰"。引者）四月（5月15日—6月13日），秦启明称："沈心工借鉴日本文部省音乐调研处于一八八一年编辑出版的《小学唱歌集》为成功经验，及时编辑《学校唱歌集》，第一集于本年（即，1904年，引者）五月在上海文明书局出版。这是中国在废科举、颁定学制的当年所编定出版的我国第一本小学音乐教材。"（1988：41）此可权作参考，只是出处不详。李静曾专门对《学校唱歌初集》的版权查证，说：学界常以"上海文明书局"为此书的出版者。但她在"参阅了原书的版权页后发现，上海文明书局只是……'寄售处'……同时列名的……还有'上海文明书店'以及'各大书坊'。在'发行者'处署名的是'上海沈庆鸿'。根据近代出版的常规，这样的标注一般说明版权属于'上海沈庆鸿'。"（2012：264）笔者曾向李静当面请教，她说秦说的沈氏《学校唱歌初集》，在版权页上，仅有出版年而无出版的月、日。（采访时间及地点：2019年1月22日星期二10：00，北京通天书斋）

　　[③]　沈洽称：据沈葆昌、沈葆中（均沈洽叔父）回忆，《体操·兵操》既是沈心工的第一首习作，也是我国近代音乐史上的最早乐歌作品之一。

并一味任凭"回忆"信马由缰，与笔者信守的"论从史出"立场相背。

首先，高砚耘的叙述相对真实，并对引领时代的音乐风云诸人物事迹之顺序，排列得相当客观，其沈心工习乐在前并先"务本"后"育才"，是真实的。但对"育才"，学界至今一头雾水。此，还要从曾志忞的同乡、长其八岁的王植善（1871 — 1952，字培孙）说起，其乳名大宝，江苏嘉定人。清光绪二十六年（1900）开办育材书塾（后改称育才学堂、南洋中学堂、南洋中学），任堂长、校长。另一小其三岁的同乡，即与曾志忞 1905 年 10 月底在日本共同发起"国民音乐会"的朱少屏（1882 — 1942）等创办于 1906 年春季的"健行公学"与南洋中学搭上了关系①后，"育才"底牌才和盘托出。但创"健行公学"之人，还是以"健行"为根——正所谓"不忘初心"，其并入南洋中学之过程，只字不提，这是世人对其不解的重要原因。其前后的校级领导及各任课教师情形，在曾志忞身后的一则材料中被公开：校董曾少卿、王培孙等，校长姚志让，总干事朱少屏，国文教员柳亚子，音乐教员徐学虬、曾志忞，图画教员曾曹汝锦。此乃笔者重大发现，而在 1936 年 2 月 20 日的《申报》，依然还能见到这些个三十年前、有些已然仙逝的校董、教员们的大名（朱少屏等 1936：6 版），说明他们对该校的影响犹存。

其次，李息霜是以嘲讽口吻评述"5566553"这个调调在当时的流行："学唱歌者，音阶半通即高唱'男儿第一志气高'之歌，学风琴者，手法未谙，即手挥'5566553'之曲，此为吾乐界最恶劣之事。"[（1906a：20）同年，作者对上文字作了解释，"欲速不达，弊在躐等"——僭越等级，与循序渐进原则相悖，引者（1906b：2 版）]点明了《男儿第一志气高》（即沈心工《体操》的改编版）而非《手戏》（曾志忞）。但高砚耘的"旧事重提"并以肯定态度，

---

① 《申报》的一则广告称：健行公学创办于中华民国纪元前六年（1906，引者）之春，至翌年暑期后，并入南洋中学，溯其前后，生命不足两年。（朱少屏、柳亚子等 1936：6 版）；另据柳亚子《健行公学（资料）抄件》载"健行公学职教员录"，曾少卿、曾志忞。曾曹汝锦均在其中。（转张明观 2014：13 ~ 14）

则另有来头——是对此"调调"另一配词《手戏》在推动该"调"流行中，曾志忞劳绩的认定。早在 1902 年 4 月—12 月间，在日本江户留学生会馆参与沈心工创办的音乐讲习会（转孙继南 2012：14）始，至 1904 年独立组织的"亚雅音乐会"、1905 年的"国民音乐会"，曾氏经验丰富、教育手法已然老到。1906—1909 年间，其又连续在上海、嘉定举办暑期音乐讲习会，对推动这一曲调（会中均用曾志忞所编《教育唱歌集》等及译的各类音乐书籍作为教材）乃至音乐教育，起到举足轻重作用。而"曾氏主催一会"云云，即刻意指此。办"会"对曾志忞可说家常便饭，受教"生徒"日益繁众，缘此生发的上海乐界新气象如风琴、钢琴、小提琴、各类管乐器，不断进入沪上喜爱音乐的有识、有产、小资之家庭，音乐在小学校还被"列为一（科）目，师范科复专人教授"，乃至有音乐的专门"传习所"，其从"会"到"所"是巨大飞跃，还带领众多有才能的贫寒人士赴东留学，蔚为壮观，产生了沪上一系列"新事物"——国人自主、自立之管弦乐队、军乐队、音乐的专业修习班等。高寿田既受益者，也是亲历及见证者，并以一有游美经历的教育家口吻，对十年前——1907 年左右，即有此成绩，赞赏有加，非自吹自擂，而是言之有物，时间也对得上号，反映了国人心中，对曾志忞音乐事业的概略评判。曾志忞总算没白干这些个音乐、教育、美育乃至戏曲之"壮举"。其音乐先锋、教育先觉，在 1917 年终于有个初步定位——清末民初（1906—1917）中国教育史上的音乐空白被曾志忞上述辛勤劳绩填补。

再次，该曲调作者是沈心工还是曾志忞？在普遍被认可为沈心工所做的大背景下，提出此"问"略显愚顽。这，还要从这个调调的"原型"说起——德国作曲家洪佩尔丁克（Engelbert Humperdinck，1854—1921）的三幕不间断儿童歌剧《汉泽尔与格蕾泰尔》（*Hänsel & Gretel*，下称《汉》）第三幕前奏曲《姜饼屋》（*The Gingerbread House*，确切讲应称糖果屋——林中女巫以甜食引诱到她糖果屋里的孩子们，被掏心挖肺后变成姜饼树）第一主题（下称"糖"）及同幕据该主题变化发展的"女巫主题"[*Witch's Themes*，在她发现有人啃食她的糖果屋时唱道："啃咬、啃咬，像小老鼠，谁在啃咬我的屋"（谱列11.）]。该剧取材安徒生（Hans Christian Anderson）童话，最初，作曲家是写给侄子与侄女，并量身订制了剧中主角兄妹俩，首演于莱比锡（详北华捷报 1909：7 版，按：此，权作当今流传甚广的该剧源出《格林童话》"说"之参考）。主题如下：

谱例11.

Nib- bie, nib- ble mouse- kin, who's nib- bling at my house- kin

谱例12.
a.

b.

一 个 小 球 圆 混 混,

谱例 12.［a.The Gingerbread House' Theme; b.《手戏》头句。曾志忞（1905e：10）］中两曲调相似度高达 99%，仅节奏由 4/4 变 2/4 拍并提高大二度。而以后由此衍展出来的旋律则属国人的创造，故它并非毫无依傍，这是曾志忞乐歌创作的典型"套路"。为清晰起见，现将"曲源"及其"衍展"，排列于下：（谱例 13.）

谱例13.

铃木米次郎《指游戏第一》
曾志忞《手戏》

9 沈心工《体操·兵操》

17

问题是：它与清国的关系若何？光绪卅年十一月初三（丁丑）（1904 年 12 月 9 日星期五）晚，这个曲调在上海市政厅（Town Hall）奏响。据《北华捷报》当日报道：德国音乐协会（Destcher Konzert-Verein）属下的青岛乐队（Tsingtao Band）在理克特（Hans Richter）挥下，于该音乐会的下半场压轴曲目为《汉》全剧的改编曲（共七段）（1904：4 版）。另一与此相关的信息：挪威籍歌唱家 Mme.（对非英语民族"上流社会"已婚及有地位妇女的称谓，引者）图（Hilda Thue）在宣统元年排演了《汉》全剧，据称，"声誉显著的 Mme. Thu（前此，她在上海频繁出演过各类声乐节目，引者），带领非职业演员在上海，将上演歌剧《汉》……该剧独特之处：男声仅兄妹俩的父亲，余皆为女声所写（包括哥哥，亦由女声演唱）。除七段独唱外，还有被女巫化为姜饼的孩子们在天堂里的魂灵合唱。"（北华捷报 1909：7 版）图夫人曾长驻上海（1907 — 1917）负责一战时期救援、除德国以外的外籍参战负伤士兵、死难者家属的"基金会"（同上）。可见，"5566553"这个调调在清末流行，有多重背景，恰似蝴蝶效应（The Butterfly Effect）①，而此风暴"端"为还健在的 50 岁作曲家洪佩尔丁（其 36 岁创作的该歌剧，曾受瓦格纳乐剧风格深刻影响，并在多部作品中采用主题动机）、时在上海的沈心工、日本的曾志忞及二人同年出版的《〈体操〉学校唱歌初集》《〈手戏〉教育唱歌初集》，而"糖"是贯穿该剧第三幕令人入耳难忘的旋律。是谁掀起了中国教育界派生的类似"糖"之"调调"风暴并形成"飓风"——达家传户诵、妇孺皆知地步？其"风暴眼"——李叔

---

① 美国麻省理工学院气象学家爱德华·洛伦兹于 1961 年意外发现，在气象预报实验时，气象数据输入的微小差距，会导致极大差别。此说后被传得神乎其神，典型说法："一只亚马孙河流热带雨林中的蝴蝶偶尔煽动几下翅膀，两周后可能在美国得克萨斯州掀起一股龙卷风。"（转吴贵生 2017：8）但其原初说法："单个蝴蝶今天的振翅，导致大气状态的微小变化。经过一段时间，大气的实际状态偏离了它应达到的状态。因此一个月后，一场席卷印度尼西亚西海岸的龙卷风没有发生。或者，本不会发生的龙卷风却发生了。"（转斯图尔特 2016：139）其关键在不确定性中存在确定性，即"吸引子"——微积分和系统科学论的概念，如钟摆，最终的停止晃动是稳态、固定的；反之晃动才是不确定的。由此构成一种混沌状，其既包含不可预测性，也具"稳固"因素之可预测性。

同对此调调流行时意在讽刺的"评论"，德国音乐协会属下的青岛乐队及指挥理克特率先在上海演奏"糖"，图夫人排演《汉》《北华捷报》对此的宣传、报道等，均从各方面推动了"它"流行，由此说明：其成因之"复杂"远非此前世人种种"口述"之"单简"！古人云："夫风生于地，起于青蘋之末，侵淫溪谷，盛怒于土囊之口。缘泰山之阿。舞于松柏之下，飘忽溯滂，激扬熛怒，耾耾雷声，回穴错迕，蹶石伐木，梢杀林莽。"（宋玉 约前290—约前222：163～4）此《斌》透露的"风"初之微弱，至盛怒、溯滂、熛怒、耾耾、错迕、蹶石乃至梢杀之复杂"情势"，与《体操》《手戏》流行中的由小至强，情状相似。在此，笔者不排除任一构成"糖"乃至其变体《体操》《手戏》流行的因素，并意在一"混沌状"，找出其稳固、可预测抑或清晰明了的"潜在基因"。

第六，反观汪、刘二先生的"抄袭"论，似应以历史材料重审：一方面，其并非子虚乌有；另方面，乃十分复杂而不能妄下断论，因涉及谁抄谁？此，还要从历史情境中版权意识谈起。辛汉在出版《中学唱歌集》（1906b下称《集》）附《刻唱歌集诸君鉴》称：

> 鄙人略习音乐，著有唱歌教科书一册，不意无甚价值之作，受社会多数人之欢迎，比年（连年，引者）以来，本国音乐界逐渐发达，至今日著唱歌集者不一家，大率高贵华美，甚于鄙著为多，而屡有采取鄙著，既不先与通知，忽蒙此不意之荣幸，既惭且诧！在鄙人著书之意，原系公诸同好，因不必斤斤于著作权惟鄙人所著之书，均系普及书局出版，若长此不已、无故为人采入所刻之书，则他日普及版权实难继续，故奉告音乐界诸君：凡鄙著书及，以后所出唱歌书中之作，概请勿庸齿录！（1906b：87～88）

此略带调侃之"鉴"（重点号为引者所加）表明，《集》是《唱歌教科书》（1906a，下称《教科书》）的续编。除此，个中滋味，却如被打翻的五味瓶——多味杂陈，是作者借普及书局版权之名义，伸张自我版权被侵"不意之荣幸"，确因辛著在不经意间被大肆抄袭而"作俑者"绝不声言来源并俨然如同"已出"。辛汉虽未开骂、彰显了君子的翩翩风度,但正告"诸君":"勿庸齿录"即其"著作权"意志的严正声明。与之形成巨大反差的,是有些著述对"著作权"表面服帖,实际却毫无遮拦开抄并将原著者名姓、引文出处抑或曲调来源概行隐去、如:《音乐学》[①](湖北师范生 1905)在"凡例"中称:

> 是编分上下两编、上编详述乐典大意、下编分载学校唱歌……皆依教师讲授之谱、填以新词,凡内地学堂已经谱出之歌及各家已经刊行之曲,不敢掠美……(1905:1 ~ 2)

所谓"教师讲授之谱",诚该文所言、为"中岛(六郎)……复采用铃木(米次郎,凡此类文字均出自引者)及田虎雄藏、石原重雄、臼井规矩郎、近森出来治诸君教科书"(同上)? 抑或其堂上所授之谱? 其有"本"可依否? 皆语焉不详。专此,笔者曾查该文提及之石原重雄《新撰小学唱歌教授法》(1900)《简易唱歌法》(1893)、臼井规矩郎《修文馆乐谱》(1905 — 1906)、近森出来治《土佐唱歌:地理教育》(1901)《仪式唱歌》(1902)《日本唱歌》第 1 — 4 卷(1904),除中岛六郎、田虎雄藏无谱可查,重点普查了铃木米次郎在 1905 年前、笔者所能找到的相关歌谱、甚至风琴曲集(详铃木米次郎 1892 — 1904),在此,不但要观"言之凿凿"者言、更需察其行:《乳燕》(湖北师范生 1905:70 ~ 71)采自约 1690 年左右的德国民歌《春神来了》,此旋律后被华航琛以《谢宾》编入《新教育唱歌集》初编(1914),《学校之钟》(湖

---

① 此为"音乐学"一词在清末的首现,目前学界仅熊伊以教科书名义(2017:93)提及并未上升至学科高度,皆因此书是涉及乐理、练声(包括人体歌唱机能的图解)、唱歌教本——包括幼稚园、寻常小学、高等小学、中学各级唱歌教材,其理念是当时日本学界对音乐教科书的通称、与今人所理解的"音乐学"相距甚远。并且,该书为"音乐学丛书"中的第 14 种,其他 13 种尚待查访并拟另文专论。

北师范生 1905：78～79）是抄沈心工《赛船》（1904：8），而这个曲调的源头，则是门德尔松 1843 创作的艺术歌曲《噢，年轻的，噢，可爱的玫瑰花在绽放》（O Jugend，O schöne Rosenzeit No.4）句头，曾志忞词、曲的《新》（1903，谱例 3.）在该书一变而为《蜜蜂》（1905：82～83）拍值（2/4）、曲调如出一辙，即使妇孺皆知的沈心工填词之《兵操》（1904）及同一曲调之另一填词《手戏》（曾志忞 1904）在该书"幻化"为三段（以句号为准）歌词的《桃》（湖北师范生 1905：74～75，源出《手戏》第二句并重复了两次（详谱例 14. 请对比谱例 13.）凡此种种，足令所谓"不敢掠美"流于空谈！其显见是"障眼法"，乃典型的表里不一。再从出版时间论，与曾志忞关涉的两首曲调《新》（1903g）《手戏》（1904）均出版在《音乐学》（1905）前，凭此即可判定：曾志忞等不是抄袭，而是被抄！由此显露《音乐学》编者毫无"著作权"意识及相应禁忌。

谱例14.

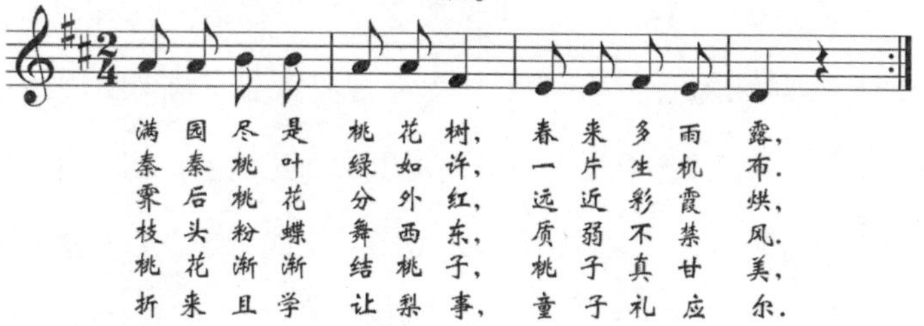

另查其他乐歌作者，亦有对曾志忞作品"齿录"现象，如权国垣的《秋夜》，头句"秋色清明长天无片云"（1905）旋律即曾志忞1904年5月29日见刊的《黄菊》（谱例8.），这是曾志忞被抄的又一例。正因当时，引用旋律没有相应"标注法"，抄来抄去习以为常，这在曾志忞1903创作的第一批乐歌中，即已发生，确实令笔者"既诧且惊"而非"既惭且诧"！（辛汉 1906b：87）钱仁康认为：

清末学堂歌曲《运动会》（见 1904 年出版的学心工编《学校唱歌集》初集），《从军》（见 1906 年出版的叶中冷编《小学唱歌》初集）、《阅报》（见 1906 年出版的无锡城南公学堂编《学校唱歌集》）和《爱国歌》（见 1907 年出版的侯保三编

《单音第二唱歌集》) 所用曲调，和《妇女从军歌》相似（第一句旋律完全相同，只是节奏略有变化），可以认为是《妇女从军歌》的变体……（2001：91）

但钱先生忽略了这个旋律与曾志忞的《新》（1903）仅最后 4 小节略有差异（见谱例 15. 中划圈音符）其他则一模一样，另陈超立的《从军》（1906：22 ～ 24）倒数第二小节除与沈心工《运动会》相同外，余，与《新》（谱例 3.）一音不差，这是曾志忞被抄的第 3 例。笔者再次诘问"到底谁抄谁"？同时，既诧且喜！显见，这是曾志忞乐歌创作的空前影响所致。（谱例 15.）

谱例15.

《新》（曾志忞1903）　　《运动会》（沈心工1904，等）

实践之树长青

　　曾志忞向以音乐思想丰富、言辞犀利，闻名于世，而其背后的戏曲形态，少有人问及，特别自《歌剧改良百话》（1914）重出江湖（1999），未现全面论述的文论。支撑此论的戏曲改良实质，更少人触及，但欲了解其思想真义，穿越抑或漠视音乐形态，定会南辕北辙，甚至声猿音马。重视音乐形态原始是改变音乐思想不谈音乐形态之研究"窘境"的"坦途"，亦是音乐表演要谈音乐的"道"之所在，否则，如何建构其浩大"理论话语体系"！本题所面对问题：何以曾志忞称戏曲为歌剧？将胡琴实际能奏却不能记之类如32、64、128甚至256分音符，以工尺展现及由此所生之"弊端"？倡用五线谱理由？将定调、唱词、板眼、场面、奏法统合于谱面之可能性？对似唱非唱，板眼不定之"摇板"如何记写？废口传心授理由等。

　　曾志忞戏曲改良言论，充分集中在《歌剧改良百话》（1914a：47～53）、《四朝燕乐自序》（1920：14版）、《天水关京剧第一集·中西音乐会刊》（译谱，附新创锣鼓谱1915）相应文字中，而曾志忞称京剧为歌剧的理由："中国在来（历来，下同，引者）之剧，不论何地何腔，均带做带唱，适合欧美歌剧之形，似不若日本在来之剧轻唱重做，而宜以 Drama 入手改良。现在'改良戏曲'四字几无人不承认矣！但予之目的在音乐，故予之《百话》但以歌剧 Opera 为范围，而 Drama 不与焉。且改良之点，要以增进音乐程度为根本。"（1914a：47）缘此，"戏曲"变"歌剧"顺理成章；而其所重，不外八端。

十一、歌剧

11.1 分声部。 曾按西洋歌唱声部，将中国青衣、小生归 soprano，老旦、老生入中声部 tenor，花脸进 bass。但即刻补充道：有时"青衣之音并不高，不过出之以尖小，有时花脸之音并不低，不过出之以洪亮，可知中国以男女老幼分音色，并非以音度之高低分音部也"（1914a：49）。此话表明，曾志忞为京剧分声部时，即遭遇前所未有挑战，因青衣、小生之声部更像西方被归于 alto 的"阉人歌手"音色，入"女高声"似不适宜，但无疑此乃首次对京剧角色的声部归类，并明显建立在曾志忞大量京剧实践基础之上。

11.2 倡用五线谱。 曾志忞称："凡中国人不可不知五线谱也。中国初未闻五线谱之名也，自予归国授徒后，五线谱之名渐入人耳，渐寓人目。"（同上：48）在中国普及五线谱，曾志忞无疑属较早行动者，除力排众议，首先要陈明利弊，即量化分析，如五线谱中整拍之二、四、八、十六、三十二、六十四、百二十八的"八分级"，往观传统"工尺谱"，基本呈"无计可施"状，虽在实践，曾志忞看到"一拍中分折之繁复，京调中已大（略，引者）具备，此乃中乐进步之点，余每听一二上等胡琴手，每一拍中有拉八音者（第八分级的 128 音符，例以 4 分音符为一拍，则每拍有 32 个此音符，引者）、有拉五音者（第五分级的 16 分音符）、有拉七音者（第七分级的 64 分音符），已与西乐同入神境"（同上：50），但能演奏、谱面（如工尺）却根本无法反映，即其致命弱点，以致"彼等（乐手，引者）不肯教人"的关键，在"不能说明其理，并人（令人，引者）亦无能力去就教（学，引者），遂至上等琴师不能多多造成，以供社会之需要，予（曾志忞，引者）以为受板拍之阻力多也"（同上），与其说阻力，不如说传统节拍的板眼分层不如五线谱细密，此构成其普及五线谱的强韧理由。小其十三岁的赵元任（1892 — 1982）亦注意到此问题，并在《说时》中，对京戏《黄金台》以五线谱记录时，出示了第七分级类型谱例，而第八分级则未遑例论（1916：1094 ~ 5）并晚"曾论"两年有余，但由此说明他们面对的，是同一"瓶颈"。而《黄金台》是当时风行一时的剧目，并被列入 1914 年 12 月 11 日中西音乐会开场的戏码[①]，故两人对民国初年京剧情景而言，均历史"在场者"，而以五线谱记写京剧曲调，恰"英雄所见略同"铁证，在此历史"节点"，曾、赵二人的"不谋而合"，意味深长。

11.2.1 苟阻碍此"普及"即"找骂"。曾志忞有言："一般小学教师愚不可及、懒不可言，至今仍用 1234 而不肯用五线谱。夫五线谱有何难记、难看……数千百字尚且能读能写，至谓五根线而上下分不清者，是犹人能察秋毫而不能辨粟麦，有是理乎？五线乐谱者乃世界各国通行之谱，不通行者唯野蛮国及教育不进步之中国耳。中国人苟欲改良歌剧，非识五线谱不可。"（1914a：48）此"骂"在 1914 年 4 月 11 日，而对普及五线谱这一看似简单却十分艰难且"想入非非"工程，绝对有待国家立法……终于，1932 年之初，迎来了《初级高级中学课程标准》的《教学要点》第四——在中学的音乐课中"曲谱必须用五线谱，绝对不许用简谱"（教育部中小学课程编订委员会 1932：8）条款，并规定"此后应废除'首调唱名法'，代之以各国现行之'固定唱名法'"（同上）；但在十余年执行过程的效果，诚如程懋筠 1947 年 11 月 26 日所总结："'固定唱名法'（对应五线谱，引者）及'首调唱名法'（对应简谱，引者）在事实上，仍以后者教学为绝对多数。"（1947：59）而曾志忞普及五线谱之梦，虽何其艰辛、遥远，但显然内存"合理"，否则怎能在"曾氏提议"近十八年后被国人再次强调并最终立法还成了部分现实呢？

进一步质言：传统谱式基本无"立体呈现"机制，以致在将定调、唱词、

---

① 据《顺天时报》记者报料，该晚中西音乐会演出，有《黄金台》，演出者：王松俊、关国钧。（1914：3 版）

板眼、场面、奏法统合时，一筹莫展。曾志忞 1915 年 6 月曾做如下尝试（谱例 16.，1915：21 ~ 22 ）：

谱例16.

即将传统京剧锣鼓经的奏法、节奏、念法、唱腔、唢呐的定调，均以总谱形式一并记出，使音对音、点对点（其中包括 4 对 2、6 对 2、3 对 1 等）之"繁复"不再而一目了然，这绝对是前所未有的曾氏"创造"，从而使五线谱中国普及"实践"，在 104 年前迈出了最为坚实的一步。

曾志忞曾对保定师范学校聘请的日籍音乐教习近森出来治 1908 年编《清国俗乐集》（风琴戏曲五线谱）提出了批评，认为："全书……虽有数十出之名目，然每出中只有正板四句或六八句而已，将中国特有之摇板全不载入，说白无论矣。且每段乐句并未注明乐色，应严重 Adagio、应疾 Allegro、应徐 Andant、应加慢、应照拍等符记均未分别加入。可知近森君虽为一日本音乐大家，而于此等处，凡他国音乐之精神实不易领略，然则此等责任非我辈其谁与归？"（1914a：48）此表明其有意于近森君缺失处加以补缀，曾志忞以最简单的办法——每分钟（M.M）内（详谱例 16. 及 18.），以拍数对速度加以限定，即此种改进的尝试，却由此显露了曾氏《天水关》记谱受近森氏曲谱影响的痕迹。

11.2.2 神韵。五线谱之定量绝非"死板"代名词，正是由于中国传统谱式，基本以记写节奏骨干（如工尺之板眼）音高（如琴、瑟谱，笛、箫谱）为重，固在坚守传统谱式者眼中，此成传统音乐自由衍展、变化的特点、起点及亮点，而"不肯"轻言改正。但可否在中西谱式之间，找一调和、疏解缝隙、裂痕的方式？以京剧之"摇板"为例（见谱例 17.，1915：13），曾志忞说：其"形似无节而实有节，音虽无度而实有度，歌虽歌而不失语言之本相，言是言而确有音乐之拘束。予无以名之，名之曰'半乐的唱歌'Semimusical Song。不过现在俗伶往往注重正板而不重摇板，大失当时倡造者之本意，此予以为极宜注意者也"。（1914a：48）即在懂京剧"方言"的曾志忞，应对节奏的"无节"与"有节"、音高"无度"与"有度"、演唱似唱与非唱之间，并非无计可施。并且曾志忞以亲身实践、出具的《天水关》中诸葛亮运筹帷幄、计擒姜维、将其团团围住时，在山上观战之谱例17.，绝非仅限谱面内容，此应更注重其音外之旨、弦外之韵：首先，其无小节，故无重音规律可言，并可即兴临时变幻节奏、音高、唱念之各关节，使其成一介于唱、念、有规律重音与有固定音高之间的"逍遥型"，其与欧洲rubato——弹性节奏不可同日而语——显示出更大的"灵动"，因而它是独特的；其次，它虽被中国庸俗艺人蔑视，甚至近森氏也不予重视，因他们只重有规律板眼而不重其无规律及多样性变幻，极可能觉得此任意节奏、音高不便记录，抑或某些艺人仅玩弄于其股掌而密不告人，但曾志忞慧眼独具，认定此恰正最具特色并为欧洲音乐所无的中国戏曲艺术特色之一，并要与人"众乐乐"而非闷得儿蜜——"独乐乐"——将其芳容尽展于众。

谱例17.

四面安排天罗网，　　姜维小儿无躲藏，四轮辇,暂停在，　山岗　　　上，

　　之二，为字后拖腔，曾列举多证，如《洪羊洞》"病房来进"之"进"字有八板，合三十二拍；《空城计》之"人"字，三板合十二拍，"下南阳"之"阳"字，四板合十六拍；《碰碑》"大宋扶保"之"保"字，八板合三十二拍（1914a：47～48，此乃曾志忞1914年12月11日晚亲自披挂演戏时的剧目中之独特经验）。而《天水关》则是目前曾志忞记录并作为例证的唯一存世乐谱（谱例18.1915：4～5）即"余音绕梁"本义（详后），而当其被"哀梨蒸食"抑或"暴殄天物"——"现今社会一般俗伶滥使长腔，博前台叫好"，则"殊可恨耳"（同

上：48）。此类似十七、十八世纪欧洲歌唱界中阉人歌手演唱时的无边炫技——仅为赢得彩头而没有音乐实质性内容的浮夸炫技演唱一般，被终止是其必然；而此风在曾志忞时代尚未遏制前，突现此铿锵有力抨击，殊为不易！其戏曲批评家的风范亦被世人领教。而更激烈言行，还有以下数端：

谱例18.

11.2.3 废口传代心授。 代之以器乐领音，使生徒找到入门之径，这是曾志忞亲身实践的结果："予实地试过四五年……每遇一曲，领音已纯熟后，乃用他种弦乐器或管乐器伴奏，自能丝丝入扣。"（1914a：48）而传统旧法"口传而外，毫无凭藉，教者异常繁苦，受者不易领会，非有绝顶聪明者，总难入室登堂，即或偶入范围，微妙之境无由传授，兼之充教师者乃一种不能上台之老宿，资格是否相当更无评论之价值"（同上）。诚如前述，当红艺人绝不以教戏为重，以梅兰芳为例，自称"如教一个钟头嗓子就要哑，不能上台唱戏"（冯亚雄1959：211），而一般均当时无戏可演的老艺人，才行教习之业，绝无当红艺人的精、气、神，而代之以此法，不可不谓绝佳！其理由在"嗓音之高下究不如器乐之正确。以人之耳（有耳音者），差半音便能知觉，若差一音四分之一，便不易知觉，所以西乐凡教授唱曲及唱曲伴奏均用琴类，取其正确也"（1914a：48）。如此看来，此亦曾氏亲身实践的体会，并同时可教多人，而非一对一，并有效终止了伶界艺人"教者既难以说明，学者每苦无把握，无非跟人瞎走瞎摸，走到了摸到了总算他能学的，走不到摸不到唯有自叹自闷耳"（同上：50）之苦学无果历程，曾志忞即刻成了拯救艺伶脱离学艺苦海的救星。面对同一"瓶颈"——为梅兰芳访美记写唱腔、并小曾志忞近十六岁的刘天华（1859－1932）对此深有同感，称："习乐之法有三，曰耳听，曰目视，曰言传。三者虽相辅而行不可缺一，然难记易忘为耳听之弊，模棱失真为言传之弊，惟目视最为真切。故欧西作曲家，咿唔斗室，一纸谱成，各国乐坛便可发其妙响。我国乐剧二界，尚有行其耳听口授之盲教育者，欲谈进步，不亦难哉！"（1930b：2）无独有偶，刘天华在记梅唱腔时，亦采用小提琴"领音"法，对此，梅兰芳有详细记录："兰芳自有游美之议，自审国剧所有歌词音吐，非西人所能聆悉，拟用近代音符，制为五线谱，使世界人士，按谱寻声，以得悦耳之乐。而其事至难，非得音乐大师，莫能为之也。寻齐如山君，介兰芳使识刘天华先生。先生精研音律，于中西乐器无所不通……既循兰芳之请，为谱歌曲十余出……每自按梵乌林，以代胡琴，试辨工尺，常至夜分，反复推求，不厌琐屑。凡百余日，始得竣事……"（1930：1）与曾志忞相差十六岁之刘天华十六年后做同类事，可谓历史巧合中之巧合，但说明有相当一部分人在寻找中国传统被奉为圭臬之"口传心授"弊端的药石，虽两人如出一辙，亦同未考虑到语音、字义之变的细节，但音乐家的首选必然是字、词之变化的小腔、润腔、滑腔、挑腔、擞腔等所裹挟出的音，而以领音找到其中玄机再记于纸上，不失为"妙法"，由此证明了其"可行性"。最重要者，胡琴师与角儿间有一不成文之"约定"，可根据演出情形、名角心情、嗓音状况（俗谓：在家、不在家）调整定调，渐成一音高、调高不定情形。对此，大同乐会同仁早有洞察："京腔丝竹社会等所用宫调之主旨，亦多随便，高低不知律准，如水无源，如木无本，实为音乐前途之大碍，若不急求订一正确之音度以为基础，将永无发展之希望。"（无名氏1924b：20版）只是该会并未出具实施改正"京腔丝竹宫调随便"的"方案"。而以音高固定的小提琴把握唱将之游离唱音，似一不用言说的"高招"，其调高、音高的任一变化，均在小提琴宽广、固定音域的可操控范围，并由小提琴手自如拿捏、精确其移动调性。这才是曾、刘二人纷纷以小提琴为领音乐器首选的硬道理。否则，刘天华本二胡高手，为何他不用胡琴却偏用小提琴呢？

11.2.4 玄机。更进一步讲，此乃"国乐"发展中，历代黄钟"音高不定"之大问题。诸多人士为此求索不已：前清"内廷承值""外学伶人"南京戏曲音乐院北平分院歌剧系主任曹心泉（1864 — 1938），这位曾在宫中伺候过慈禧太后词曲事宜——有"供奉内廷"时，"孝钦后有所爱诗词，辄使之制谱"（东阜 1940：3 版[①]）之传闻——的资深艺人，曾得出"古之黄钟……确系钢琴……之 F 音"——其推算大致过程："集可靠乐器，易为'音推'（校音器，引者），制成十二管（确有其物，详王泊生 1932a：44 第一插页，图 25.），以之对照钢琴，以求出路……然尚以无甚准绳未便武断，适遇李啸溪先生，因出家藏玉尺，三代遗物，取之绳之，黄钟适合此尺九寸，因得证古之黄钟，确系西乐钢琴一均之 F 音"（同上：44 第二插页），并说，"国乐以小工调为主调，即在钢琴之第一均（$f^1 — e^2$，引者）第六律（仲吕 =$^\#a^1$，引者）上。按心泉先生所考，信非偶然，故我国规定黄钟音为钢琴之 F 律至为恰当。而小工调，适合西乐之 F 调。正宫调，乃洽合于西乐之中央 C 调"（同上 1932b：45）。此说逻辑立足于传统曲笛工尺七调（这在笛工出身的曹心泉必其首选），按曹心泉方法：正宫调，筒音为 re（f^1），对应之工尺谱字为尺－工－高凡－六－五－乙－仩（即固定音高：f^1–g^1–a^1–$^\#a^1$–c^2–d^2=$^\#d^2$=$^be^2$）; 小工调，筒音为 sol（f^1），则为合－四－乙－上－尺－工－凡（f^1–g^1–a^1–$^\#a^1$–c^2–d^2–$^\#d^2$）。上两调筒音的固定音高均为 f^1 音。专此，作者制一图表（图 26.同上 c：40）并注曰：

"阳六律俱属奇（jī）数，阴六吕俱属偶数……黄钟如为 f^1，则变徵需用黑键上之仲吕，而适当西乐之 F 调"（同上）。正是此图，使论者露出了马脚：

---

① 又称"心泉少习小生脚，师事名伶徐小香……后以音哑，改充笛工"。（同上）

其"正宫调"在笛工，如筒音为尺，变徵在姑洗（a^1）、仲吕（$^\#a^1$）则为徵，故上文所谓"变徵"实际为正宫调之"徵"；其次，确定"玉尺"为三代（夏商周）之物的依据？黄钟为哪朝物件？其九寸以何尺定度？等等，使人刚出迷雾又坠霾中。对此最有说服力的求证，为顾毓琇（教育部次长、重庆国立音乐院首任院长），在1941

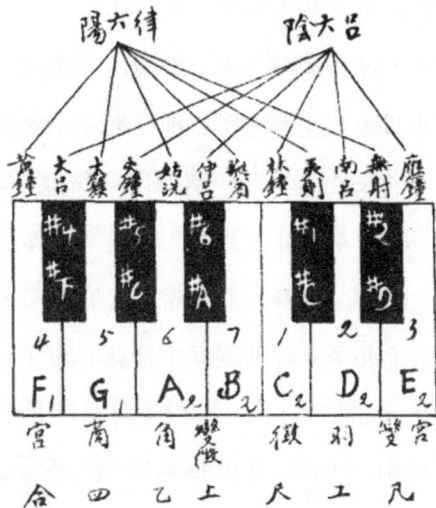

年4月15日（民国音乐节）公布的黄钟重新定音结果。此事原委，诚顾所言："民国三十年……乃有音乐教育委员会之组织，毓琇赞襄部务，列名委员，因提议确定黄钟之音律，以重新奠立国乐之基础。是日（1941年4月13日，引者）也，国内音乐先进，济济一堂，众议金同，乃决定以音波振动数348为黄钟之标准音。"（1942：15）其学理以三分损益律（下称"三分律"）与二十平均律为"基准"，并出两律并行方针。理由：其一，"三分律历史已久，整理古乐上仍有价值；平均律亦为在我国人早已发明，且为世界所通用"；其二，"古来学者，讨论黄钟音高，互别是非，迄无定论。各家黄钟高下不一，相去悬殊，难于抉择。今日欲求推广乐教，改良乐器，应以统一音高为其前提"。（同上：16）最重要者，两律相差，"实甚微小"（同上），以黄钟（f^1）为例，平均律、三分律的音波振动数分别为348.7、348，姑洗（a^1）则为438.5、440.4（同上）；对平均律标准音，顾毓琇补充道："平均律以a^1为标准，有435及440两种，其440之值与姑洗之正常值440.4仅差千分之一弱，实际上相等。"（同上）以上是自曾志忞遭遇传统京剧调高、音高不定后，以小提琴把控、刘天华继之、曹心泉试之、顾毓琇算之后的最终结果——统一黄钟标准音在440.4音分——平均律与三分律之临界点上。上述，实质是"理论律学"与"应用律学"的对垒。在音乐实践层面,音律之千变万化,对久经沙场的艺人们,均应对裕如,而一旦上升到理论,必固化、僵化音乐中的某些灵动性。在"国家立场"必须如此并出示相应法规加以限定、说明,还要上升至理论高度;对音高、调高之固定与不定,其由民间个体整治,至"教育部在场"效应之前赴后继、勠力同心,说明它确实是个音乐的问题!

11.2.5 深意。口传心唱,固然是中国固有的宝贵艺界传统,但基本无谱,或有也极为简略(如工尺之类的"骨干谱")。曾志忞有意对此进行突破,诚如丁逢吉所云:"京昆脚本及文武场面之谱表。中国剧本,内行人守秘密主义,不肯示人,于是以讹传讹,遂乏善本。此'会'——即中西音乐会(引者)用科学开放主义,举凤昔所习各剧,缮(修补,引者)成脚本,改正词句,添加精确工尺,能使普通人士,一览即知,且将胡琴锣鼓,亦制成谱表,有本可据:一则不致失传,二则改良有准。方法之善,得未曾有。"(1925a:7版)此是丁在1914年冬季见过《天水关》或类似其他刊本的明证![①] 其对中国"传习"甚至"密习",由"模糊"一转而为"精确",才利于传布"意念",十分抢眼;而"内行守秘、不肯示人",是至今依然存在的"不争陋习"。客观讲,即便在行内传习,"走样"亦无可避免,诚如曾志忞所言:"京剧脚本,素无工尺,每剧所使腔调,皆从口授或耳听而得,故欲问某腔之真正价值特质,非特纸墨上不能藉以传示,即口舌(相传,引者)上,亦有难以说明之点。"(详1915:1)虽在录音录像技术、设备,可以高度精准化还原、再现影像的今天,已无"秘密"可言,但在曾志忞时代,有这样的见识、风范,甚至胆识,难能可贵!而将谱本完整"捧出",更是一种普及艺术的良好期许。这无疑是"教育家"对受众特有的人文情怀与关爱。

11.2.6 新谱布众。张厚载的"《天水关》一剧,该会曾刊行一书,于词句

---

① 笔者认为:虽此"忆"有误,但在1913年出现其他尚不为我们所知的"谱本"之可能性,也是存在的。而1914年出版《天水关》曲谱,并非为1914年冬季的"开场",而是为1915年曹汝霖那家花园"大堂会"准备的"本"!

工尺，分别注释，备见详尽。睹斯剧，读是书，更足观察该会之成绩焉"（张聊公 1915：57）证明了该书在当时（1915 年 10 月 16 日），已对世人产生了强烈反响。原因，不外乎：前所未有，故夺人耳目。这和齐如山为梅兰芳出访美国而精心设计的《梅兰芳歌曲谱》（刘天华 1930a）——意使外人（包括外国人及外行），按谱循声、以利赏析的道理，一致；如果从丁逢吉提及的"1913年"——现据新史料，改为 1914 年冬季，《天水关》"谱"已在其视线推论：此谱比《梅兰芳歌曲谱》（1930a）早 16 年！另据当时十分活跃的戏评家梦觉生讲：

> 曾氏精通中西音乐，冶西乐乱弹于一炉，延伶工为教师，集十三四岁子弟数十人，授以戏剧及西乐，用新乐器为戏剧伴奏之具，颇绕别趣。所编《天水关》一剧工谱，参以配乐音谱，兼作五线谱附其后，是戏锣鼓牌子及化装用具名色，亦无不备，可谓得未曾有。曾氏原拟续编《洪羊洞》《碰碑》《上天台》诸剧，以事中止，至为可惜！近来即《天水关》一剧，坊肆亦且不恒见矣！（1930：4 ~ 5）

11.3 统筹。上论，使任何未见《天水关》乐谱"真容"的人，即刻有一大致印象，即该谱是工尺、五线谱两厢对照，锣鼓牌子［首次以节奏形式记写，曾志忞的指导思想是："皮黄之伴奏乐器，锣鼓胡琴是也，此两种伴奏，亦无书本的记载，并无教授之习惯，习此者无非以一己之聪明，日待于师傅之后，年染诸优孟之前，自为模仿耳，此种伴奏，因时变迁，无复真面目之可求。"（1915：1）］甚至各角色的化装、服饰、用具（俗称行头），也记录在案。就好像一个面面俱到、无所不包的百宝箱，其把管理、观察、欣赏，甚至审美意念，杂糅一处，故极具曾氏特色，因：音乐抑或戏曲，仅曾志忞主理之贫儿院庞大事务中之一支并非全部，统筹、协调各分支，是曾志忞必备才能，否则庞大繁杂的贫儿院各项事务（既有应酬，又要管理，既要筹钱，还要主持上海嘉定"瑞芝义庄"、北京"中西音乐会"之大小事务，既要排练，还要教学……）

绝不能正常运转。而一剧、一戏、一演出之策划实施，与其相比，不过小菜儿一碟儿。同时，作者告知世人一"流产"计划，即在此剧之后，曾志忞还曾想续编一系列京剧谱，只是被"以事中止"，其《碰碑》，为该会1914年12月11日"开场"剧目之一。上述种种废"口传心授"理由，除从实践中来，也是其亲力亲为"心得"，故具内在的"逻辑"——以世界通用之谱式将所有京剧细节纪录，破除守秘陋习所限，使学艺众生，对此昭然若揭，以达善境；缘此，京剧抑或其他艺术的传播，才真正插上飞翔的翅膀。此改革，对已过三十五岁的曾志忞，依然有不成熟印记，但其天真、浪漫、不拘一格的"真性情"，却由此显露，以下所论，顺理成章。

11.4 必用复音。1913年9月，时在北京的曾志忞与徒弟高寿田共同打造的《和声学》（1914）显见是其京剧改良的"复音"基础。该书是被北洋政府教育部指定的"师范学校、中学校教科用书"（1914：5）。在《编辑大意》中，曾志忞告之了编辑此书的本意："近今乐界中衰极矣，歌唱流于浮滑"［按：此语呼应了李息霖"宁可生、不可滑，生可以练，滑最难医"（1906a：19）］观点。在音乐界，此乃与传统音乐"分道"的"宣言"，并由此造就了直不楞腾中式新音乐，这既其推行新音乐时的必然，也是中西音乐的本质区别点。试想在新音乐中，和声滑来滑去，成何体统？但曾志忞在改良京剧时对"'滑''余音绕梁'的强调并加'实非西乐所及'"（1914a：48）定语，是对国乐旋律特色的重提，与和声两码事，故在此重提"浮滑"亦不容忽视的史实。而"弹奏至为单纯，复音乐曲，竟鲜能弹能唱并能听者，和声之学不传播，其一因也，故编是书。"（1913：无页码）其为普及和声、复调于中国的立意何其鲜明！此书源流？《例言》中，高寿田写明，"取材美国爱梅利、日本福井直秋[①]之著"（1913：无页码）。阅读对象：供学校"教授音乐之用，并备音乐教员之独修"（同上），故具"教"与"学"功用。该书共廿四章（绪论二章、本论廿二章），

---

① 爱梅利资料不详，福井直秋（1877—1963）毕业于东京音乐学校甲级师范科（1902），创武藏野音乐学校，著有《和声学教科书》。

论及：乐理之音程、音阶、和弦之三（大、小、增、减）、七（主、属、导、重属、减）的连接、转位、解决，及属九、十一、十三和弦；间插四声部连接、和弦转换、反复进行、终止法、增和弦（与前略有重复）、转调、挂留音（suspension）、倚音、八度重复、和弦之分割、旋律之调和，附"乐语索引"。可以看出：该书将乐理与和声有机串联，首次舒缓了"国人治乐……好谈……乐理……别无（和声）新著"（1913：无页码）——有横无纵——"困境"。这再次突显了曾志忞在旋律繁盛的国度，普及和声、复调的坚定意念，此乃《乐理大意》（1903a：1～8）及续篇（1904b：1～14）中乐理与和声教习结合"教学法"的进一步完善。问题是，如何将其加入单旋律的京剧？曾志忞称："中国自古以来只有单旋律 Melody 而无和声 Harmony，此中乐不进化之大点也。（且）剧中数人同唱者甚少，《大赐福》及武戏中偶一有之。然武小生唱仕字，而武花脸唱上字，不过八音之别，非和声也。和声者，四人同时唱四个音，而各连续进行者，譬如青衫唱仕字，小生唱六字，老生唱工字，花脸唱上字，音虽不同，而入于人耳，似觉调和可（人）。和声之学理颇深，调和亦不易。中国将来改良歌剧，和声一法万不可不采。"（1914a：49）不仅限此，他还将和声之法用于京剧之锣鼓，认为"击乐器如大小锣鼓、板、铙均无（音之，引者）高下，但（仅，引者）表疾徐（快慢，引者）。原来锣有四种，铙亦四种，大锣应合合字声，中锣应合上字声，小锣应合工字，最小锣应合仕字声，铙亦如之"（同上）构成大三和弦的四六和弦。不但中国戏曲场面中有曾志忞所述锣音不齐、十锣十音情况，民间鼓吹乐队中之"十面"，即使音高俱在，但基本不以此定音，似成一摆设，但将其音高校准、统一、和声化，则是曾志忞的歌剧改良追求，甚至在他的戏曲乐队中，将锣鼓家伙事儿有废弃代之以铜管乐队之势。此不能说其极端，因他对此补充道："予意……全用西洋管乐及洋琴等，或偶于一曲中，一使胡琴、锣鼓之类，一动乱听（加入噪音后与乐音对比之'乱'，引者)，然要认为附属伴奏乐器，不得为主要伴奏乐器也。"（同上）即胡琴、锣鼓并非不可用，但仅为"附属"——"特色"，而非"主要"乐器；

他还说："锣鼓虽系一种粗俗的伴奏，然亦有一定的规则，层出的变化，兹将各种名目，列成新式谱表，以期记载传播，免将来漫无考证。"（1915：2）曾志忞将其作为《天水关》的一个亮点，耐人寻味，说明：其思想，常处变动不居、自相矛盾状态，而晚期的暴躁易怒、动辄打骂①（曹汝霖1980：264），固然与其突然丧子、丧父、院事多舛有关，其十分矛盾、易变之性格，在此也多少有所闪现，但其以管弦乐队烘托京剧传统三大件架构的中西混成乐队改革思路，已和盘托出。总之，传统京剧，被"新乐器"伴奏，并使之以直观谱面呈现，使观（听）者"颇绕别趣"，是开先河创举，故才令人兴趣盎然。其中西乐器混成京剧乐队，比欧阳予倩、张謇五四前后在南通搞的京剧管弦乐队伴奏（欧阳予倩1939：160)②，佟晶心20世纪20年代末30年代初之京剧西洋乐队设想③，江文也1940年代参与的京剧改革，甚至"文革"中"样板戏"各类中西结合乐队，均早，故"耳目一新"！此乃曾志忞在普通音乐教育之外，实施"和声"并将此"意念"延伸至"戏曲"的重要"节点"。至此，"和

----

① 曹汝霖称："志忞……因酒毒成肝硬症，医嘱戒酒，终不肯戒，性变暴躁，动辄骂打。有一年新年，我们去贺年，见桌上中间摆了一盘血淋淋的猪心肝肠，二妹气得发抖，知又是志忞在发脾气，不敢多言而出。翌日二妹来告，志忞近来动辄用刀吓人，恐在醉乡万一失手，如何得了。我忍无可忍，只好携子女去上海躲避一时再说……志忞志高傲物，所如辄左，怀才不遇，借酒浇愁愁更愁，有愤世绝俗之意，卒以酒病丧生，为之惋惜。"（1980：264）此文对曾志忞的性格、脾气、秉性有旁证意味。

② 欧阳予倩（1889年5月12日—1962年9月21日）从日本回国（1910年左右，引者）不久，就把上海房子卖了，"全家去了南通"（1930b：255），1918年左右创"南通伶工学社"时的举动，曾遭世人嘲笑："这班学生，倘若是学军乐队，还可以去送送大出丧，你看那种大大小小的外国胡琴（倍、大、中及小提琴系列，引者）有甚么用处？讨饭都不能当碗使……这种样子的讥笑很普通，但是我（即欧阳予倩，引者）决计不理。"（1930a：181）上材料，一、说明欧阳予倩去南通的时间，在其21岁左右——1910年前后［欧阳予倩云："我二十几岁才出疹子……自从一出麻疹，甚么力气都没有了，瘫软在椅子上，经过三个月才好……之后，每年到夏天就要发软不能走动。这回到日本（1907年左右，引者），正当夏天……就完全瘫软了……"（1930a：254)］；二、证明其在南通的三年，在1912—1915年间；三、"南通伶工学社"1918年成立之期不确，而说"五四"前后之"后"，是欧阳予倩走后，该社依然存在并有影响的证据；四、从上材料反映出：1918年左右该社即有一"军乐"、大小"外国胡琴"的混合乐队。专此，特记。

③ 佟晶心认为："如果我们没有创造（制造乐器，引者）的天才，那么西洋的乐器，不妨借用几件，加入中国的乐队。或者只用一架钢琴……也未尝不可。"（1926：32）

声"乃至"多声部"音乐理念，渗透到曾志忞实践过的各个音乐品种、类目，可谓完全彻底。

11.5 评批无情。与前引胡适视戏曲为"封建遗形物"故"应废"论（1918：9～10）、傅斯年"胡琴是件最坏的东西"故"不能不去"论（1918：34）不同，曾志忞以十余年京剧实践基础阐述之京剧板式单调，听十曲、二十曲仿佛一曲，"究其变化之点，仍在小节而不在大段"一针见血，能否不囿于传统板式再创新板、不令人生厌（1914a：50）是其心声，可见还是在为传统戏曲发展寻找出路；其次，对京剧过门之有名无实，亦提出批评："一幕复一幕……常振动我耳鼓之过门……非虚设者也……"它是"乐句之线索"，有"上下贯串之责"却变成"最可厌、最单薄而最无味者"（同上）。其谁之责？上虽未枝细节，但语短意长，最终曾志忞以全面彻底改革者而非小打小闹之玩家形象亮相。

11.6 覆地翻天。曾志忞称"予之所谓改良者乃根本上之改良，非移花接木、修枝补叶之改良也。此等改良要有四种原质：一、有西乐经验，知乐理、能作曲者；二、能著雅俗共赏、言短意长之词句者；三、已经社会承认、出色当行之乐匠；四、有社会学知识知社会心理者。将此种原质的人合并起来从事研究，先将旧剧酌改，订定刊本发售，俾众皆知。世苟有同志者，人人皆得藉此而研究，世苟有嫉妒者，亦得藉此以竞争"（同上）。此话说在1914年4月9日，据今已106年，今复睹，恢宏气派依然不减，与其说是对戏曲改革者提出的要求，莫如说是其自身改革的真实写照，因时能当此任者，非曾莫属。故他的改革是从戏曲曲调、板式、记谱、和声、场面、服装、布景、道具、后台监督管理、人才培养方式、资金运转、票房经营（后详）、编剧、导演等诸多方面层层同步推进，甚至亲自登台演出。

11.7 真把式。以其1914年12月11日晚间亲自登台演出的《碰碑》为例，此唱段是当时京剧曲调发展的里程碑，其坐标点在男女分腔。前此，元杂剧、昆曲、秦腔均未能解决，导致男女同腔同调后的弊病，一为单调，再者困难——毕竟男女声线有别，并倒嗓者频出，虽此改良步伐，起自程长庚、张二奎、余三胜等前辈，谭鑫培最终把老生调门降低。属其晚辈的曾志忞，却在实践层面大胆尝试，这是京剧史遗忘的史实。而其改良之法，以二黄原板为例，胡琴 5-2 弦、改 1-5 弦，是反调向下四度宫音系统移调，从而移低五度。如二黄老生唱腔，其旋律活动音区，在"5̣"（徵）–"5"，低音有时可达"2"，而反二黄音区在"5̣"（徵）–"1̇"（宫），偶尔可达 2̇（商），音域加宽，旋律发展有更广空间，适宜表现压抑、愤懑、悲凉的情境，这在此唱段的第三部分"二黄原板"改"反二黄原板"的上句，表现得最为典型（谱例 19. 转黄祥鹏 1980: 327 ）：

谱例19.

［反二黄原板］

（魁魁臣，　贼潘洪，　又生　计（呀）　巧；）

上谱实际音并不高（6-1̇），但在超越二黄正调音域基础上，通过适合情感表现的调式音级，也能使人感到高亢激昂的情绪，低音高唱，即其质点。尤其该段［垛板］（见谱例 20.），反二黄原板转折了气氛，却表现出了与上例近似的效果。按：此谱系谭鑫培传人李和曾 1961 年唱腔，而谭腔则来自余三胜，李腔中有学谭也有经贵俊卿、刘鸿声等祖述余三胜所传腔调的痕迹。曾志忞演唱的此段，没有传谱，只能以与其最近、带有谭腔印记的唱腔暂代。（转黄祥鹏 1980: 328 ～ 29 ）

谱例20.

11.7.1 唱词：以3、4字为主，夹杂着5、6甚至更多（7、8）字，现举［垛板］及［哭头］上、下句结构的唱词为例："那时我，东西杀砍，左冲右闯，虎撞羊群，被困在二狼山（上句）；内无粮，外无草，盼兵不到，眼见得，我这老

残生，就难以还朝，我的儿喏（下句）！"其比［二黄上板哭头］简单得多，仅最后二句（粗体字）哭腔，成套［哭头锣鼓］已被省略，但悲伤、绝望之"极"，却尽然表现。

11.7.2 结构：三对上下句、间插［哭头］［散板］"白"为其显要特征。

曲式 7.

	A			B		C		
板式：垛板		哭头		反二黄原板				散板
结构：a11(4+2+2+3)+b12(2+2+2+4+2)+ c16(7+9)+			d14(3+11)+ e8(2+6)+		f 8(2+1　+4)+ 1 + g6(4+1+1)			
句式：上句	下句			上句	下句	上句	过门	下句
小节：1……11…12……21 22……29……39			53…56 57 60 59 62……70			71…75 76		
煞音： 角	宫	商		角羽微		羽角		商
调式：D 商……			E 角…… D 微……		D 商……			

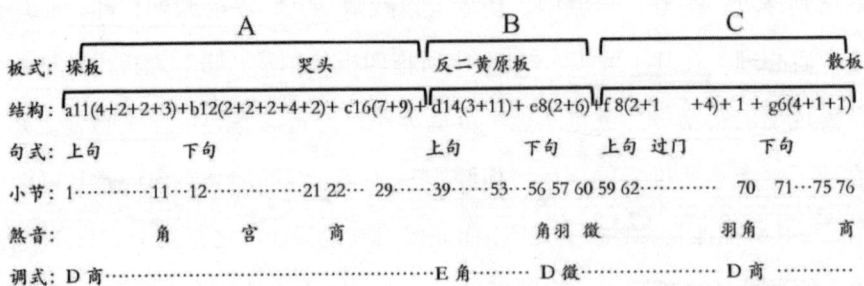

11.7.3 音调：首、尾，是七音 D 商调式，间（57—68 小节）插 E 角、D 微色彩的短暂离调，并以角变羽为媒（转回本调，则以羽变角，见 56—57、69—70 小节方框），是传统"变宫为角"借字手法；旋律：其曲折、回环、婉转，通过各种前后倚音、装饰音及托腔保调之胡琴等乐器的花奏（未列），像溜缝似的，将旋律音之外空间填充瓷实；另，为使基调的"商音"稳定，其旋律走向，虽 $\frac{5-3}{6-1}$>2（商）倾向明显，但依然有二黄宫调痕迹——在一些句读，收在宫、并有角音——强调宫角关系及角调式段落，而下句的收音，却均在商。

11.7.4 情境：救兵不至、人困马乏，官兵又饿又冷之时，无奈只能把心爱之战马绞倒——杀死充饥、以篷帐为柴御寒，这是陷入绝境的"迫不得已"，突然空中一雁阵掠过，本神弓（杨继业弓法有百发百中之誉）一射，即缓饥劳，但宝雕之弓开张，却弓炸弦折（shé），正可谓人倒霉时，喝凉水都塞牙！且八个儿子死了四个，其戏剧逻辑：没辙儿了，步步引其只能以碰碑作结（间插鬼魂托兆、牧羊老头咒语，进苏武庙见碑上字："庙是苏武庙，碑是李陵碑，令公来到此，卸甲又丢盔。"虽不甘其境，却不忍其辱，撞碑而亡）。曾志忞则当贫儿院事业如火如荼，却横遭人祸，家毁室焚，无家可归，其从心头而起之"怒"，正无以发泄之时，并最感无奈之期，当其披挂并以浓彩重墨、髯口、皂靴，亮相氍毹，其内心的"绝不屈服"气质被淋漓尽致地宣泄了出来，既可见此剧，是经精心策划并亲自实施，可谓"霸王硬上弓"——硬碰硬、死磕；虽其惨烈程度远不及剧中人物碰碑悲壮，但顷刻间的"家毁"对其创深痛剧、刻骨铭心，在此刻与所演之剧人物杨令公的心情、情境、处境，感同身受，可谓情到深处。另外，该剧中，杨令公以残败之兵、不能归朝，却一心想还朝之矛盾心理，在其［哭头］"朝"字所拖四板八拍及"喏"六板十三拍长腔上，表现出的踌躇——欲进不能、欲退无路，与曾志忞心境恰正吻合，亦再次表现了曾志忞所推崇的字后"拖腔"——余音绕梁之美感，还亲自以演唱展示，为其戏曲改良，增添了实质，而非仅口头说说而已之花架子式戏剧内容。这在古今戏曲改良进程中，实属罕见，是真正既有理论亦有实践的戏曲改革，正所谓：光说不练假把式，光练不说傻把式，既说又练真把式。

11.8 清净。对戏曲人才的培养，甚至关及其变声期及其善后处理、卫生、饮食、道德及不良嗜好的防戒，称："予尝谓，音乐家最要重道德，次要戒嗜欲，终要有教育。旧剧界受此病久矣，一时虽得良方，而床褥中人未肯如法试服，引以为憾。（新剧界则趋势于戏剧，力避此音乐方面，绝无希望。）现当新辟一新歌剧界，不论科班票房，俱可实行此三主义。一重道德也，轻钱财，修艺术，谋进步，诸事括之。二戒嗜好也，烟、酒、色诸事括之。三有教育也，先完备普通学，再研究作曲及辞章，诸事括之。"（1914a：51）此言即可见其改革气度、广度及深度，并彻底与传统戏曲改良，厘清了界线。

11.9 喜忧参半。曾志忞的一番宏论，即刻引起阵阵涟漪，秋水称"连日获读大著，对于戏曲前途计划，至为周详，开歌场之新天地，辟舞台之恶习惯，钦佩钦佩。鄙意：社会上有最重要之二种事业，则报纸及戏曲是也，社会文明之程度，即以此二者为比例差。支那之报纸近虽未进于美满之境地，而报业尚为曾受教育之人进步，尚有可期；至言戏曲，则瞠乎败矣。北京戏曲之中心，而汪谭为京戏之泰斗，试叩以秦皇汉武，伊必不知何朝君主，东亚西欧，伊又不知为何处地名，纯以腔调讨好、为机械之动作并小学卒业之知识，而亦无之支那戏曲之不进，不亦宜乎？为今之计，一当立专门，主校编订有价值之戏曲，以引起社会嗜戏之心理；二当改编旧曲，以划除社会之劣性根。双方并举，成效当可立睹，通俗教育之美名，庶不致徒托空谈矣。故兹事体大，办理尤需得人，非深通新旧戏曲者，难当此选。仆不谙此道，酷嗜之，尝欲投身梨园，力肩此任，而一违衣食之逼，再违于阿堵物（钱财，引者）困我，荏苒半载未遂，素愿君如有意，愿及门焉，余不白，志忞君鉴"。（秋水 1914a：5 版）

正是认定曾志忞即中国京剧改革曙光，秋水有意投曾志忞门下，说明曾的言、行，确实洞彻了秋水心扉。特别其所提及的汪笑侬、谭鑫培辈，尚知识浅陋，更遑论其他艺人之文化水准了。如此，怎能使中国戏曲改良不归穷途？而曾志忞的种种改良计划及宏大举措，终使其眼前一亮。但并非没有担忧，不久，秋水再致曾志忞的信称："闻君有音乐会及济贫院之组织，仆不禁雀跃，为音乐前途祝，尤为仆个人庆也，但（愚笨之人——愚意以为，引者）音乐与戏剧，虽截然分离，未识此等组织，亦连带及之否？不过京中人士，嗜旧剧久，一旦易以电光布景、新剧新角，恐难享一般人之欢迎，且受旧剧界之打击。"（1914b：5 版）由此说明，任何改革之路，绝非坦途。虽秋水未举实例，并有"尊会何日成立？会当请于君前，容盈尺地，纳诸师弟之林，常聆教言也"（同上）——再次表达了加入该会的强烈意愿，但从其忧虑中亦反映了该会将成未立之时种种戏曲改革遭人白眼的艰难困境。

11.9.1 拿捏。曾志忞在发表上述高论后，从存世资料看，在实践层面的第一出，即《天水关》曲谱的制作与相应剧务安排，而"标准"的制订，首当其冲。对改良旧剧，曾志忞认为："若一改深雅，将蹈昆曲之覆辙，若将鬼力乱神尽行删去，便无剧意；须知剧者，乃一种寓言耳，本不可信以为真，幸勿例以他项书本，此予保守旧剧之深意，一俟将来再有改良机会，自当从长改正。"（1915：2）即《天水关》出刊之际，并未达其满意程度，而"鬼力乱神"

在其主演的《碰碑》之鬼魂托兆等情节，表现得尤为显明，此谐雅抑或从俗，乃古今雅俗之争的继续，显然曾志忞走了中间道路——试图雅俗共赏、中西共融、论说有据、戏从信史。其开列的五线新谱、并列旧谱（工尺）之本意为："所注工尺，均照本会中教师所授之腔调，板眼长短，参以西乐简谱法记之，摇板导板等，亦从其概约比例……锣鼓虽系一种粗俗的伴奏，然亦有一定的规则，层出的变化，兹将各种名目，列成新式谱表，以期记载的传播……胡琴亦谱明工尺，译成五线谱，足使人人能照谱读悉腔调之原质，不致空以悠扬婉转等字评曲也。"（同上）以上均该会实地耕耘后的硕果，故有极强的可操作性，而一改空泛、粗疏、不着边际的艺界习气，为当时的戏曲界带来一股新风，但如此宏大的伟业缘何"戛然而止"？

11.10 缘因初度。首先，曾志忞认为，欲经营一歌剧团体，必要有一定观众支撑及票房收入，而票房之主，也要具备一定之德，即："房主总得有四个字：才、德、财、信是也。所谓才者，于音乐上须富有经验奇术，于文学上亦须贯古彻今。所谓德者，要宽量，要真诚，要循循善诱，要井井有条。所谓财者，凡房中一切经费，应收应付，应垫应借，金融机关要异常灵便。所谓信者，第一为金钱上之信用，第二为言语上之信用，第三为学术上之信用，第四为社会上反动之信用（反作用时之威信，引者）是也。第五，各票友应担任全房之经费，不可彼此推诿，亦不可以演剧为儿戏——事在可得可失之列。第六，房主应定一票友资格，旨趣宜严而不宜滥，合此资格旨趣者方允入房。我深信，我票友诸君苟能实行此法，必得十二分好结果也。"（同上：53）也即演歌剧抑或戏曲，需钱财支撑铁律，古今概莫能外；此外，除各方信用外，还需精明的经营、运作，方可立于不败之地，其中才、德、财、信缺一不可。但最终曾志忞"心中票房"在激烈的市场竞争中败下阵来，除不轨、不仁、不义弟子外，其财政也深陷危机，据曹汝霖回忆，曾志忞死后"二妹（即曹汝锦，引者）来津，知尚欠天主堂巨款，遂划出庭院地一部分出售还债，料理后事"（1980：264）。一代富商巨贾之家，身后竟背负庞大债务，令人匪夷所思，但绝对与其经营不善有关，这透露了其借酒浇愁的个中原因。

其次，以音乐家独特视角，在1913年萌发宏愿，将京剧归类歌剧进行种种改良，史无前例，虽其创新腔未及展开而仅做了些基础性建设，但其改良力度之大、视角之新、触及面之广，令人叹为观止。与欧阳予倩将文明戏作为中国新歌剧创造起点不同，欧阳是在戏剧基础上锦上添花，而曾氏改革，才是真正意义上的戏曲音乐革新，并与音乐家身份相符，其以音乐讲好戏曲故事的"想法"，何其大胆、新颖、彻底！这才是一个音乐人应做之事。终于曾氏在文化"大破坏"之后，回归传统文化，可谓其音乐上的"否定之否定"式迂回前进、螺旋上升；虽其以形而下之老少、雅俗、贫富、贵贱、文野皆宜之京戏改良为起点，却达形而上之哲学高度，意味深长。而京剧不可 opera 抑或 opera 不可京剧，在曾氏实践前，均成伪命题，故其成了以后一切此类改良的起点乃至启迪。特别紧随其后京城出现的溥洞领导之中西音乐会，显见受其深巨影响，说明：其大有可圈可点可展衍之势。以后又有多少人为此奋斗不已？答案已显得不重要了，重要的是过程。特别当此成为国家行为及意志，虽有其独特成因，并有一花怒放百花杀之短暂一瞬，但真正能够担当"国家在场"重任的，昆乱、文武、土洋不挡之新京戏，显见是重要选择"之一"。

11.11 省悟。 曾志忞京剧改革的指导思想，长期不为学界所知，其对京剧痴迷并对京剧的语言进行探讨的史料向无人碰，1914年3月14日，对此，曾志忞与狷少曾有对话："今日戏曲分腔与调，两档分调，则南北各有佳处，而腔以京埠为佳，韵亦以京地为确，但京伶所标字音者，非本韵者（如'儒'唱为'鱼'等）即名伶亦不能道其所以，及细致考之，始知其隐合工商，悉准五音轨道。若吐韵一乖，调必不能圆洽，征诸学理，盖京都得唐韵之遗，与音律颇有关系也。惜目前优人率由之，而不知之耳。"（狷少 1914：5 版）在狷少与志忞眼中，此看似平常之"儒""鱼"两字，由"辙"而论，属"人辰"之"儒"、一变而为"一七"之"鱼"，并将湖北方言中卷舌"儒"音——俗称"大舌音"，过渡为北京话半开口音"鱼"，但同归"姑苏"u 韵，由此可证其为同宗辙韵变迁，但基本保留了儒字"古音"的全部历史讯息及京戏之字音由南至北迁移、变换"轨迹"。虽其将京韵归于"唐代之韵"，略显牵强，但对伶人"率由之"——随意无理地处理音韵也不深究"所以然"进行的"批评"，说明两人的"探讨"已达京剧抑或其前身汉调、西皮、徽剧字音规律的"深水区"。故他们绝非仅"聆高阁之清商，逐才倾倒；闻'名伶'之雅奏，神志飞扬以示欣慕而已（的'玩票者'，引者），'忞'心能以改良之责自负（'担负'，引者），猗少钦佩之至"！（同上）此乃二人志同道合、惺惺相惜的铁证。另在 1920 年 4 月 7 日，为其即将出版的《四朝燕乐》作的"序"中，曾志忞所言"余由申迁京、由京迁津忽忽已十五年"（1920：14 版）推论，其 1905 年左右，即已经来过北京，显见其"北行"早有预筹并对京、津实施了勘查抑或体验，此"序"对曾志忞的研究，可谓最重要"文献"，理由：

其一，曾志忞音乐思想、理论基础，在从日本回国，发生了翻天覆地的变化，判若两人，其对中国文化认同、感知，意味深长。他说：

尼山（即孔子，引者）教育日：礼乐射御书数为本……此何故欤？宪政治与音乐、与教育有密切之关系焉，周襄秦并天下，焚坑暴戾，二世而亡，礼何由而明？乐何由而备？可叹息也；汉兴制乐，事详史志，惜其原体书谱，不可见；明清两代，祀孔乐章，或闻诸卤学（卤簿，即专为帝王服务的各类大型仪式——包括祭祀、庆典、婚庆、出行、凯旋等，以致后来，成为专门学问，引者），他如朝鲜、日本，有汉舞、唐舞诸乐，然节奏徐缓、音韵简单、不合今世。（1920：14 版）

此文耐人寻味，当时正值五四时期，国人刚刚经历了"反孔"、去除旧文化的"新文化运动"及批判"旧戏"，曾志忞一反世纪之初激进文化破坏者[1]

---

[1]　其有"中国之物，无物可改良也，非大破坏不可"（曾志忞 1904e：209）之类的言论。

的姿态，完全变成了一个积极且立场坚定的建设者。由于他有游历日本诸国的经历，对日本、朝鲜（当指并未分裂成南、北两半的大韩帝国）承续的所谓"汉舞""唐乐"的批评，是有实践、理论基础的，因在东汉，乐官们对前朝旧乐，仅"颇能（长于，引者）纪其铿锵鼓舞，不能言其义"（［汉］班固32—92：1712），那日本抑或朝鲜，怎能有汉唐真品传世呢？当时他清醒地认识道："节奏徐缓、音韵简单"的所谓"汉唐乐"，绝对是赝品！因这些"东西"，不是对华夏古乐的"弘扬"而是"糟蹋"！这不等于骂我们古人在旋律上不会"拐弯"——"润腔"、在节奏上"呆（ái）板"——不可"灵动"吗！？但您只要有耳朵，就会听到从古至今中国声乐上的"得儿"——花舌，与各类鼓手"手如白雨点"般敲奏出的"嘟儿"——乱奏。它们绝非"节奏徐缓、音韵简单"之形态，以"合于今世"（当时流行）的京剧为例，曾志忞说："字后拖腔……实在能以音乐传出喜怒哀乐之神韵，语云：'余音绕梁'，实非西乐所及也！"（1914a：47～48）其"绕"，可东、西、南、北、上、下、左、右、开、合！绝非平不邋遢、直不愣登！其理论"质点"，在京剧改革实践基础之上，并切中肯綮，故才一论、再论，这是其内心深处的"幡然省悟"。

其二，中国最有价值古乐之"原体书谱"，处"不可见"抑或"极难寻"状态，但曾志忞有准确地寻找路线图。他说：

宋元以来，燕乐独兴，可考之书，不一而足，乾隆十一年（1746），新定《九宫大成》，搜罗天下词宫谱，阅，凡万五千有奇，此大观也。余以为：中国音乐之演化，足以表示闻名于世者，舍此书外，不可得也，欲研究中国固有之旋律，各省俗乐，虽足以之参考，然莫若《九宫大成》之已具法力，使人可寻可绎。唯此书市肆不多见，见则沽价昂贵。（曾志忞1920：14版）

出于冥冥之中的责任，他四处搜寻此书，真乃踏破铁鞋无觅处，得来全不费功夫，偶然在严修①家中，得见此书，诚如其自云"于严范荪前辈家中，得读是书"（同上），并认为"是书足以代表中国近五百年固有之音乐也"。而对其间，尤其自近代以来的音乐教育，他认为："自前清光绪末叶以迄于今，虽输入一二'最初安'（其'安'为一白字，应为'谙'，全句'最初谙'意即'最初习'——引者）之西乐，然全系仿人口吻，拾人唾余，殊非真正之音乐教育！"（同上）长期从事过音乐教育并有大量实践经验的曾志忞，已深刻意识到：吃别人嚼过的馍，只能产生反胃效应！故他说：

余有感于此，因雇笛工，将宫谱一一试吹，并将欧西有键乐器及管乐各器，一一引证吹奏，谱成五线音谱，仍以原词（即《九宫大成南北词宫谱》，引者）工尺订正，录著书端，维工尺之板眼（节拍），乃用新例，详于凡例（即详见举例——引者）中，研究作曲者得此，容有（可以，引者）补充。（同上）

截至目前，笔者虽未找到《四朝燕乐》原书，但相信，此序已清晰显映出曾志忞在中国音乐教育民族化乃至现代化的深辙、步履。在西乐至上、唯一并不可一世的五四时期，能将古老的《九宫大成南北词宫谱》（从曾志忞"序"的叙述看，其"四朝"，指宋、元、明、清——截至乾隆十一年以前的"燕乐"即"俗乐"，也即南北曲）视为发展中国音乐的宝贵源泉，是富远见的。而昆曲，虽在"花雅之争"败下阵来，但生命力，旺盛依然，尤其在中西音乐会中，如冯亚雄、高砚耘等，对昆曲的垂青，及祖籍福建同安（即厦门）又久居上海、北京、天津的曾志忞，对昆曲的情有独钟，均有其地理、乡情、人文的多种理由。由此可见，从铜锤花脸徐立堂等人习得的《天水关》（板腔体）"铜琶铁板"般硬汉样态，仅其戏改之一端，而更多则指向"南北词宫谱"

---

① 从时间看，当时曾志忞与严修同在天津，此时"曾寿渔堂"已完全建好并已成其天津与先俨相伴的"家"。

晓风残月（曲牌联缀体）式"绰约风姿"，可谓"昆乱不挡"！此刻，昆曲正处"飘零"状，对其艺术"法力"的认同，凸显了曾志忞惊世骇俗的艺术鉴赏力！尤其作为"南人"，曾志忞来到北地，难免会在颠簸的人生、艰难的世事中，寻找某种慰藉，在此，笔者暂且不说他把音乐作为毕生事业这等高尚的词语，因最终，"音乐"没有成其"依托"，而"酗酒"①，反倒成了"常事儿"。

---

① 关于曾志忞的"豪饮"，世人对此记忆深刻，凌启兰女士记曰："忞，少卿子也，善饮酒、精音律。"（1919：12）此外，曾志忞一好友王惠生曾以《新乐府》，记录了他与曾的一次酒会，其中，除披露曾的酒量大得惊人外，还对曾的多才多艺有所描述："曾君音理负盛名，心向往之久熟闻；瑶琴一曲为我奏，如听仙乐耳暂鸣；南腔歌罢歌北调，下里巴人供观笑；群儿鼓掌如怒潮，胜概豪情古今少；兴阑乘醉驱车回，一声长笑天地宽；星期再订东篱约，重对黄花醉百怀。"（王惠生 1910：5）时在 1910 年 11 月 20 日，诗后，编辑还记曰："（阴历十）月之十九日，王君惠生挈乃孙莅院观菊，及晚，应曾（志忞）、高（砚耘，以上及以下加入的文字，均引者）二君之约，入座小饮，苏君筠尚（志忞姐夫）等均在座，酒酣耳热，见儿童活泼，不禁豪兴勃生，登坛高唱燕曲、吴音，三曲而罢，院儿闻之、鼓掌不已，事后为赋乐府二首，示感怀也。"（同上）其中，曾志忞最具醉意兼诗意却亦真亦假的文字，照录："醒则骑虎，醉则骑驴，醒醉何妨，需知甘苦；打亦无心，骂亦无意，打骂到底，愈觉离奇。"（同上：5～6）对比曾志忞饮酒时的醉态"发脾气……动辄用刀吓人"（曹汝霖 1980：264）甚至打骂妻儿、家人，虽是无意，或不能控制，但长此以往，即使发妻亦不堪忍受，故曹汝锦常有"携子女去上海躲避"（同上）行动；另其对栽种菊花，颇有心得，进驻津门，自称"寿渔园子"（曾志忞 1919c：51），自撰《艺菊新法》（同上 1919b：53～58）并称："吾辈不商不仕，世间一废物耳，饱食终日，不谙博弈，心不用贤，不为长此，已已可乎，有艺菊一事，足尽我之天职，足劳我之体肤，足快我之精神焉。"（同上：54）对此苏祖斐有深刻印象，称"古人有'采菊东篱下，悠然见南山'之句，我家也常年以菊为友，在宅院的东篱下遍种菊花……耳濡目染的，我对种菊花也产生了浓厚的兴趣"（1994e：3）。但此终属闲情逸致，特别其"心不用贤，已已可乎"——心无圣贤，似也可度日，虽是戏言，但与其"音乐院"之梦，相去甚远。读此目光短浅之文，笔者以为必须对曾志忞的音乐理想重新读解，而在秋高、菊黄、蟹肥之时，更易使人与其"酒嗜"相系。

结论

广学流慈。曾志忞的音乐事业，到底出于何种目的？客观说，仅慈善事业的副业而非主业，养育并对一切贫儿一视同仁，是其最基本的道德底线，音乐绝不是他的唯一。虽该院有培养贫儿的种种计划，并使他们能够在贫儿院毕业之后，找到一份适合的工作，以为糊口、求生、养家之道。这是我们对曾志忞"志向"进行研讨的重要前提，诚如该院在曾志忞逝世后的新院董高砚耘及其主管同人（以下引文，未署作者名，故如是说，且曹汝锦亦在世）所云：

连缀"职业"与"教育"而成为"职业教育"之一名词，始见于我上海教育界者，似不满二十年，忆我上海贫儿院创造时，尚未之闻也。然我院创立章程第一章，开宗明义曰"兼习文艺，使各成一能、一技为目的"，可见其时，对于职业问题已有相当之准备……乐队，贫儿院初创时，以慈善教育为主旨，故以音乐为感化之具，日后，以感化本院者推而感化社会；同时，以吹奏之中，为慈善教育之宣传，又为筹募捐款之交际，对于社会上婚庆祭奠礼仪，需喜乐或哀乐者，设例应雇，以所入资院用。其时，上海乐队仅谋得利等几家，一时颇受社会需求，而舆论相加，毁誉参半。此种工作历二十年，其间，或兴或替，总以社会需要而不能间断。但抱定宗旨，绝不使院生终其生抱喇叭梵哑铃等以过活。对内则规定，院生年岁身体相当者，必经此音乐课之训练。

至小学毕业时期，则宁舍此而另做升学或就业之正当事业……即出外吹奏，亦必由教师随队指导，力戒近时下流乐队之恶习，务使籍此认识社会上实况，而不为污浊所恶化，是本院乐队之应雇情形①，不可谓之职业之操习，仅可谓之副业之陶冶。（高砚耘等 1930：29 ~ 30）

笔者认为，"此"绝非高砚耘的独见，也是曾志忞生前贫儿院全体院董及主管们的集体共识，故，任何拔高曾志忞办院立意的解读②，都是不切实际的！而这种平实的主张在当时，是符合国情的。以音乐为职业，在 20 世纪 20 — 30 年代，难于上青天，尤其回首光绪帝御笔亲书的"广学流慈"四字，其除"学"外，我们不应忘记：该院是以"慈善"帮助天下广大贫苦无助的孩子为己任的，而绝非"广音流乐"，这是其基本立脚点，也是我们对其进行历史考察时，必需参照的重要标准。"无助"才是贫儿院"贫儿"入院标准之"不移"前提，有无音乐、艺术才能，根本不在施之"善举"前考虑的范围内，只是赶上有才能的，才对其进行音乐及各方面才艺的教育，而这，均为"副业之陶冶"绝非"职业之操习"！故，此看似平常之语词中，却透露了更大及最深厚的"慈爱"。以上为高砚耘代表贫儿院主事对该院宗旨最彻底的表白，其

---

① 关于该乐队之应雇，除各种婚丧嫁娶外，曾志忞曾专此有一该乐队为募捐而表演的报告，称："每礼拜六及礼拜日，在本院路口派儿发送慈善报内，夹慈善袋，一并令本院乐队同时试奏，计两周共送去慈善报三万六千余份。"［曾志忞 1910b(b)：2 版］同时，曾志忞对当时中西人士对音乐的态度，也附带进行了评介："中西人之音乐观念：本院乐队在外演奏时，凡国人之车马过者，无停轮稍听者；西人则不然无论汽车、脚踏车、马车，有按缰观听含笑而去者，此中观念之不同，至此益显。"（同上）此岂止是对音乐的尊重与否，更涉及对人及其音乐劳作的态度问题，曾志忞对此深表其"哀"，也在情理之中；而最重要的信息，是其乐队仅在为募捐演奏而非其他目的。

② 陈聆群先生曾在两篇文章中，表达了意义相近的如下话语："曾志忞作为学堂乐歌教育的先行者之一，试图从慈善事业着手，兴办以养育与教育相结合和普通教育与实业教育相结合的贫儿院，而在学科设置和实际教学中，加重和突出包括音乐在内的美育的分量，从而以其设立音乐科和创办管弦乐队之举，来实现其开拓新的音乐教育之路的理想。简而言之，就是想在中国走出一条与欧美近代音乐专门教育机构由 Conservatorio（孤儿院）而 Conservatory（音乐院）的相同道路来。"（2009：42；2013：111）

实在其接替曾志忞之前，高砚耘已将此意做了清晰陈述，其在《上海贫儿院概况》第二节"教育方针与设施"中，称：

> 尝闻大教育家蔡君（即蔡元培，引者）提倡美感矣，本院早主是说，音乐的陶冶，施行独厉，声乐器乐均备，清宣末季最"盛"，民二以后，"平"均进行，推其结果，涵养功夫，陶冶德行，虽无显著之效，然而练习听觉等，不无小补；至出外演奏，则偶为酬应之具，若以为终身营利之技，则误矣。（1922：5~6）

此时，曾志忞常驻天津，偶尔也会溜达到北京、上海，与高砚耘有密切来往。上引，除将贫儿院乐队"由盛而平"活动轨迹揭示，其点题之语：音乐对美育"无显著之效"、若将其作营利之具"误矣"！却极具震撼力，并彻底颠覆了学界以往"曾志忞办贫儿院之音乐志向判断"，以"论从史出"名义，这才是我们对慈善为本的上海贫儿院、曾志忞等先辈致以敬礼的"原点"及"理由"。

向负"时誉"。天下熙熙、攘攘，利来、利往之说，古已有之，特别当财富聚集到一定量时，必遭灾祸，所谓树大招风。而办慈善事业，既得民心，亦赢朝廷赏赞，一举两得，此乃功在当代，利在千秋，让利于民并可避祸之"伟业"，这是曾铸为子孙后代留下的最珍贵遗产，及韬光养晦并使其家族万代福长的"老谋深算"。但人算不如天算，特别就其后代遭遇的艰难困境，从曾志忞所办各种形式（甚至有的略显极端）的募捐、劝募中，得显冰山一角。虽曾志忞有精明财政头脑、干练组织措施，却在实践之中屡战屡挫、屡挫屡战并变换了各种手法——从慈善、教育、戏曲改革、办各种具教学性质的音乐教育"会"、出版印刷、编订教材、提出教育的具体设想，参与音乐创作乃至投身国歌作者行列，其他，如美术雕塑、绘画，甚至园艺、种菊、律师事务齐头并进，却终归失败，其间还屡遭兵燹，最终女贫儿院及家宅被袁军炮火焚毁是为哪般？至今，依然没有统一、令人信服的"结论"，其一生还屡遭诽谤、恫吓，这些虽属负面经历的表象，却显现了其人生的丰富与异彩。对此，我们既不能从一事、一桩论其志向，也不能从表面现象下结论，但其家族的"慈善大业"时誉，却有口皆碑并得朝廷奖掖；而曾志忑与音乐、戏曲的种种关系，只是其艰难困苦事业中的一朵"云霓"，它的飘忽不定，恰正反映了那个时代以此谋生的众艺人之艰难境况，最终，大浪淘沙的铁律所遗留的仅存硕果，有曾志忑种种音乐、戏曲、戏本、歌本、音乐理论教科书、乐论、音乐思想辙印、深痕，足矣！

彼此两曾。本文以平实的态度，从史料出发，对曾志忑的志向，进行了重新定位。另对长期流传的谬误，也予更正。笔者在此，尤其希望天津市政的相关部门，对曾寿渔堂这一处天津意大利风情区内、属天津市级"地标性"建筑，不能恢复本来面目，起码也要将现在的错误名称（曾国荃祠堂）更改为"曾寿渔堂"①，因此"曾"非彼"曾"也！之后，该地必将成为所有学习过抑或正在学习中国近现代音乐史的同仁、学子们朝圣、膜拜之地！当我们站在恢复了历史名称的"曾寿渔堂"前，联想音乐先贤、慈善大家曾泽霖（志忑）曾几何时在此工作、生活的场景，定会不胜感慨、思绪万千！在此，借光明日报出版社珍贵版面，笔者与所有研究曾志忑的同道，真诚相约：我们在天津意大利风情街（河北区光复道 37 号）、被重新确立为"曾寿渔堂"的曾志忑老宅见！笔者确为曾志忑史料，上穷碧落、下黄泉般，苦苦求索十数年而不弃，最终感动了上苍——使我得见如此众多、前所未有的"全息"曾氏史料，

---

① 此"堂"至 1944 年，产权依然归曾家所有，请看当时为曾宏燕所有的房契："曾寿渔堂"，验 3594，"中华民国"三十五年八月十七日，楼房六间，二间，过台三条，窨子二间，又一小间，地产价 14 万 3 千 3 百 73 分加五倍 86 万 2 百 38 元。立契时期，33 年（即民国卅三年，引者）12 月。（天津档案馆 1944）而在 1990 年代，据文件"和嫩 19 号"所记：该"堂"部分，为"光复道幼儿园"所占，原房主，记写为"曾志"，因记写人可能不知"忑"为何字，故漏记；占地 2208.82 平方米，建筑面积 659.23 平方米，并写明"公产"（无名氏 1990），这一归公过程的详情，待查。

正所谓"众里寻他千百度，回头蓦见那人正在灯火阑珊处"！（王国维 1909：6）即便此刻，笔者也不能说曾志忞史料"殆尽"，故有"之欤"之疑！因《曾志忞曹理蕴结婚三十年纪念册》、著作《四朝燕乐》及歌曲集《国民唱歌集》[线谱、简谱并行，且收录了十四首乐歌，曾志忞 1905f(b)：无页码] 还未找到，另据张若谷称：曾志忞曾于 1915 年前后，办《音乐观》（其为上海贫儿院院刊之一种）并得社会人士搜集抑或藏阅，后由高砚耘于 1925 年后续、办《新音乐观》杂志，其内容可做"音乐研究之范围、之方法、之代价、之面面观、与其他之关系等"（1925：2 版），可叹亦已散佚，但至少可得如下结论：

1. 曾泽霖（字"志忞"，家人至今称其"曾志文"）生于清德宗——光绪五年（丁卯 1879）戊辰月（10），殁于"民国"十六年（丁卯——"本命年"1927）戊申月（8）庚午日（4）①。

2. 曾志忞（1879 — 1927）与曹理蕴（1879 — 1968）于 1896 年 5 月结婚，翌年生曾宏杰（1897 — 1912），至 1926 年 5 月 17 日结婚 30 年，遗有《曾志忞曹理蕴结婚三十年纪念册》；曾志忞 1918 续取邬俊叔（1904 — 1950）为妾，生曾宏燕（1920 — 1997）、曾宏点（1922 — ）、曾宏然（1925 — ）。曾宏燕与马善如（1919 — 1995）于 1941 年结婚，生曾裔萱（1942 — ）、曾裔德（1943 — ）、曾裔萍（1945 — ）。

3. 曾志忞编《教育唱歌初集》（1904）在日本出版后，一版再版，至 1906 年出订正五版时由东京中国留学生总会发行，并于 1913 年与沈心工《重编教育唱歌集》（1912）同被江苏图书审查会选定，作为即将采用之书讨论，该书

---

① 仅其卒年，查中国所有著名学者如汪毓和、张静蔚、梁茂春、刘再生等（包括笔者 2014 年前多部）相关史论、著述，甚至《中国音乐词典》增订版（中国艺术研究院音乐研究所《中国音乐词典》编辑部 2016）、《音乐百科词辞》（缪天瑞等 1998）及各大主流官网"百度""百度百科""搜狗百科""360 搜索""必应搜索""中国搜索"等，无一例外均记为 1929 年。此言现可休矣。

共 76 页，以简谱形式刊载幼稚园歌曲八首、寻常（即普通）小学歌曲七首、高等小学歌曲六首、中学歌曲五首（共廿六首），附"乐典摘要""教授方法"及《蜂征曲》（五线谱，R. C. Miller 作曲）；其中《黄河》《杨花》《汝小生》《黄菊》《蚂蚁》均曾氏重要并风靡一时、影响甚广的乐歌创作，却被今人遗忘。

4. 贫儿院乐队成立于 1908 年，中西音乐会乐队与此一脉相承，其乐队主要成员，是 1906 年 6 — 7 月间"首回"、1907 年 6 月 1 — 30 日"次回"上海夏期音乐"讲习会"、1908 年 6 — 7 月间上海嘉定"音乐会"学员中佼佼者、曾氏本人（指挥）、第一夫人曹汝锦（小提琴）、高足高砚耘（贝大提琴）、冯亚雄（管乐）等。

5. 1908 年 8 月光绪皇帝赐匾上海贫儿院，并御笔亲书"广学流慈"[1]。其与此前朝廷对曾少卿抵制美货的打压态度，呈冷热两极，由此显现清廷最终对曾氏家族慈善大业首肯态度。

6. 曾寿渔堂 1916 年 10 月 27 日 — 11 月 24 日间始建于天津意租界五马路（见图 5.），落成于 1917 年 9 月 16 日 — 10 月 15 日间，严修 1917 年 8 月 21 日撰写了《寿渔堂记》（见图 9.），其遗址现在天津河北区光复道 37 号意大利风情街（见图 6.）。

7. 中西音乐会在北京的时间：1913 年夏季（7 月 24 日后，来京）至 1915 年 11 月 5 日（返沪）。1914 年 10 月 19 日，附属该会的"音乐济贫院"在北京挂牌并招 90 名学员。该会成员最盛期，超百廿一人。其有历史纪录的演出：1914 年 12 月 11 日"开场"，剧目有西乐若干曲及中西结合的新式"京剧"《大回朝》《黄金台》《砂碌痣》《天齐庙》《托兆碰碑》（由曾志忞、高砚耘主演）、《举鼎观画》《珠帘寨》；1915 年 10 月 16 日，假那家花园戏台，为曹汝霖"大堂会"演出《天水关》。特别曾氏主演《碰碑》的"硬碰硬"彰显了个性，但却落得"弓

---

[1] 上海贫儿院接到皇匾及悬挂日期，为 1908 年 9 月 22 日。据《申报》报道：御赐"广学流慈"额，"昨（22 日）……苏（即江苏——引者）提学司，已移曾沪道，转谕该绅董等，钦遵悬挂，以增光宠。"（无名氏 1908b：2 版）

炸弦折"，毕竟恶势力太强大，其"运命"太多舛。对此类人等之戏剧情节设计，既是历代艺人、剧作家的苦思"瞑想"，亦是对人生经验之深刻"领悟"。服软儿，似成"必然"？但曾泽霖绝不！此即铮铮铁汉曾志忞！

8.《天水关》谱本在1914年进入世人视野，并产生极大社会反响，其京剧锣鼓经的记写（谱本写有"新创锣鼓谱"），属"世界首创"，其对"摇板""字后拖腔"的记写、价值评说及认定，极富开创性。

9. 曾氏音乐作品及相应考证，是学界以往严重忽略的事项，特别对其记谱的《天水关》重排、对其音乐创作做出全面评估，亟待行动。

10. 曾氏遗作《四朝燕乐》《曾志忞曹理蕴结婚三十年纪念册》虽均未找到，但前者"序言"、后者严修《题诗》已被发现。

11. 曾氏京剧改革的路子及指导思想：中西结合、昆乱不挡。其可谓古为今用、洋为中用的先声。他从视传统音乐如敝屣乃至破坏，逐渐演变成对其自觉维护、建设的心路历程，成为传统文化衍展中重要、不可或缺且具表征意义的时代印记。

12. 曾氏执着于和声普及国人的先觉意识及在相应教学中贯穿着的多声部模唱实践、独特教学法，开普通教育音乐多声部训练先河。其在与徒弟高寿田共同打造的《和声学》（1914）被教育部认定为"是书体例明晰，文笔简达，准作为师范学校、中学校教科用书"（1914：5），说明该书对广大适龄喜爱音乐的青年教益无边并具"国家在场"而非普通音乐教材的"部级教本"意义。孙继南先生认为，此书"是我国最早刊行的、由教育部审定的一部和声学教材"（2012：49）。而关键在中国新音乐进程中，其所具有的"和声"乃至"多声部"先觉意识，并将其付诸了音乐教育、戏曲改革实践，是理论与实践结合并上升到新高度的体现。由此构成空前意义，即在"旋律加和声"时代，其不可或缺、举重若轻、引领风气。它已然为"中国人要么不作音乐，要做音乐，开宗明义的第一条就是得用和声"（赵元任1927：262）打好了地基。如果1904—1914年为曾志忞践行中国和声理念的年头，李叔同、赵元任、萧友梅、青主、黄自等则均属后来者。缘此，曾氏成为"旋律加和声时代"的排头兵。

13.1933年胡怀琛在《上海通馆期刊》"上海乐艺学概要"对曾志忞及其高足1907年创办"夏期音乐讲习会"的记载，加之身处上海的沈知白对曾氏从乐的深刻印象，将曾氏的音乐教育开启之功施以浓墨重彩，并在上音课堂实施了相关教学，1958年沈先生提请近现代音乐史学界"不要忘了曾志忞"至今，已过一个甲子，受其教泽的陈聆群1983年开启了"曾志忞研究"并将曾氏定位为"不应被遗忘的一位先辈音乐家"点燃了曾志忞研究的火种，此后，曾志忞史料在笔者艰辛挖掘中不断涌现①，缘此笔者数次发出"世纪之问：曾志忞史料殆近之欤"？在扎实的史料基础上，笔者将曾志忞历史情况基本摸清。

14.从曾泽霖少年至青年的题诗、考试、学习经历看，他既得中国传统文化熏陶，又受西洋、东洋文化浸泡，最终成一饱学中西之士。尤其他十八至廿二岁，在上海虹口圣方济各学堂、"法文公书馆"及随后日本"私立早稻田大学"的学习经历，筑成其中、法、英、日语言乃至文化基础，并在修习法律的同时，对音乐（歌唱技艺、钢琴演奏、音乐理论、乐队指挥等）、美术（素描、油画、雕刻）等艺术门类，或深入研习，或耳濡目染，而其演讲、演剧才能的培育、养成及其言论中所显露的点滴基督教文化旨趣，以致在投身管

---

① 2018年3月8日19点50分，接王振良先生转他的朋友王勇则先生找到的资料《参观曾祠及美术石工制造所记》（吉生1921：16版），这是一条与曾铸祠堂——曾寿渔堂——相关的新资料，称"久闻"该祠，说明其在当时已声名远播，并详细描述了该祠内部，特别对其膳室、画斋、电话室、客卧、斯诺克球房、浴室等器具之均系西式印象深刻，称"精雅绝伦"；另对祠外之"菊畦"、东隅之"日式小屋"（日本式园房）也有不少笔墨，并对此屋之寓意一再追问，曾志忞答："此屋建于东隅者，实寓触目惊心之意，屋虽小而实甚可畏，喻所指而无言，吾人不可须臾忘者也，如曰仅关点缀风景则末矣"。而吉生所谓曾志忞"固'深心人'亦'伤心人'也"（同上）云云，表明了此屋立于东隅之最终立意：不忘初心——背井离乡但矢志向东，因曾家之祖宅及祖居之所，均在东南方向，并且是曾家之敌袁世凯势力迫使其举家北迁，故天津虽好奈何沪东、闽东更好？据笔者观此日式小屋图像（图11.），更像一反省、体悟、修炼之"所在"，抑未可知。该材料最后一条重要信息，即：美术石工制造所，"设于祠下地窖中……有数十石工铮铮工作"，其艺术指导，除杨元科外，特别提及曾夫人汝锦——毕业于日本学校，精绘油画（同上）。此即曾志忞史料"殆而未近"的现实，大有没完了、层出不穷之"慨"，亦可谓一语成谶！因此后依然有大量新史料不断被笔者发现。

弦乐队、戏改时加入的中西混成乐队等作为，均与其庞杂"底根儿"有千丝万缕的联系。这是学界以往研究中被忽略、屏蔽了的史实与视角。而在中西文化的比较、鉴别、抉择中，最终回归传统文化，是"黄面黑发"[①]人群的必然选择。无独有偶，在"五四"百年之际，"非遗"成为"国家在场"、显露中国文化底色的"重头戏"，绝非偶然。其集几代人的思考于其中，曾志忞属最早先觉人士之一。而其"觉悟"在"五四"前，则更耐寻味。

15. 从曾志忞所建曾氏寿渔堂所处方位论[②]，其墓碑状建筑基座朝向东南（图13.），并在乃父肖像底坐竖排书记"上海曾少卿先生之像"九个金光闪闪大字（图7.），是对其上海、东南（福建同安）身份（Identity）的强调，此意志成天津曾氏寿渔堂家祠建筑群归属"上海"的醒目标识[③]；其矢志向东，携带出丝丝乡愁，浓浓归意。而高寿田（砚耘）"殆欲于北方混恶交流之中，籍以扬清激浊，模楷人群"（1919：26），方经（允常）"公闽人，其建瑞芝庄也，创贫儿院也，皆在江南"（1919：27）等词语中无意间流露出的对曾铸及其家族"南人"身份归属意蕴，表露了骨子里身份"认宗归宗"之潜意识。此二人乃曾家"亲弟子"，对师父（曾泽霖）及老祖（曾少卿）的心思，心知肚明。最终，由方允常、曾曹理蕴等扶志忞灵柩回老家上海嘉邑安葬时，在归葬这一步骤，由其亲弟子们以军乐、西乐为其安魂、伴送、祈福，圆满了曾泽霖海上人生的 A（生）B（离）A`（归）三部曲。

谨以此文隆重纪念上海曾泽霖志忞诞辰 140 周年（1879—2019）暨学界在沈知白、陈聆群先生倡导下对曾氏展开研究超 60 周年（1958—2019）！

---

① 出自王光祈 1931 年 2 月 26 日对国人的劝诫："现在西洋之大音乐家，固已成千累万，又何须添此一位黄面黑发之'西洋音乐家'？"（1931：2）

② 自 2014 年 2 月 24 日 14：00 时许以后，笔者多次在天津实地考察"曾寿渔堂"，认定其方位为坐西北、向东南，其建筑的底座形状，恰似一墓碑。（见图13.）

③ 在《曾氏寿渔堂家祠落成纪念册》中，曾志忞所写文章落款，均刻意书写"上海曾志忞"，亦其属地意识的表露。

跋：缘起·历程·致谢（acknowledgement）

2005 年春夏之交，陈聆群先生托笔者找一幅他曾在中国艺术研究院非遗展览中见到的"梅兰芳题赠、书画给曾志忞（泽民）的扇面"，之后开始了长期寻找历程，没成想这一"找"即十几年——至今那个扇面依然杳如黄鹤。而对曾志忞的研究，则非起于 2005 年，之前之后，笔者发表过多篇涉及曾志忞的文章：

1994

《论国乐改进观念的衍变》，刘靖之、吴赣伯编《中国新音乐史论集·国乐思想》[A]. 香港大学亚洲研究中心。（60 千字）

2007

《美育之兴起、确立及景观》[J]. 武汉，《黄钟：武汉音乐学院学报》2007年第 1 期。（18 千字）

2011

a.《音教争执：以"辛亥"前后音乐教育为例》[J]. 武汉，《黄钟：武汉音乐学院学报》2011 年第 4 期。（17 千字）

b.《淬本而新：文化退潮现象研究》[J]. 天津，《天籁：天津音乐学院学报》2011 年第 4 期。（16 千字）

线索

首先找到天津的周会生先生，他于 2009 年 5 月 16 日 22：02 分在网上发帖称："望曾铸后代尽快与我联系"……因他拥有一尊张謇于民国八年九月题写的《曾少卿像赞》石碑，虽残破不全、字迹模糊，周先生称该石碑"被天津有关部门评定为'无价值'，让我自行处理！不知道曾铸后代如何看待这件事"……故才发帖……经多方联络，终在 2014 年 2 月 14 日下午，造访了周先生，参观了他所保留的这块与曾寿渔堂密切相关的石碑——张謇题"曾少卿像赞"（《曾氏寿渔堂家祠落成纪念册》方经 1919：32），因石碑重达数砘，如何运到他家窗外？从王振良先生（时为天津《今晚报》副刊部主任，天津古建筑鉴定专家）处得知，周原为吊车司机……由周引领，笔者找到曾寿渔堂（因在"文革"时，周曾在此居住多年，据称是当时单位分的房，并与多家共住；后此房也曾一度改为公立幼儿园）原址。

2017 年 7 月 8 日，与曾志忞的外孙女婿方联先生下午 6 点电联，谈及他姨妈曾裔萱、舅舅曾裔德、丈母娘曾裔萍等人、事，并寄相关照片……方先生是见到我发刊的文章（李岩 2014：14 ~ 32）后，想与我联络并颇费周折。

后又与天津另一相关人士王振良先生建立了书信往来，还互赠了相关的资料，在我提供给王振良先生《张季直先生像赞》（方经 1919：32）资料后，他 2017 年 7 月 16 日上午 10：15 分来信称：

李老师左右：

这个资料很有用，将促使我尽快完成一篇文章。所谓"曾国荃祠堂"，牌子是挂错了，其间我曾起过误导作用——这是我十多年来，利用个人总结的"三重证据法"（见图 17.）确认历史建筑身份过程中，出现的唯一失误，但也是极为重大的失误。几次推动有关部门更换牌子，但以手续繁杂总是没有效果。因此一直想写篇文章，交代前因后果予以澄清。

谢谢您的资料。谨此恭祝

夏祺

王振良，2017 年 7 月 16 日上午 10：15 分

进展

2017 年 9 月 10 日与曾裔萍、老公杨正行，女儿杨芮蒨、女婿方联，在上海会见，于共进晚餐时得知：曾家后代，现仅曾裔萍一家人在沪，余皆生活在美国。

2017 年 10 月 11 日下午 3 点与王振良（现天津师范大学新闻传播学院教授）会面，并到他倡建的"问津书院"参观，他倡导的"问津文库"已出版 60 余种各类与天津风土人情有关的论著（图 22.），晚间由王振良先生做东，在"津菜典藏"共进晚餐。

2017 年 12 月 18 日下午 3 点，在天津河北区意大利风情街巴黎式经典法餐厅，与曾裔萱、老公刘天启（外科医生）、曾裔萍及女儿、女婿方联会面；晚 7 时，与曾裔萱一家在天津"津菜典藏"聚餐（见图 31.），天津音乐学院副院长靳学东在座，谈及她们已过世母亲的身世。

2017 年 12 月 19 日上午 9 时，在天津远洋宾馆，与曾裔萱一家再次谈及家事，王振良先生在场。这些会面均对笔者的写作，产生了实质性影响，之后笔者每当写出一稿，均请曾氏姐妹、王振良、方联等人审阅，其中一次与曾裔萱通信中，谈及图 16 中最右边的第五人，请她辨认。

2018 年 10 月 4 日上午，接曾裔萱发自美国的微信，内容如下：

非常感谢您的艰辛研究，祝贺您终于完成您的杰作。作为曾志忐的后代更是万分感激。希望我们后会有期。看了您的照片，我不知道最右边的那位是谁，我记得曾看到过祖父祖母在日本留学的照片有曹汝霖好像还有冯亚雄或高砚耘，我得回家查看对照，最近我在儿子及我朋友家，十月十日后才回家。

到时我会找这照片。

2018 年 11 月 26 日，与曾裔萱、曾裔萍及家人，在上海见面，提及曾志忞家族最重要的人物管家方经的事情，曾裔萱为笔者提供了一张方经于 1927 年上半年为曾志忞五十大寿订制的象牙质地观音菩萨像照片（图 18.），虽其业师曾志忞可能并未见到这尊佛像，但却留下方经唯一存世的遗物——并有方经手书：夫子大人五十大庆，受业方（从吉）经拜祝——这是笔者所见与曾志忞相关的最重要一件实物，同日晚间，与曾裔萱、曾裔萍姊妹最终确定图 16. 中最右边一直不详的人物"方经"，由此解决了一桩悬案，地点：上海明珠大酒店大堂（图 23.）。27 日，在曾家安排下，与其家人游玩上海广富林，据说是上海的发源地，现尚对外全部开放……不久，即 2019 年 2 月 27 日 01：03 分，从美国传来好消息，曾裔萱终于找到了那张照片（图 29.），她从美国发来的微信称："我终于找到了祖父、母留学日本的照片和底片……我估计此照片摄于日本，可惜很不清楚……"但对笔者而言已十分珍贵了，在此特向曾裔萱老师致以谢忱。

成果

自 2014 年始，笔者陆续将曾志忞研究"心得"发表，以飨学界，如《广学流慈：曾志忞史料殆近之欤》（2014）、《世纪之问：曾志忞史料殆近之欤》（2018a-b-c；2019），头篇，曾得中国社会科学网（http://www.cssn.cn/ysx/ysx_ylx/201601/t20160127_2845513.sh tml）、中国人民大学复印报刊资料中心人文社科学术精华（http://www.rdfybk.com）官网提携，全文转载，但上文均有遗漏或瑕疵。虽有"瑕不掩瑜"之说，但"写错一字我心彷徨"！恳请读者以此著为研究曾泽霖志忞的最终版本；而一切结论，如两中西音乐会之关系等，尤其曾泽霖生卒年月，请以此为准、为盼。即使此刻，文中依然有不把牢处数端：1. 光绪帝在临终前数月，能否拿得起御书"广学流慈"四字之笔？据目前史学界研究的最新成果：光绪死于砒霜中毒。与凶手至今没有结论不一样，此四字是被皇家典籍《大清德宗皇帝实录》卷593在戊申年六月廿三（丁丑）日明文记载了的确凿事实，即使我们不能假光绪皇帝之手（因此时他已病入膏肓，经常处昏迷状态），但假其名义，是无可疑义的！ 2.1918年以后，曾志忞完全放弃了一切与音乐、戏曲、教育（自称：弃儒、弃法、弃伶）等相关事宜而专心雕刻、园艺、种菊……是为哪般？其中"园艺"对曾志忞意味着什么，还自称"寿渔园子"？查此事端倪：宣统元年十月初九（1909年11月21日）由上海环球社编《图画日报》，既载《贫儿院之吐气》画面（见图32.），说得是前三日（11月18日）上海西商"时花会"开幕在即，组织者因见贫儿院园艺科年龄在12岁左右院童所种各种花木极佳，特邀该院参加是次盛会，这对国人而言是极高荣誉并大书特书："噫，若贫儿院者，可谓稍为吾教育界吐气者矣！"（《图画日报》1909：12）图中是否将曾泽霖入画？其此后乐此不疲的原因，仅是一种兴致，还是有特殊情状？不明。但无疑这是与曾志忞及其该院"园艺科"有关的重要历史图像！ 3.本文关键处数度出现的"方经"这一人物到底与曾家关系若何？他1907年春随曾志忞到日本东京，两年后加入贫儿院事业，自称："经……宣统纪元入贫儿院寔习庶务……"（1919：28），即1909年入贫儿院干杂务。其文采，经笔者文中描述，已有所领略。而1921年方经所书："登此危楼百感盈，惊心偏是角茄声；绿杨摇曳旌旗动，何日中原罢战争？"（原注："时奉军入关"，1921：5）则表明了对时政的特殊关心——其既有身经炮火、兵燹之乱的亲身感受，亦有此类事项再度光临曾家的隐忧；书画作品，从其存世的两幅画作（一为《美女刷马图》1928：无页码；二为《宝山方允常为曹豫材先生画归稼图》1929：72）中，艺术情趣得以观赏并由此对"中华美术石工制造所"广告词中所谓"绘画方允常"有更深理解之可能性；最重要者，曾志忞在日本的音乐事业所出版发行之前、之中，呈现的有文采并富寓义之广告词［现举二例：1.在日本东京1903年10月20日出版的《江苏》第7号中，有一则广告（见图33.按：原版以整张红色光纸印刷，类似今日之套红"号外"），呈请"教育家及音乐家""看 !!! 看 !!! 看 !!!"（每个看字后、附三个惊叹号）并称：上海曾志忞编辑的《音乐唱歌及教授法》，是"文明国宝"，这种广告辞极富召唤力。2.1904 年 9 月 24 日在日本东京出版的《新民丛报》，曾志忞译作《乐典教科书》的广告辞称：《乐典教科书》"原著即为日本乐学第一善本，译者复精心结撰下简明切近之解说并附图数十幅，凡欲专门研究乐学者得此，固可涣然冰释，即欲粗知大略者读此，亦殆可无师自通，诚空前之良著！凡学校职员及教育研究会之有志者，皆不可不各手一本也！"（1904f: 1 版，见图 34.）其在推书的同时，还对曾志忞当年在东京创办的"亚雅音乐会"进行了推介，并对教育的实质点评抑或批评："体育与乐教，皆为精神教育之最急务"（同上）此在当时堪称一时之"独步"，离将两者上升至"美育"仅一步之遥；而国人对此，除认识欠缺、并基本"不得其法"（同上）。此刻，曾志忞提供世人《乐典教科书》的重要性及广告的时效，由此显现]、在归国后各种音乐、戏剧行迹及与曾志忞相关艺术作为报道的背后，均有一坚实、生动、迅即并富文采的"笔杆子"，其即方允常抑或方在曾志忞指导下所为？待查。有一点无可置疑：方经是天津曾寿渔堂、上海嘉定瑞芝义庄、北戴河燕燕山房的账房，曾随曾志忞夫妇到日本（时长待查），后长期与曾家共进退，并编辑了曾家的大量文稿，他无疑是与曾家息息相关的重要人物。

其次，从曾志忞"去夏得一'佳会'"（1915: 1）话头谈起，在 1914 年夏，曾氏得"中西音乐会"，但从何人手中买得？化多少银子？不详。可以说，曾志忞从 1913 年 7 月 24 日来京后就一直在找寻这样的机会，至 1915 年 11 月 5 日中西音乐会全体返沪，1914 年夏季恰在当中，正是这一年的 5 月 15 日，上海贫儿院派年长院生三十一名由高砚耘、冯亚雄带领赴京，加入由曾志忞发起组织的中西音乐会研究中西音乐。（贫儿院 1922a: 49），10 月 19 日，曾志忞又加大投入力度——办"音乐济贫院"并挂牌招生 90 名学员（走 1914: 2 版），在 11 月 30 日"往曾志忞所设之音乐济贫院参观"的严修，"适（逢）贫儿演《沙陀国》之旧剧，而以军乐为之节……"（1914b: 7429）此被严修撞见之场景及年底（12月11日）中西音乐会开场演出，在西式乐队伴奏上演的传统大戏《大回朝》《黄金台》《砂砵痣》《天齐庙》《李陵碑》《举鼎观画》《沙陀国》等，其中《李陵碑》由曾志忞与高砚耘主演（无名氏1914b: 3版；申报1914: 6版）之珍贵演戏场面，可谓曾氏戏改的"夺人声景"，而其背后的运作、经营、策划及人才的全面培养——甚至包括票房效益亦考虑其中，绝对前所未有！问题是：其苦心经营近两年后，是否将其转手溥侗？同名、运作性质相同的两"中西音乐会"，毕竟根脉唯一，况且，曾志忞对此倾注了极大心血与热情！律师出身的曾志忞也不可能在没有任何说法的情况下，允许同名"中西音乐会"继他之后招摇于市。

第三，目前已完成《曾泽霖志忞考》（附照片34张、《年表》及《曾氏寿渔堂家祠落成纪念册》）的全部写作、编辑以飨研读者，时间：2018年10月2日晚8时；2018年12月29日、2019年1月16日，最终修订于2019年6月21日。

第四，请音乐家将曾志忞所创六首乐歌进行了录音，由秦雪峰（我的博士研究生）牵线搭桥，联络他同学操办此事，录音小样的录制及排练过程：

《黄河》《黄菊》《蚂蚁》录制于2018年11月20日，《汝小生》《杨花》及《新》分别录制于2018年12月2日、2018年12月31日。地点于石景山区青少年活动中心排练厅，录音设备为苹果8X手机，原始文件M4A格式后转码MP3格式。由北京市石景山区青少年活动中心教师王铮指挥，北京市石景山区童声合唱团演唱。

王铮，北京市石景山区青少年活动中心合唱指挥，首都师范大学音乐学院合唱指挥专业硕士，中国合唱协会会员。曾担任北京大学百周年纪念讲堂室内合唱团、北京市石景山区童声合唱团常任指挥。多次率团赴德国、日本和中国香港、哈尔滨、内蒙古等地进行交流演出，在北大百年讲堂举办多场合唱专场音乐会。

北京市石景山区童声合唱团，成立于2016年5月，隶属北京市石景山区青少年活动中心，是石景山区唯一校外教育机构童声合唱团，该团致力开发童声合唱精品课程，发挥合唱美育功能，实现校内外艺术教育的有机融合，推动了石景山区童声合唱教育事业的高速发展。该团于 2017 年、2018 年先后举办《最好的未来》、*Remember Me* 与《只要我拥有音乐》专场音乐会，取得良好的社会反响；2017 年 8 月，曾赴德国参加中德建交 45 周年艺术节并获童声合唱组金奖；同年 11 月，参加北京市校外阳光艺术节合唱展演获银奖；同年 12 月，参与区教委主办的校园好声音决赛现场开场演出；2018 年 1 月，合唱团献声石景山区新年合唱音乐会，并亮相北京卫视频道；同年 11 月，在石景山区青少年活动中心成立 60 周年纪念演出中"压轴"；同年 12 月，举办专场音乐会。此外，该团还曾多次为各类歌曲和电影配乐灌制录音。在此笔者感谢指挥王铮及他的合唱团、秦雪峰为曾泽霖志忞研究所做出的无私"奉献"，正是他们，将已经消逝了一个多世纪的曾志忞"原声"复活，其功莫大焉！

以上文字，初记于 2018 年 10 月 6 日国庆节假日中，补记于 2018 年 12 月 29 日、2019 年 1 月 10 日、2019 年 1 月 16 日、2019 年 3 月 3 日、2019 年 5 月 1 日、2019 年 6 月 21 日、2019 年 12 月 4 日、2020 年 2 月 2 日、2020 年 3 月 15 日。

总之本文写作颇费周折，历十数年，改稿已无法计数，仅 2017 — 2018 年间，就达 50 余次，并经多人无私提供资料，在此，特向陈聆群、王振良、曾裔萱、曾裔萍、方联诸先生、女士，一并致谢；特别 2018 年 7 月 27 日下午 7:48 分张静蔚先生致电笔者，称本文之写作，如不加入对曾志忞《歌剧改良百话》的评述，将成一大缺憾，遵先生建议，笔者加入对此文的述评及相应研究，才成今日完稿之规模，先生真金石之见也，特记数语，以志纪念。

最后，笔者对国家图书馆古籍馆向"中国国家图书馆藏品"——方经辑《曾氏寿渔堂家祠落成纪念册》中图片在《曾泽霖志忞考》的使用"授权"——授权日 2020 年 12 月 1 日，表示最诚挚的谢意及衷心感谢！

《曾泽霖年表》

曾泽霖（字志忞，号寿渔园子）年表

题解：曾志忞跌宕起伏的人生，是由众多历史事例铸成，故不将其一生节点述列，不足以展示其多彩、传奇。以下以年月为经纬（清末，纪以阴历，民国则改阳历），将其一生最具代表性的事件叙列，虽不能达"叙一人之道德、学问、事业，纤悉无遗而系以年、月、日"（朱士嘉1941：2），仅其大略，但也达相当规模，姑且暂称"年表"。

1879，**光绪五年十月**生于上海。

1893，十四岁

虚十五岁，正值"髫龄"（以下均以实岁标记），应上海县"松江文童府试"，赋《采芹》诗。（申报1893：3版）

1894，十五岁

十一月初四（11月30日），先期与其他考生集结县署。初十（12月6日）候考，十四日（12月10日）参加"县覆试"，作诗、文各一道，诗题以"花榜题名"之"花"，作"五言六韵"一首；文题"道善则得之"，十六（12月12日）出榜，榜位在第八十一。（申报1894a-d：3、2版）

1896，十七岁

三月初二（4月14日），参加上海县试首场，初十（4月22日）覆试，十三日（4月25日）三试，十六日（4月28日）正试，榜位列十八，五月廿一日（7月1日）正覆试，廿三（7月3日）正覆二试，榜位排第六，廿七日（7月7日）正覆三试，榜位回第八位。（申报 1896a-g：3、2、3、2、2、2、2 版）

四月初六（5月17日），与同庚曹汝锦理蕴结婚。志忞姐苏曾泽新称："弟取曹氏年余，举一子，府君（曾铸，引者）名宏杰。"（苏曾泽新等 1919：2）

1897，十八岁

入圣方济各学堂（位于上海董家渡），每逢暑假，该堂必令学生演行故事，曾泽霖对此记忆深刻。（1910g：5 版）

1898，十九岁

三月廿四日（4月14日），参加提督江苏学政瞿子玖大宗师组织的考试，首题：假道于虞（通场，必考）；次题：必也临事而惧（选择）；诗题：赋·得孔氏如天，孰得违得天字。曾泽霖的成绩排第廿二名（申报 1898：2 版）。此年遵父命，在新建成之瑞芝义庄写下两行柱铭"修德行仁祖父刱万年之业、抱忠存恕子孙守一贯之传"，此正值"弱冠"。

1899，廿岁

自云："先严于前清光绪二十五年，岁次己亥，在江苏嘉定县创立曾氏瑞芝义庄，庄成，训志忞曰：'义庄初创，规模稍具，汝其完成而扩张之'……"（曾志忞 1919a：7）即此年当义庄落成后，曾父命其打理"义庄"；又云："初年二十一，曾学于虹口方济各学堂，堂乃小学而附收在申西人之孤儿者，寄宿半载，旦夕觊教养之法。"（1909a：4）即此次又入该堂学习其教儿之法，事后曾说"贫儿院之萌芽，及今思之，已发生于彼时。"（同上）

1900，廿一岁

冬，自云："庚子冬，志忞由沪移居庄宅，理庄事，越年辛丑（1901，引者），经理事务大致楚楚。"（1919a：7）即庄事在其手中理顺。

1901，廿二岁

四月十九日（6月5日）参加由江苏提督学政李葆墀组织的松属七县文童考试，此试分正取（三十名）、次取（若干名），曾泽霖在后者；同年，入法文公书馆，逢暑假亦必演剧。（曾志忞1910d：6）

七月，入日本东京早稻田大学预科，有照片为证。（图19.）

1902，廿三岁

梁启超1903年11月2日发文，称："'去年'（1902年，引者）闻学生某君，入东京音乐学校，专研究乐学，余喜无量……"（1903：1）据此，多位学者指其为曾志忞（张伟2008：B13版，等），但据历史材料，此应指曹汝锦理蕴，因《松江留东学生调查录》（图4.）中仅曹汝锦理蕴的留日时间为光绪壬寅五月（1902年6月6日—7月4日间），学校为"东京音乐学校"（申报1905a：3版），当时曾泽霖志忞则是"早稻田大学豫（通预，引者）科"学生（同上），入学时间（辛丑），也与梁所谓"去年"（壬寅）不符。虽有其自白："壬寅（1902，引者）秋，乃有游学日本之行。"［图4.（申报1905a：3版）、曾志忞1919a：7］但关键在以下证词：其"身虽异域，心无日不在嘉庄（义庄之简称，引者）也……先严陈述：嘉庄设立小学之不可缓……癸卯暑假归国，计划校事，定名曾氏瑞芝义庄小学校……校成六月阅（六个多月，引者）、规模大定，又赴日就学"（同上）。上引时间虽均"大概齐"，但由此推算：至1903年冬，曾志忞才重返日本学习，是不会错的；由此也验明了曾志忞1902年5月在日本弘文学院的学习记录（无名氏1902：69）是当年"暑假"结束、这一历史事实。而弘文学院是1902年1月，由嘉纳治五郎创建、至1909年关闭，其

间入学者 7192 人、毕业者 3810 人（转高婷 2009：68）该校以教授"清国留
学生日语以及学校教育的其他课程"（同上：69）为主，曾志忞显然属于短暂、
临时的学习者。

1903，廿四岁

　　七月廿八至八月初一起，在《江苏》（第 6 期）发表的《乐理大意》（1903a），
是首篇介绍五线谱原理及相应知识的文章，在该文续篇广告页中，称音乐为
"文明国宝"，并加"唱歌及教授法"（志忞 1903b：58）条目。配合此题，刊
载乐歌《练兵》《杨子江》《秋虫》《海战》《游春》《新》（同上 c–h：59～74）
六首，除《游春》《练兵》《秋虫》《海战》为简、线对照外，《新》《杨子江》
纯配线谱，是清末首批见刊的五线谱乐歌。《秋虫》未辑入《教育唱歌集》
（1904）；《新》在此歌集，重新以《运动会》填词 [（佚名 1904：28～29）] 时
改了节奏与个别音。其中《练兵》所充盈着的"战盔""战甲""炮兵""辎重"
（1903c：59）、《海战》"先锋冲突向敌舰，如入无人境，轰轰大炮烟焰飞腾（同
上 f：67）酣战海神惊"（1905e：33，后改的词）等，是甲午海战时国人向往
胜利的"希翼"，并有"将士归来人钦敬，腰挂九龙刀"（1903f：67）之欢庆
胜利"景象"。虽想象之"丰满"不能替代战败的"骨感"，但曾志忞以浪漫
的乐歌永存于国人心中那份对胜利之美好向往，也算一种创剧痛深后对国人
心灵的精神"抚慰"，同时表露了其骨子里"永不言败"之韧劲儿，这才是最
早"乐观"派、充满胜利情怀及必胜信念之"抗日歌曲"。

1904，廿五岁

　　曾志忞自云"志忞自甲辰入早稻田大学部"（1919a：7），也即 1904 年曾
志忞进入研习法律课程，但同时开展了大量音乐活动。在《东京音乐学校中
国留学生名薄》中，曾泽霖（志忞）学习唱歌、钢琴选科的记录，从 1904 年
持续至 1907 年（转张前 1999：372～73），证明其法律与音乐的研习齐头并进。

　　四月（5月13—18日），发《教授乐理之初步·附图》（1904b：1～14，均以五线谱示例）中，有一意味深长之问："是非假用欧洲通用乐谱，而和以本国歌词权以应用？——歌词固不可不用本国文字……"（同上：1）表现出"犹豫"，实乃践行时之复杂局面造成，但最终"曲谱当以五线谱"之坚定语词，是普及五线谱实践权衡后的最终决择并应用于1914年改良京戏谱《天水关》中，那时语气，已变为改良京戏"非识五线谱不可"（1914a：48），从"当"到"非用不可"之层级递进不可小觑，既其思想由徘徊到不可移易之真实写照，也是其实践层面最深刻的切身体悟。在他看来如此简单的五线谱却在实践中遭遇前所未有阻力，令其百思不解以致开骂（同上）。该文（1904b：1～14）是《乐理大意》（1903a：1～8）的续篇，主讲和弦及模唱。和弦，涉及次中和弦外，含盖上主、属、下属及中音（介于主、属之间）各功能和弦。模唱，则分九声部。其训练乃至建立国人的和声功能听觉体系的作为，走在了时代的前列。

　　十五（5月29日），刊发《教育唱歌集》，以简谱形式刊载幼稚园歌曲八首、寻常（即普通）小学歌曲七首、高等小学歌曲六首、中学歌曲五首（共廿六首）［当年八月，翌年三月、九月（订正四版）时，附"乐典摘要""教授方法"及《蜂征曲》（五线谱，R.C. Miller作曲）］，表明其在推行五线谱时的"策略"调整——暂用简谱。

　　五月（6月14日—7月12日）间，在东京成立"亚雅音乐会"，照《专件》（曾志忞1905c：1～4）叙述，"开会"（因有部分毕业生，故有"卒业式"——为毕业生送行含义）在7月17日，与严修参会后日记"六月初五"（1904a：211）一致，只是《专件》未说几点开始，而严修则清晰记写了8点，其过人的细致，为史料增添了一重要时间信息。该会前身为光绪廿八年十一月（11月30日—12月29日）沈心工于江户留学生会馆开办的"音乐讲习会"，后沈回国，由曾接棒——成为该会各项活动的"召集人"，并得同志五十余人，分普通乐科、唱歌、军乐三科（每科习三月共九个月时长），铃木米次郎为总教习，"开会"者除日本教育家伊泽修二，共百三十一人参加，其间有沈强汉昆曲清唱、华倩朔笛子独奏、潘英（女）独唱、陈彦具（女）风琴独奏、曾志忞夫妇钢琴合奏等；

《专件》附三首"开会"演唱歌词《大国民》①《东京留学》《送别》，尤其最后一首对来日多年的曾志忞，别有一番滋味在心头，其在同年自作词曲《纸鸢》——风筝"来也轻轻去也轻"、《杨花》——即柳絮中立志："莫学癫狂柳絮"飘来飞去，并在"不久长亭旧友分手"等词曲中，流露了"归"意。此刻严修记录了曾志忞10时"开场白"及其夫妇钢琴合奏场景。（详严修1904a：211）

　　七月初一（8月11日）《安徽俗话报》（芜湖）发表《蚂蚁》（学堂唱歌）（词，曾志忞1904c：16），此歌被某家称"救亡歌曲之鼻祖"（玉足1936：2版），但其更多是比附而非直抒胸臆，远不如《海战》来得坦荡，直接。如它是"鼻祖"，那与此歌同期被梁任公在《新民丛报》推崇之杨度词、曾志忞谱曲的《黄河》（1904）"思得十万兵，长驱西北边……誓不战胜终不还"与俄国人在乌梁海决以死战之"情怀""意志"算什么？抵御外侮是曾氏父子心中挥之不去的情结，前有曾铸"抵制美货"、后有曾泽霖"日本音乐非真音乐"——对日本现代化音乐进程中抄袭欧美的深刻反思，故其此等意志绝非"鼻祖"两字可以担当、了断。

　　七月十五（8月25日）译补《乐典教科书》（1904d）在其《自序》开头发"大破坏"论，但即刻提出音乐与学校、社会之两对关系，在后者：应德育（忠孝、公德、自治、独立）、智育（普通知识、农工商实业）、体育（尚武精神、敏捷举动）并进，乃"社会腐败以音乐感动之当今急务"（同上e：3～4）、良方，其中传统道德、农工商实业、尚武精神加敏捷动作之整体要求，是清末儿童少年时代神采的新表征。而音乐（包括歌唱及器乐操习）成为达标的关键环节！其立意可谓高远！此清末"三育并进"绝不应忽略！此后，曾志忞正是沿着歌唱、器乐教习并进的方式展开工作，并翻译、译配、创作了大量乐歌、风琴、乐理教科书等，可谓齐头并进；另，该书内分乐谱——音符、休止符、谱表、音程——音阶、口调（曾自云"自声音一定之强声"，即重音

---

① 该歌与李叔同填词的《祖国歌》略同——仅尾句"呜呼大国民"，李叔同改为"乌乎"并加"唯我大国民"，缘此，多位学者置疑该词"是否为李叔同首填"。（张静蔚1983a：73～4；郭长海1998：52～3）

的有规律重复，引者）——拍子、诸记号——（音乐术语之）略语，是目前所见较早示例均用五线谱的乐理教科书；该书内容：在《绪言》，首先论述了声音、乐音的物理属性，继而介绍男女各声部、管弦乐队乐器分类；并对各声音发生的物理、数理、振动的弦长比加以概述。在以下各章节，论述了（1）乐谱——五线谱之音符、休止符；（2）时值；（3）音名、唱名；（4）谱号；（5）大谱表；（6）音阶（对全音阶、半音阶、及各类音阶均有论列）；（7）音程、和弦、调式、调性；（8）记号及略语〔包括各种记谱符号、拍号、升（称"婴"）降（称"变"）、速度、表情术语、移调（即转调法则），详 1904d：61～91〕八大项，基本含盖了基本乐理的大致内容；尤其在"附记"对传统五声音阶之"雅乐音阶"，予以特别介绍："吾国古来所称之五声，曰宫、商、角、徵、羽，曾用于雅乐……中国雅乐音阶有两种，一曰吕旋，一曰律旋。吕旋者，于五声音阶加变徵变宫……律旋者，于五声音阶加婴商婴羽两音，与旋律下行的短音阶相似"（同上：51～52）；其对"吕旋"的解释，即雅乐音阶（正声音阶），是正确的；但对"律旋"以旋律小调解释，则有以西套中之虞，并有错音（详下）。照此，可勉强排列为"宫－婴羽＝闰－羽－徵－清角－婴商＝ᵇ角－商－宫"（同上，笔者将其中错音"角"校正为"清角"）之不中不西、亦西抑中之"旋律小调"。既然以西套中，则"变""婴"必假西方"等音"概念。而中国传统音乐之三分损益抑或五度相生律，其左旋（升音）、右旋（降音）序列，定会产生互不相等的升律结果。这无疑是中西语境生发的"龃龉"；再者，中国之"六吕""六律"分阴阳，是以黄钟、太簇、姑洗、蕤宾、夷则、无射为"律"（阳），大吕、夹钟、仲吕、林钟、南吕、应钟为"吕"（阴）。显然，曾氏"理解"，非立于此基、而是以西方大小调为前提的"假想"，但以其对雅乐音阶的理解并返观《黄河》及《杨花》等创作所使用的"下徵音阶"，却绝非偶然、是在刻意突出"民族性"。在清末，前虽有葡萄牙传教士徐日昇（Pereira Thomas 1645 — 1708）《律吕纂要》中文抄本、意大利籍传教士德里格（Pedrini Theodoricus 1670 — 1746）编纂的《律吕正义续编》、美国传教士狄就烈（Mateer, J. B.1837 — 98）编著《乐法启蒙》、英国传教士李提摩太（Richard Timothy 1845 — 1919）与夫人玛丽·马丁（Mary Martin）编辑的《小诗谱》等，对西洋乐理进行了程度不等的推广与普及。此时段产生巨大影响的这类著述中，惟曾志忞的译著在借鉴西洋的基础上，将传统雅乐音阶、下徵音阶等，与创作实践进行了结合——学以致用。除此，其虽译著，但渗透了很多曾志忞意志如：译者《自序》（1904d：1～4）、《乐典教科书·序言》（同上：1～14）署名："上海曾志忞译补"·"附记"（同上：51～52）等。

八月十五（9月24日），刊《新民丛报》1版曾志忞、梁启超参与撰写的推广《乐典教科书》广告词，对上书进行介绍并对其意念有所阐发，称："体操与音乐，皆为精神教育最急之务，稍通教育学者，类能言之，我国前此于此两端，皆忽略焉。近则多知体操之为急，官立私立各校皆有此科矣，惟音乐则仍阙如。固由国民未或注意于此，抑亦虽注意而不得其法也！东京留学生中有志者，因鉴于是，发大心愿，往音乐学校肄业者，既有数人，至今秋，遂有亚雅音乐会之成立。此实国民教育前途之一进步也！此书为该会发起人曾君所译补。曾君尝为（前此已有所作为，引者）学校唱歌集，经《新民丛报》屡次介绍，其价值既为识者所同认。今复萃精力以著此书。原著既为日本乐学第一善本，译者复精心结撰下简明、切近之解说，并附图数十幅。凡欲专门研究乐学者，得此固可涣然冰释，即欲粗知大略者，读此亦殆可无师自通！诚空前之良著。凡学校职员及教育研究之有志者，皆不可不一手一本也。"（曾志忞 1904f：1版）该广告名头：日本高等师范学校教授铃木郎（原著）、上海曾志忞（译补）。即在翻译过程中，有种种补充——为曾志忞新加的内容，此广告具有的重要意义（向被学界忽略者）有三：一、1904年秋季，曾志忞已正式进入东京音乐学校并就此发"大心愿"由"光绪三十一年志忞表示研究音乐之照"题记（图12.）映证。二、体育、音乐为美育之两端，当体育已被国人重视、欲扫"东亚病夫"恶谥时，却独忽略抑或不得法于"音乐"，曾志忞此时出《乐典教科书》乃"及时雨"。在此书自序曾志忞发"欲改良中国社会者，盍特造一种二十世纪之新中国歌"（同上 e：4/211）呼声（下标日期"甲辰八月"——1904 年 9 月 10 日—10 月 8 日间），是对其"大破坏"论的呼应，即"破"后之"立"，才是文化立命之本。虽其时，世人不知其所立为何物，但其立意之深远，世人已有所领略。三、"空前之良著"非自吹自擂，而是当时的现实，其译著虽假日本人之手，但在其上所加之种种新思，如"破除好古之迂见""泥古自恃"（同上：1）之惯性，"知其当然而不知其所以然，知实行而不知理论，亡吾中国者其在此乎"（同上：2）之疑虑，为中国造一廿世纪新乐（同上：3）之呼声，及"三育"并进等，皆振聋发聩。

1905，廿六岁

正月初一（2 月 4 日）、四月初一（5 月 4 日），发表《音乐教育论》[1905a(a)：55 ~ 60；(b)：61 ~ 74]，提出"输入文明而不制造文明，此文明仍非我家物"[1905a(a)：57]、"吾国将来音乐，岂不欲与欧美齐驱？吾国将来音乐家，岂不愿与欧美人竞技？然欲达目的，则今日之下手，宜慎宜坚也"[同上 (b)：71]。此时曾志忞在日本留学生抑或国内教育界已具相当影响力。

三月初一（4 月 5 日），编《乐典大意》（东京总发行所：中国留学生总会；上海发行所：开明书店；东京并木活版印刷行），该书全部采用五线谱，其第一编《乐典大意》、第二编《唱歌教授法》、第三编《风琴习练法》（包括风琴构造、发音原理、练习曲 36 首）是五线谱知识、乐理讲解的另一著作。李文如先生曾记：此书"出版至今将近百年，现在很难找到了，《中国音乐书谱志》亦未著录，仅我所藏此一部……今修补重装……以广流传和借阅"（1997：无页码）。此书翌年二月初一（2 月 23 日）迅即再版，说明"供不应求"。

九月初一、十一月初一（9 月 29 日、11 月 27 日）发表《和声略意》（一、二）（1905d(a)：1 ~ 5；1905g：15 ~ 19）是国人所写有关和声的最早文章；同时，随刊刊发的广告《曾志忞音乐书之用法》[1905d(b)：88 之后]出现七种曾志忞的音乐书籍，多数为再版（《教育唱歌集》已第四版），仅《简易进行曲》为初版《新编教育唱歌集》）待出版；不久又出现《曾志忞编音乐书目（1904）》[1905f(b)：72] 广告；同时还刊登了"国民音乐会"（同上）的预告，日期 1905 年 10 月（见图 14.、15.），其"本会修养高尚技术、探本求源、扩张国民音乐思想、鼓吹国民音乐精神为宗旨"的宣传词、不同凡响。这表明其在承接亚雅音乐会的第二年，即开办了另一"会"并退出了前会，证据：在光绪卅年正月第二次亚雅音乐会开会时，已不见召集人曾志忞（详清国留学生会馆 1905：29 ~ 32）；而与同乡朱少屏（1882—1942）①所办"国民音乐会"广告称"本会设在东京神田骏河台袋町十一番地，本会分……军乐科、管弦乐合奏科、普通科，本会在东京，试办两年，两年之内，一切（费用，引者）均由发起人担任，本会讲师，声乐专门：外山国彦（现任东京音乐学校讲师）；弦乐专门：多忠朝（现任宫内省式部职）；管乐专门：多忠龙（现任宫内省式部职）"[曾志忞 1905f(b)：70 后第二插页]，说明其性质已经由业余转向专业。此年曾志忞专门拍摄一照以证其音乐"抱负"（见图 12.，下标"光绪三十一年志忞表示研究音乐之照"题记），故此年可称曾志忞的"音乐年"。

十月初一（10 月 28 日）译《日本音乐非真音乐》[1905f(a)：7 ~ 13]，其《序·跋》之意义有二：一、透露了其步入日本音乐学校学习专业的精准时刻（1903 年冬），有"癸卯冬入日本音乐学校"（同上：7）之说，即 1901 年 8 月 14 日来日，两年零三月后曾志忞才真正开始研习音乐，这是被学界以往研究忽略了的重要史实；二、有一事件对其刺激较大，即 1905 年 11 月 2 日逢日本文部省与清政府勾结发布限制清国留学生《规约》以防当时逐渐增涨之"革命""驱除鞑虏"情绪，即刻遭留学生界反弹，称"日政府特定取缔留学生规则，

---

① 上海人，幼年就读上海南洋中学，旋即赴日留学，1905 加入同盟会，同年 11 月 2 日日本文部省发布《关于准许清国人入学之公私立学校章程》（表面"准许"实则与清政府勾结，并对"革命"等激进倾向多加限制，故又称《取缔留学生规则》）即刻遭到激进派留学生猛烈抨击，恰在此当口，其与曾志忞创设"国民音乐会"；朱 1906 年冬即在秋谨等人的带动下回国，后成民国时期的著名人物。

侵我国权，全体罢学、决意归国……日本之侮辱中国学生者可谓已甚，欲尊国体而振士气，诚不可不于此力争矣"（申报 1905b：1 版）。极端者如陈天华蹈海自尽（12 月 8 日）、秋瑾等忿然回国（12 月底）等；曾泽霖没有极端行动却有反日情绪，其鲜明体现在"日本音乐为非真音乐"的译文及《音乐四哭》（详下）中，并借原文作者开勃氏之口对"前者"大加发挥时还稍带上了中国音乐："开氏曰日本音乐非真音乐，然犹得为假音乐也乎？今中国之音乐立可谓之'非音乐'，盖一堂演奏不过一场狂吠乱嚷尔（通'耳'，引者），质之当局，以为如何？"〔1905f(a)：8、13〕即曾志忞此刻民族情绪中夹裹着的对清国旧文化之"痛斥"，有时代激荡着的"革命""反日"背景。

1906，廿七岁

在日本，出《教育唱歌集》订正五版（1906c），由东京中国留学生总会发行。

四月初一（4 月 24 日），以"中国未来之裴獬"（署志忞）发表《音乐四哭》（1906a：1 ~ 4）其中："近来音乐之输入，半出于日本人之手，以日本各科学进步比较之，音乐最为幼稚……吾同胞之传其衣钵者，倘得其上，幸也，若得其中，犹可也，少一不慎，入于下等技人之手，任其敛财播弄，岂非贻误前途。"（同上：4）其中既有真实成分，也有上述对日之异样心态。冯亚雄讲，在与曾志忞同往日本学习音乐之时，"先生尝引日人侮我之言，'中国人万不能成管乐队，即成亦不能高尚'"（贫儿院 1911：3）等，亦成一种反唇相讥的潜在"情结"。同期《醒狮》再登《曾志忞音乐书之用法》广告（1906b：无页码）映证了该书"洛阳纸贵"盛况。曾志忞并未加入退学回国潮。

夏季（8 月 27 日），是在沪开办的"上海夏期音乐讲习会"之结束日，其分"洋弦"（提琴族乐器）、"直笛"（铜、木管乐器）、"洋琴"（钢、风琴）三类，有近二百人参加，如按为期一月（1906：10 版）算，其启始当在 8 月 1 日前；由曾志忞夫妇亲自担纲教习，以后每年均举行一次此类"会"至 1909 年为第三回（申报 1909b-i）已成一前所未有之"上海夏期音乐讲习会"模式，并由

"上海音乐传习所"独家管理（上海音乐传习所 1909：1 版）。即使乃父去世的
守丧尽孝之年（1908），此"会"亦未中断（详无名氏 1908a：3 版）仅改以教
育会（嘉定）名义设"音乐会"而非"讲习会"，并由其弟子高砚耘打理，设
实践（甲）发音、练音、写谱、唱歌，理论科（乙）乐典、和声学（同上），
即可见其重视程度。至 1909 年，此"会"（教材大都采用曾志忞著的各乐理、
和声、歌唱教本，也有外国原版教材）培养的英才已达千余人模式，"曾家班"
可谓壮矣！同时，曾志忞夫妇在上海办一美术学校，并研究人体写生，有钏
影 1927 年言论为证："志忞先生能承父志留学于日本，习音乐、雕刻之术，夫
人曹氏，亦于日本习美术，归国以后，从事于艺术，曾办一学校，初即研究
人体写生，二十年（1907，引者）前之中国，安有所谓少女之模特儿者，盖
宁失身不肯裸体也，于是曾君夫妇不得已，乃择十五六岁之小茶房（雏妓之
别称，引者），使之应命，以供描写与雕刻；中国之模特儿写生，其实则创于
二十年前曾氏也。"（钏影 1927b：3 版）此人体写生的时间，比李叔同 1914 年、
刘海粟 1915 年均早，可谓开风气之先。

1907，廿八岁

携弟子冯亚雄、高砚耘到日本专习音乐，冯亚雄称："亚雄遇曾先生第一
次于上海夏期音乐讲习会（1906 年），于城南从事管乐匝月（满一个月），先
生引为同志，翌年（1907 年）春皆往东京，专习斯业……前春（1909 年）幸
毕业归国。"（贫儿院 1911：3）日本之行还有高砚耘、方经，曾志忞大公子曾
宏杰亦在列，有照片（图 16. 曾裔萱提供，从左到右：冯亚雄、曾志忞、曾宏杰、
高砚耘、方经）为证。

1908，廿九岁

四月，据苏曾泽新等称："府君……久病积劳，忧时愤世，遂于光绪戊申
四月二十六日（1908 年 5 月 25 日），在嘉定义庄逝世，享年六十……府君卧

病两年余，养疴于泽新高昌庙新宅……是时，弟妇已毕业归国，亲侍汤药……病笃时，泽霖在日本早稻田大学部肄业，适逢毕业试验，府君命勿使知，恐荒学业也，家人虽遵，令勿闻，然泽霖闻得日本新闻讣电，星夜奔归。"（1919：5）曾泽霖自云："戊申夏，志忞将毕业授学位，而先严已逝世矣。"（曾志忞1919a：8）即以往称曾志忞1907年归国（陈聆群1983：46）不准确，其在奔丧时才由日本归国，故未能见上乃父最后一面，并不久又回日本。（详后）

五月，在前述"国民音乐会"（1905年10月）、1906—1907年"上海夏期音乐讲习会"、1908年嘉定音乐会培育出的学员基础上，同年成立贫儿院管弦乐队，1914年有报导称"贫儿院组织以来，于兹六载"（无名氏1914a：11版），照此说往前推即1908年。而公众正式一睹风采，在1910年4月（图1.），此图另见《教育杂志》第3卷第2期（曾志忞1911：1）。曾志忞、曹汝锦、高砚耘、冯亚雄均在其中。

与此同时，全力以赴建立贫儿院工作，自称"戊申、己酉、庚戌、辛亥、壬子、癸卯前后六年置身院事，此外无论公私，不闻不问"（曾志忞1919a：8）。但此六年，其非但顾及院事还旁顾了很多其他事情（详后），可见"院事"仅其庞杂事务之一。

六月，廿三（丁丑）7月21日，清廷赏贫儿院匾额，文曰"广学流慈"，正式报导在8月23日（申报1908：2版），悬挂日为9月22日。（无名氏1908b：2版）

十一月初二，曾志忞"东归"——从日本归来。精准日期为11月25日，有丁荃九"十一月初二日，曾志忞及曾曹汝锦女士自日本调查贫民教育归"（荃1909：10）之明文记录，此时贫儿院之建筑，据曾志忞讲"自予东归，巍然大厦构成矣"！（1919a：18）同月十六日（12月9日）"曾君志忞曾曹汝锦女士迁院居住"（荃1909：10），该院大门两侧有创办人之一盛宣怀（杏荪，公保）题写的对联："安得广厦千万间代朝廷慈幼恤孤徧育此大地芸芸黄口，同是国民一分子愿吾侪解衣推食庶养成异日卓卓青年"。（同上）其"代朝廷"既盛宣怀当朝一品大官人，亦该院自被授皇匾，皇家色彩浓重的表征。

1909，卅岁

闰二月，曾志忞学生高砚耘、冯亚雄从日本归国。（同上：11）

三月初一，开院收儿。（同上）

四月初九，时为邮传部右侍郎的宫中一品大员盛宣怀，为创设苏州贫儿院，亲往该院调查育儿状况及立院制度，曾为该院院董，与盛为世交，有报道称，二人"晤谈良久而别"。（无名氏 1909：19 版）

四月廿六，开曾少卿逝世一周纪念会（下午二时至五时）间，曾志忞指挥贫儿院管弦乐队演奏乐曲两阙。（荃 1909：11 ~ 12）

夏季，六月一日至卅日（7 月 17 日—8 月 15 日）开"第三回上海夏期音乐讲习会"，并挂新科"日本早稻田大学政学士"头衔，偕夫人曹汝锦、弟子高砚耘、冯亚雄共同出任教席。（上海夏期音乐讲习会 1906：10 版；申报 1909b-i：1 版、2 版）

六月十七日，"音乐传习所第三回夏期音乐讲习会会友全体来院参观"。（荃 1909：12）

秋，发表《予之贫儿观》（忞 1909a：1 ~ 9）、《院歌》二首（同上 b：63 ~ 64）、《追悼创办人曾少卿先生歌》（同上 c：64）、《院联》（盛宣怀，转同上 d：64）

1910，卅一岁

四月廿四（6 月 30 日至 7 月 2 日），开贫儿院首次恳亲会纪念会，该院乐队及部分师生演出九档中外音乐节目（曾志忞 1910f：5 ~ 6）。由曾志忞指挥的《院歌》（大合唱），二部、三部合唱及管弦乐等，充足展示了其指挥风采，而其中大部分歌曲，均由曾志忞填词，是学堂乐歌以来，一次器乐、合唱、重唱极具代表性的教学成果展演。其两首院歌"曲"已佚，词：其一、"问我家，家住在，春申浦柳荫庇龙华路，衣我、食我、我父母，教我、育我、我师傅；最可爱，同息、同遊、同胞百数偌大家庭，兄弟、姊妹团圆坐；最可爱，同息、同遊、同胞百数偌大家庭兄弟姊妹团圆坐"；其二、"自古英雄从无富家子，膏梁文绣最可耻；只须少年有奇志，一意读书且识字；君不见，大贤颜氏，豆羹箪食、快乐自如，第一个清高寒士；君不见，大贤颜氏，豆羹箪食、快乐自如，第一个清高寒士"。（忞1909b：63～64）其志在团结、快乐，与同胞同遊、同息、敬师，清贫、快乐、自如，确非一般。

五月廿五（7月1日）贫儿院乐队风声水起，曾志忞对此颇为得意，称："采名人杰作谱之歌词，挹强国雄声，教诸孤窭，时未及年，乐已成队，窃欣亦窃幸也。管弦乐队计四十余人（作者曲目、列梗概中），丝管杂陈，声韵一致，世有知音，当能解人好恶也。"（1910f：4）其喜不自禁，跃然纸上。

六月十七（7月23日）教育当局，突发"学堂不能演讲亦不能演戏"禁令，此，与当时风起云涌之"革命"风潮相关，当局对聚众闹事惹起之事端，尤为警惕，却与新时代之社会交际不相适应。受日本现代社会风气影响，曾志忞对此，有独特立场，并借辞"中学堂监督"之职（1910g：5版；1910h：7～8，按：以下引文，凡出此两文，不注），表明了态度，其以现代西洋、东洋学校演讲乃至演剧起兴，进而至中国旧式对艺人歧视的深层内涵，讲至戏剧对经济运转、学校借势之独特作用，而在所谓监督学校之时，当局"以挟嫌告发为引导，为证据"在曾志忞看来，"学界前途尚可问耶"？大有"风声鹤唳"之鸡犬不宁状，不是革命者的曾志忞对此大不以为然，并对其中利弊进行剖析，不经意间，透露出强烈的现代意识，诚东洋社会现代风尚所赐还是与生俱来？不得而知，其议论要义：

首先，对学堂演讲尚为"问题"深表不解，因这在其十九岁（虚岁）所入上海虹口"圣方济各学堂"、廿三岁（虚岁）所入上海"法文公书馆"及其母校"私立早稻田大学"，每逢暑假，必令学生进行"演讲"已成惯例，故其在"清"抑或"东"——日本——绝非"问题"，其中包括叙述历史故事，进而有演剧协会"设立"，会头均大人物如伯爵大隈重信，坪内雄藏、高田草苗诸博士等，"皆大政治家、大法家、大教育家"，也未听说"文部省干涉"更遑论"派人监督"，以此视角切入清国现实，显然与时代相左，并无疑是被"革党"吓破了胆。

另一端，曾志忞认为，在对艺人之"贱视"，因其出身不是罪犯即贱人，戏曲则列"倡优皂卒"四大贱业之首，世有"王八戏子吹鼓手"之蔑称，尽管向有"优伶之子不得投考，士子亦不容厕身优孟"，但这已然是老黄历了，"谋教育普及，优伶之子已经入学堂；求文艺复兴，举子秀士亦来客串"……与其说这是曾志忞在抨击时政，不如说在张显内心理想，因他不久即全身心投入了戏曲改良，大有"现身说法"意味，目前看来是为其即将开启的戏曲改革事业"鸣锣开道"。

第三，虽艺人出身确有不清白者，"士林以其操业贱"的根本因由，但其经济效益却被学界利用，如"某某学堂建筑演剧于某舞台、某某学会经费支出，借助于某剧场合计，岁入不下万金，推社会应用演剧，未尝有害于学界也；自今以往，贱视优伶之观念，亦可自解矣"，即合理运转、经营、运作演剧与剧场之关系，将其盘活，是戏曲乃至演剧与经济结合的最早表述，正是有此精明头脑，才会将戏曲的社会价值、经济效益、文化内涵相互依托、勾连。虽然曾志忞以一介书生身份，但毕竟出身巨贾之家，其经济头脑似与生俱来。

十二月廿五日，《通告》诸亲朋："保卫精力，增理院事，自宣统三年正月一日起，凡公私宴会酬应，概行谢绝，诸希鉴亮！"（1911b：1）表明他从此时要尽心贫儿院事业并不遗余力、心无旁骛了。

1911，卅二岁

二月二十五日，曾泽霖当选上海"劝学所"江境学董（申报 1911：1 版）。该所前身为 1905 年 10 月上海姚文枬联合乡绅于明伦堂集会，划分学区并投票选举职员，组织管理地方教育的"学务公所"。1906 年 10 月遵学部《劝学所章程》，改"学务公所"为"劝学所"，并以县为单位，设总董一人，在地方官监督下总揽全县学务；又在辖区内设若干学区，学区内设劝学员。曾泽霖之职相当于上海县一学区"江境"的学董。当时"游学生"(留学生)归国服务的极少,故有"学部奏定省学务官制清单,及劝学所章程,均有酌设视学官一条,惟现在毕业人少,应由各省提学使慎选派充"(德宗皇帝1907:30~31)的专款,并严格规定"各省劝学所……及各项董事,不得以吸食鸦片之人充当"。(宣统政纪1909:29)

八月二十五日,该年度以来,是贫儿院事业最兴旺发达时期,曾志忞兴奋地向社会宣告:"贫儿院要大扩充了,本年添收八十名,奉劝诸大善长,捐输巨款。"(1911d:2)并首次向社会通告了其人生主张:"予不应留学生考试去做官,不设一公司、工厂去做总办、总理,不涉足地方自治去做总董、总长,不潜心学术、学理去做政法学家而偏入此贫儿院,日与数辈乳臭伍,何哉?抛尽名利、离却俗尚,将研究一种中国的少年性质也。"(同上)此义正词严之表白,似针对社会上对自曾志忞"执事"以来的种种"非议",故绝非"空穴来风",加之此前"怕死不做贫儿院,怕事不做贫儿院"(1910e:3)之激烈言辞,可证当时对曾志忞主事之贫儿院事业,毁誉参半,故才发"呜呼,自冬至春,院事大打击,心绪恶劣,坐食不安"(曾志忞1912c:2)之呜呼哀哉!其不经意间透露出的欲使老大中国呈"少年性质",却又是远大的政治理想,有梁任公《少年中国说》(1900:1~4)的影子,也再次证明曾与梁关系密切,并深受梁公影响。

1912,卅三岁

2月7日,因盛宣怀财产被全部充公,而其在苏州阊门新建一贫儿院,"工程甫竣,尚未收养贫儿"(详无名氏1912a:5版),曾志忞旋赴苏州与潘济之、尤鼎孚(苏州育婴堂董事)、江霄纬诸"苏绅",假"怡园"商议"拟即集资"事宜。(同上)

六月五日至九月十四日,出游西山、天津、长崎、北京,在9月参与教育部第二次国歌征集并出谋划策。

10月10日、13日发表《国歌·大桃园·五色旗》(曾志忞1912a-b:9版、

1 版），曾志忞俨然成国歌作者。此《国歌》曾在民国元年的双十年提灯晚会大唱特唱，国歌单亦随之发布于众（申报 1912d：7 版；无名氏 1912d：11 版），说明此歌当时被曾志忞配曲并由贫儿院院生演唱。

12 月 6 日，向教育部次长范源濂致信，称："中国不以音乐加入中学校之必修课，中国必无音乐发达之日！"（曾志忞 1912d：7 版）即他是最早向教育部要人建议普通学校音乐课"必修"的先觉人士。

1913，卅四岁

2 月，曾志忞编《教育唱歌集》（1904，《唱歌科教育歌集》上海音乐传习所 1912 年《教育唱歌集》重印版）与沈心工《重编学校唱歌集》（1912 文明书局版）同被江苏图书审查会采定，作为拟选用之书讨论（申报 1913a：7 版），仅教材的选用率上，曾、沈二君旗鼓相当。

3 月 13 日，被选为上海商团会会董，据报道："上海商团会本届选举职员已于昨日（13 日）在毛家弄正式开票，计二百八十一票，举定名誉会长虞洽卿、李平书，正会长王一亭，副会长叶惠钧……会董……曾志忞……（申报 1913b：7 版）

7 月 24 日，对曾志忞，刻骨铭心，他写道："癸丑六月二十一为袁氏攻沪之大纪念日，女贫儿院及志忞私宅被大炮焚毁。"（1919a：8）当时红十字会的一篇报导，则提供了更加精确的时间信息："贫儿院女院全焚，男院无恙，曾子忞君死守，保全救护出险男女，计一百八十人，内伤一孩已送医院告以无恙，各孩寄存北商会念（廿，引者）三号，午三时半会员会同高凤池君乘汽车赴徐家汇，由小路入龙华，限今晚十一点半全数救出……"（申报 1913d：1 版）即此"突发事件"在 1913 年 7 月 23 日下午 3 时 30 分至 11 时 30 分而非 24 日。之后曾志忞迅即到北京另谋生路，自云："是时楼居无地，乃奔京师，旋充大理寺特约律师。"（1919a：8）即 1913 年 7 月 24 日后，曾志忞即来到北京重操律师旧业，诚严修所记，当时北京的住址为北京宣武门、和平门之间的松树胡同，严在 1912 年 6 月 23 日曾造访（严修 1912：6716）"不遇"，1914 年不请自来第二次光顾，亦"不遇"，时在 11 月 12 日（同上 1914a：7423），这是笔者所说曾志忞 1913 年即在北京的另一重要证据。其后贫儿院院事，均交高砚耘打理，贫儿院股东之一叶逵鸿英（1860—1937）称："民国二年夏，因沪南兵灾，曾君北行，院事由周总董（周金箴，时任上海总商会首任总理，引者）推高君砚耘独任之，对内之教养，对外之周旋，一主稳健。"（1922：无页码）此语再次验明：1913 年夏曾志忞已在北京。

9 月，为高寿田《和声学》校订时，曾将高的音乐身份首次合盘托出：高"历任贫儿院音乐主任，龙门师范、民立女中学、爱国女学、嘉定音乐会、中国女子体操学校等声、器理论诸科。"（曾志忞 1913：无页码①）师徒二人共同打造的《和声学》，是被北洋政府教育部指定的"师范学校、中学校教科用书"（1914：5），可以看出：该书将乐理与和声有机串联，首次疏缓了"国人治乐……好谈……乐理……别无（和声）新著"（曾志忞 1913：无页码）——有横无纵——"困境"。这再次突显了曾志忞在旋律繁盛的国度，普及和声、复调的坚定意念，此乃《乐理大意》（1903a：1～8）及续篇（1904b：1～14）中乐理与和声教习结合"教学法"的进一步完善，及对 1904 年 8 月 25 日译补之日本高等师范学校教授铃木米次郎《乐典教科书》（1904d）内容的充实。

1914，卅五岁

从历史材料看，1912—1913 年间，曾泽霖律师不但在北京，还处理过一些民事及刑法案件（转徐家力 1998：90～91）；另据《大理院刑事判决》书，1914 年 6 月 10 日该院第 134 号判决书中，曾泽霖以被选定的辩护人身份为"上告"出庭辩护（韩永进等 2015：21～23），说明其律师业务亦开展得顺风顺水。

3 月 9 日，高砚耘赴京，与曾志忞商议兵灾善后事。

---

① 此文由于未署名，前此被普遍认为出自高寿田（张静蔚 1998：170），但从叙述的批评口吻，对作者身份、内容实质的介绍等，均属冷眼旁边角度，否则，有自吹自擂之嫌。

4—6 月，在北京《顺天时报》连续发表《歌剧改良百话》四十一段（1914a：47～53），一展京剧评论与京剧改革家风采。此文，曾志忞再次郑重提出，"中国将来改良歌剧，和声一法万不可不采"（1914a：49），此是其在普通音乐教育之外，实施"和声教学"并将此种"意念"延伸至"戏曲"的重要"节点"。至此，"和声"乃至"多声部"音乐理念，渗透到曾志忞实践过的各个音乐品种、类目，可谓完全彻底。

4 月 21 日，贫儿院管弦乐队全体合影。

5 月 15 日，贫儿院派年长院生三十一名由高砚耘、冯亚雄带领赴京，加入由曾志忞发起组织的中西音乐会研究中西音乐。（贫儿院 1922a：49）

9 月 15 日，贫儿院派谢鸣时赴京，任中西音乐会起居监管。（同上）

10 月 19 日，设"音乐济贫院"并挂牌招生 90 名学员。（走 1914：2 版）

11 月 30 日，严修记："往曾志忞所设之音乐济贫院参观，适（逢）贫儿演《沙陀国》之旧剧，而以军乐为之节……"（1914b：7429）此被严修撞见之场景，是曾志忞在北京所办中西音乐会的一次排练。而中西音乐会及其附属"音乐济贫院"，办在北京琉璃厂厂甸，其"紧锣密鼓"是为年底"开场"做准备。

12 月 11 日，中西音乐会举行开场演出，引来北洋政府各部长、次长等要人、各界名人，在名誉会长曹汝霖会长致辞后，传统大戏依次登场，并均以洋弦、洋管、钢琴伴奏，开一代风气，计有《大回朝》《黄金台》《砂砵痣》《天齐庙》《李陵碑》《举鼎观画》《沙陀国》等，其中《李陵碑》由曾志忞与高砚耘主演（无名氏 1914b：3 版；申报 1914：6 版），可谓极为稀少的珍贵演戏场面。而其戏改，由此可证是有理论、有实践的"真把式"，演出时长从午后一时持续至晚九时。至此，其在《顺天时报》建构的理论批评、研讨平台《歌剧改良百话》，有此京剧演出实践支撑，已非空中楼阁并真正接上了京城戏园子的地气。

1915，卅六岁

2 月 20 日—12 月 4 日间，在美国旧金山举行的首届巴拿马太平洋万国博览会，上海贫儿院弦乐队的组织法荣获特奖金牌，为中国所获258枚金奖之一；同年，该乐队还获得：外交部宴叙外使屡邀该乐队在北京吹奏特别金奖，农商部国货展览会邀往北京吹奏奖宝饰章，沪海道属学校运动会奖银牌，苏省第二师范学校赠品共四枚奖牌。（图27.贫儿院1922b：无页码）

6月，发《京剧脚本发刊序言》，与高砚耘合编，白承典、邹振元制谱《〈天水关〉京剧第一集·中西音乐会刊》（译谱，附新创锣鼓谱）。（曾志忞1915）

10月16、17日，曹汝霖为家人庆寿的"大堂会"，地点"那家花园"之戏台，曾志忞率中西音乐会，演出西乐伴奏之新京剧《天水关》。

11月5日，中西音乐会解散（听花1915：3版），乐队则撤回上海。风生水起的中西音乐会，就此在北京销声匿迹。

1916，卅七岁

曾志忞此年基本游荡于京、津、沪之间，并开始打造曾寿渔堂，与严修多有交往。

7月18日，据上海教育款产经理处，昨（17日）详上海县公署文，云"祀孔乐舞议归贫儿院担任，并酌给补助银两"（申报1916：11版），此后，贫儿院参与春秋两季祀孔乐舞常态化。（图28.贫儿院1922c：无页码）

10月27日—11月24日间，曾寿渔堂始建于天津意租界五马路。

11月23日，在上海贫儿院本部，为创办人盛宣怀（杏荪）开追悼会。

1917，卅八岁

移居天津，与严修的交往更加频繁，并约其为曾寿渔堂题"记"。

6月10日，江亢虎来贫儿院参观并允任院董。（贪儿院1922a：56）

8月21日，严修完成《寿渔堂记》。（1917c：8178）

9月，任江苏省立第二师范学校教室主任兼乐歌教员的高寿田，对上海乐界之今昔及曾志忞的贡献有一概略性回顾与总结。（1917：256～7）其是目前所见曾志忞生前音乐业绩的唯一述评。

9月22日，院生参与祀孔乐舞。

9月16日—10月15日间，曾寿渔堂落成。

11月18日，贫儿院创办人盛宣怀灵柩发引至苏州留园山庄安厝院，贫儿院乐队及院儿执绋恭送。（详申报1917：10版）

1918，卅九岁

3月20日，院生参与祀孔乐舞。

9月6日，院生参与丁祭乐舞。

1919，卌岁

3月5日，院生参与丁祭乐舞。

9—10月间，组织编撰《曾氏寿渔堂家祠落成纪念册》，曾志忞撰写文章篇目：《少卿府君行述》（与苏曾泽新合写）、《寿渔堂建筑始末记》《艺菊新法》。在此节末尾，曾写如下文字"世界潮流日趋于滑稽之境"（1919b：61），此语写于"己未九月"——10月24日—11月21日间，至今无解，暂留悬念，以备稽考。

10月2日，院生参与丁祭乐舞。

1920，卌一岁

4月7日，发表《四朝燕乐自序》。（1920：14版）

9月16日，院生参与祀孔乐舞。

10月8日，孔子诞辰，循例行礼。

1921，卌二岁

5月21日，在致友人一封信中称："弟从事石工已三年矣，弃儒（学术，引者——下同，不一一注明）、弃法（法律）、弃伶（戏曲、演戏），今而业此，无时无地不研究伟人名士之相，及社会上应有之各种服装，以为造今人石像之研究。"（1921：2 版），也即从 1918 年始，曾志忞放弃了一切对外应酬及各种社会活动而专心从事各类石像、围栏、瓦当的打造，类似一雕刻师，其早期在日本所学的美术、雕刻等，此时真正派上用场，其工作室在天津意租界五马路曾寿渔堂地窖子，并远近闻名、订单不断；毕竟曾志忞对音乐乃至戏曲，投入了大量心血，1914 年 4 月 8 日他说："余研究西乐十余年，归国后，授徒至数百人，其中间来习者，有久有暂……究其结果，暂不如久……惟以予经验衡之，我中国人极富有音乐的天资之种族也……既我人有此天赋，我同胞何不起而立图之？（1914a：47）但主将对此悄然退却！是为哪般？

9 月 10 日，院生参与祀孔乐舞。

1922，卌三岁

9 月 25 日，院生参与祀孔乐舞，由上而观，即使时代已经开始疏离孔子及传统文化，但在内心深处，无论曾志忞抑或贫儿院院生，对孔子还是充满敬意的，特别在其《四朝燕乐自序》有充分体现。（曾志忞 1920：14 版）

1923，卌四岁

此后，曾志忞基本以种菊，接各种雕刻、石工活为生，并自得其乐，特别对种菊，意趣极浓，称："吾辈不商不仕，世间一废物耳，饱食终日，不谙博奕，心不用贤，不为长此，已已可乎，有艺菊一事，足尽我之天职，足劳我之体肤，足快我之精神焉。"（1919b：55）自称"寿渔园子"整天介在寿渔堂以种菊为乐，还自撰《艺菊新法》（同上：54 ~ 59）并发赠多人，如严修、包笑天等，均有被赠记录。而其石像打造的最大工程，除曾寿渔堂的所有雕像、底坐、石柱、围栏、庭园相关所有石头物件外，为 1921 年 11 月至翌年 11 月为严修打造的雕像，并数易其稿，对此，严修记忆深刻。（详 1927b：15817 ~ 8）

1924，卌五岁

4月22日，送二公子曾宏燕（四岁）入"严氏幼稚园"[①]。（严修1924a：9904）

4月24日午后，专程拜访严修，于其书房"枣香室"叙谈约一小时，共同研究《甕牖闲评》。（严修1924b：9905）

1926，卌七岁

3月9日（正月廿五），曾志忞夫妇请严修为他们结婚三十周年纪念题书，十七天后，严修即写出草稿（1926b：15661），之后于5月16日完成，有严修日记"七钟起，题曾志忞夫妇三十年结婚纪念册七律一首，作完，午后题讫送去"（1926d：10287）为证。

1927，卌八岁

8月4日（七月初七）曾志忞殁于北戴河别墅，据嘉定瑞乏义庄账房六天后（七月十三）的报丧："七月初七日接津电惊悉：庄长志忞先生于本日疾终北戴河燕燕山房本宅，择日回南再行讣告，先此报闻。"（1927a–b：2版、1版）

9月15日，严修写悼念曾志忞的"跋语"及"挽联"草稿，是得知曾志忞死讯，即曾家发丧日（七月十三日）月余（第37天），9月15日写出定稿，严修将曾志忞一生概括为"多才多艺，凡音乐研究、诗词戏曲、治园之艺、花木皆能"极为精当，至此，一代杰出的慈善大家、音乐教育家、戏曲改革家、园艺师、雕刻巨匠的多彩人生，突然落下了帷幕，其在本命年、结婚三十年庆祝余温未退，即溘然长逝，怎不令人感叹其人生之"无常"！

12月24日，曾志忞灵榇由北戴河燕燕山房，被迎回嘉定瑞芝义庄时，

---

① 见第67页注②。

接灵仪式极盛，并由发妻曾曹理蕴汝锦与庶子曾宏燕等扶灵，贫儿院军乐队、西乐队为之奏乐送行，各葬仪之程序，亦应有尽有（清癯 1927：17 版）。至此，曾泽霖志忞的人生，进入最后的"终止式"。

1928

6月13日，上海贫儿院举行成立20周年纪念会，该日，有两重含义：其一，曾父于1908年5月25日逝世（光绪戊申四月二十六日），此刻恰过20周忌日；其二，有以光绪皇帝御书匾额"广学流慈"的时辰［光绪三十四年六月廿三（丁丑）日］为准——虽在时间的精确度上两事均"大概齐"，并清廷早已不复存在，但无疑有此意念统摄并就和了两头。据报："昨日（即13日，引者）为贫儿院纪念会暨地方团体为创办人曾少卿追谥典礼，到者有地方父老及本院毕业生等六百余人，于下午二时半，行礼如仪。首由代表高砚耘报告院况及开会大旨……继由苏筠尚夫人泽新女士，代表曾志忞夫人及其子女致谢并勉力院儿，再以铸像余款存息作院儿有志深造者之教育费，继由院儿唱追谥歌、答谢来宾、招待来宾茶点及参见各部成绩、纪念运动会等。散会时，分赠各来宾以纪念糕饼一袋。"（无名氏 1928a：14 版）此与曾志忞有关之"身后事"亮出了贫儿院最终的底色、血统，并为有志者已备好了资助金。特别其为来宾烹制的一袋糕饼，虽不足挂齿，但其待人实诚、宽厚，可见一斑。那更甭提该院由曾铸、曾志忞一直传扬至高砚耘等院董，对天下广大贫苦无助儿童的那份宽厚、仁慈、仁爱之心，令天下所有观者无不肃然而起敬。同时，曾泽霖妻曹汝锦（大房）、邬俊叔（二房）及遗孤似未到场，表明了尚在服丧之期的不便，故由其亲姐苏曾泽新代谢来宾，并对曾泽霖身后事只字未提……毕竟在此贫儿院重大纪念日，将曾泽霖离世消息隐去，可能是出于大局的考量。只是世上再无曾志忞！呜呼！哀哉！

参考文献

[楚] 宋　玉

　　约前290—约前222：《风斌》[A].转张颢瀚编《古诗词赋观止·上》[C]. 南京大
　　　　学出版社2015年1月版。

[汉] 班　固

　　32—92：《汉书》卷三十，《艺文志》卷十，转[宋]嘉定十七年（1224）《汉 书》
　　　　[M].吉安市，白鹭洲书院刻本。

[宋] 王　溥

　　约952—982：《葬·唐会要》卷38[M].北京，中华书局1955年版。

[日] 榗木宽则

　　1873：《穷理往来》[M].转谭建川《日本文化传承的历史透视：明治启蒙教材研
　　　　究》[M].北京，商务印书馆2010年10月版。

[清] 李鸿章

　　1874：议论"数千年未有之变局"[Z].转蒋廷黻《第二辑：近代中国与世界·中国
　　　　近代史》[M].北京，中国法制出版社2016年7月版第94页。

[日] 铃木米次郎

　　1892a：《简易唱歌法》[M].东京，共益商社。

　　　　b：落合直文词《浮云》[M].东京，共益商社。

　　1893：《新作军歌》[M].东京，出品人，白井练一。

1894：纳所弁次郎《明治军歌》[M].东京，博文馆。

1897：《新式唱歌》[M].东京，十字屋。

1900：三岛通良《卫生唱歌》[M].东京，集英堂。

1901a：3月10日编《日本游戏唱歌》初编[M].东京，下谷区池之端七轩町七番
地；发行者，仓田繁太郎，京桥区银座三丁目二番地；发行所，十字
屋，京桥区银座三丁目二番地；印刷者，彬原弁次郎，京桥元数寄屋町
四丁目二番地；印刷所，彬原商店印刷部，京桥区元数寄屋町四丁目二
番地。

b：《日本游戏唱歌》第二编[M].东京，同上。

c：7月1日编《日本游戏唱歌》第三编[C].东京，下谷区池之端七轩町七番
地；发行者，仓田繁太郎，京桥区银座三丁目二番地；发行所，十字
屋，京桥区银座三丁目二番地；印刷者，名盐佐助，日本桥区青物町廿
六番地福冈正郎支配人；印刷所，福冈商店印刷部，京桥区元数寄屋町
四丁目二番地。

d：9月28日编《日本游戏唱歌》第四编[M].东京，除"印刷者为加藤忠次，
地址，京桥区木挽町一丁目十四番地"外，同上。

e：11月3日天长节－12月10日编《日本游戏唱歌》初——五，七合编[M].东
京，下谷区池之端七轩町七番地；发行者，仓田繁太郎，京桥区银座三丁
目二番地；发行所，十字屋，京桥区银座三丁目二番地；印刷者，加藤忠
次，京桥区木挽町一丁目十四番地；印刷所，福冈商店印刷部，京桥区元
数寄屋町四丁目二番地。

f：唱歌游戏研究会《修身教典唱歌：寻常科第一学年》上卷[M].东京，十字
屋。

g：冈野英太郎作词《地理历史问答唱歌》[M].东京，东崖堂书店、国华堂书
店、文阳堂书店。

1902a：野村成仁《新编中学唱歌集》中卷[M].东京，仓田繁太郎（十字屋）。

b：《日本游戏唱歌》第六编[M].东京，十字屋。

c：中村秋香词《修身教育十二ケ月唱歌》[M].东京，三育舍。

1904：《风琴新教科书》[M].东京，自省堂。

申　报

1893：6月9日《松江府试上海县文童正案》[N].上海，《申报》第2版。

1894a：12月5日《县试招覆案》[N].上海，《申报》第3版。

b：12月9日《县试初覆案》[N].上海，《申报》第3版。

c：12月14日《终覆纪事》[N].上海，《申报》第3版。

d：12月16日《县试正案》[N].上海，《申报》第2版。

1896a：4月18日《县试首场案》[N].上海，《申报》第3版。

b：4月22日《上海县初覆试案》[N].上海，《申报》第2版。

c：4月25日《上海县二覆案》[N]. 上海，《申报》第3版。

d：4月28日《上海县试正案》[N]. 上海，《申报》第2版。

e：6月3日《松江府试七志》[N]. 上海，《申报》第2版。

f：6月6日《松江府试十志》[N]. 上海，《申报》第2版。

g：6月10日《松江府试十二志》[N]. 上海，《申报》第2版。

1898：4月16日《松试八志》[N]. 上海，《申报》第2版。

1901a：2月23日《紧要电谕恭录》[N]. 上海，《申报》第10001号上。

b：6月7日《松试五志》[N]. 上海，《申报》第2版。

1905a：2月13日《松江留东学生调查录》[N]. 上海，《申报》第3版。

b：12月16日《论东京留学生抵制取缔事》[N]. 上海，《申报》第1版。

1908：8月23日《御赐贫儿院匾额》[N]. 上海，《申报》第3张第2版。

1909a：3月26日《文明结婚》[N]. 上海，《申报》第3张第3版。

b：6月23日《第三回上海夏期音乐讲习会广告》[N].上海，《申报》第1版。

c：6月26日《音乐传习所开第三次夏期讲习会》[N].同上，第3版。

d：6月30日《第三回上海夏期音乐讲习会广告》[N].同上，第1版。

e：7月3日《第三回上海夏期音乐讲习会广告》[N].同上，第1版。

f：7月6日《第三回上海夏期音乐讲习会广告》[N].同上，第1版。

g：7月10日《第三回上海夏期音乐讲习会广告》[N].同上，第1版。

h：7月13日《第三回上海夏期音乐讲习会广告》[N].同上，第2版。

i：7月17日《第三回上海夏期音乐讲习会广告》[N].同上，第2版。

1911：3月22日报道《劝学所新职员名单》[N].上海，《申报》第2张第1版。

1912a：1月3日《纪大总统莅任大典》[N].上海，《申报》第1张第4版。

b：1月28日《严禁恶僧滋扰》[N].上海，《申报》第7版。

c：2月21日《保护贫儿院之照会》[N].上海，《申报》第8版。

d：10月10日报道《提灯会中之欢唱声》[N].上海，《申报》第7版。

1913a：2月18日《江苏图书审查会采定会纪事》[N].上海，《申报》第7版。

b：3月4日《基本商团会选举揭晓》[N].上海，《申报》第7版。

c：5月11日《起诉暂缓进行》[N].上海，《申报》第10版。

d：7月25日《中国红十字会临时通告》[N].上海，《申报》第1版。

1914：12月12日《中西音乐会纪》[N].上海，《申报》第6版。

1916：7月18日《贫儿院担任祀孔乐舞》[N].上海，《申报》第11版。

1917：11月19日报道《盛杏孙出殡之盛况·应有无不有·不应有亦有》[N].上海，《申报》第3张第10版。

1921a：2月26日《中华美术石工制造所》（广告）[N].上海，《申报》第5版。

b：3月9日《中华美术石工制造所》（广告）[N].上海，《申报》第12版。

1922：12月4日《溥仪婚礼之排场》[N].上海，《申报》第10版。

[日] 石原重雄

1896：《新撰乐典大要》[M].东京，富山房。

1900：《新撰小学唱歌教授法》[M].东京，共益商社乐器店。

[清] 德宗景皇帝

1900：6月21日《清政府对外宣战"上谕"》[Z].国家档案局明清档案馆编《义和

团档案史料》（上册）[C].北京，中华书局1959年版。

1901：8月29日《己卯谕内阁》[M].北京，《清实录》卷485，光绪二十七年辛丑秋七月。中国第一历史档案馆2007年版；北京书同文数字化有限公司。

1906：丙午八月初二（丙寅）日《大清德宗皇帝实录》卷563[DBOL].https：//vpn.pku.edu.cn/QSLDoc/DanaIfo=data.unihan.com.cn+#125533，txt（2014年版）

1907：丁未六月廿四（癸未）日《大清德宗皇帝实录》卷575[DBOL].同上。

1908a：戊申四月初五（己未）日《大清德宗景皇帝实录》卷589[DBOL].同上。

　b：戊申六月廿三（丁丑）日《大清德宗皇帝实录》卷593[DBOL].同上。

[清] 梁启超（任　公）

1900：2月10日《少年中国说·附中国少年论》[N].横滨，《请议报》第35期。

1903：11月2日《文艺·饮冰室诗话》[N].东京，《新民丛报》第41—42号。

1904：2月14日《文苑·饮冰室诗话》[N].东京，《新民丛报》第46—48号。

[清] 曾　铸（少　卿）

1900a：9月《事实·曾氏瑞芝义庄全案》[M].上海，刊本。

　b：9月《原呈·曾氏瑞芝义庄全案》[M].同上。

　c：9月《电核·曾氏瑞芝义庄全案》[M].同上。

　d：9月《条规·曾氏瑞芝义庄全案》[M].同上。

　e：9月《柱铭附记·曾氏瑞芝义庄全案》[M].同上。

　f：9月《记·曾氏瑞芝义庄全案》[M].同上。

1905a：5月11日无名氏编《纪沪上绅商公筹抵制美禁华工新约事》[N].上海，《申报》第2版。

　b：8月11日《曾少卿留别天下同胞书》[J].上海，《申报》第2版。

1907：6月8日《戒烟家训》[Z].方经辑《先严墨迹之二·曾氏寿渔堂家祠落成纪念册》[C].出版地不详，1920年石印版。

[日] 近森出来治

1901：伊与田能盈、横江卯一郎词《土佐唱歌：地理教育》[M].东京，富山房。

1902：《仪式唱歌》第1[M].东京，开成馆。

1904：《日本唱歌》第1—4卷[M].东京，光风馆。

[清] 教科书译辑社

1902：4月（光绪壬寅三月）《广告》[Z]. 东京，《译书汇编》第 2 年第 3 期。

[清] 沈心工

1902：《沈心工自传·叙遗到日本》[A].沈洽等编《学堂乐歌之父：沈心工之生

平与作品》[C].台北，乐韵出版社1990年版。

1904：原标"甲辰年"《学校唱歌集》初编[C].北京，中国音乐研究所藏。

无名氏

1902：5月《弘文学院の概况》[J].《国土》第5卷第44号；转高婷《留日知识分

子对日本音乐理念的摄取：明治末期中日文化交流的一个侧面》[M].北京，

文化艺术出版社2009年6月版。

1904：9月24日《乐典教科书》（广告）[N].东京，《新民丛报》第53号。

1908a：7月4日"学务·教育会设音乐会（嘉定）"[N].上海，《申报》第3版。

b：9月23日报道《谕饬贫儿院悬挂匾额》[N].上海，《申报》第3张第2版。

1909：5月27日报道《盛宫保调查贫儿院》[N].上海，《申报》（第13042号）第

19版。

1910：5月1日《答曾君书》[J].上海，《申报》第1张后幅第4版。

1911a：1月25日《来信二》[J].《慈善：贫儿院月报》第12号，上海贫儿院。

b：12月3日评论《沪南制造局之战》[N].上海，《申报》第2版。

1912a：2月8日报道《议贫儿院》[N].台北，《台湾日日新报》第5版。

b：9月14日报道《民国国歌将出现》[N].上海，《申报》第7版。

c：9月14日报道《民国之国歌》[N].上海，《太平洋报》第12版。

d：10月10日报道《提灯会中新国歌》[N].上海，《太平洋报》第11版。

e：11月《曾志忞之怙恶》[J].上海，《新闻·社会世界》第5期。

1913：《障碍救儿事业》[J].《杭州惠儿院救儿事业杂志》（第二年）。

1914a：5月27日《上海贫儿院管弦乐队之北行》[N].上海，《申报》第11版。

　　b：12月7日《志中西音乐会》[N].北京，《顺天时报》第3版。

1915：9月17日《参观北京中西音乐会所感》[N].上海，《新闻报》第1版。

1922：12月22日报道《宣统大婚式典》[N].台北，《台湾日日新报》第5版。

1923：5月14日报道《日本音乐家来华：专研究中国古代音乐——明晚在北大讲演
　　——并演奏隋唐音乐（留声机）》[N].北京，《晨报》第6版。

1924a：1月6日报道《中西音乐会之忙碌》[N].北京，《顺天时报》第7版。

　　b：2月13日《大同乐会筹备修正中西乐》[N].上海，《申报》（第18302号）
　　第20版。

1925a：4月12日《中西音乐会西乐随唱之中国旧剧》[N].北京，《顺天时报》
　　第5版。

　　b：5月16日报道《曾少卿铜像明日开幕》[N].上海，《申报》（本埠增刊）
　　第3版。

1926：3月8日《中西音乐会演剧（三月十五日）》预告[N].北京，《晨报》
　　第6版。

1928a：6月15日报道《贫儿院二十周年纪念会记》[N].上海，《申报》第14版。

　　b：8月22日报道《嘉定》[N].上海，《申报》（第3张）第11版。

1929：12月29日报道《中西音乐会派赴热河之情形》[N].北京，《顺天时报》
　　第5版。

1931：8月22日报道《听花仓皇谢世》[N].天津，《北洋画报》第667期第3版。

1932：3月4日《开梨园新记录·军乐队欢送名伶杨小楼等喜荣归》[N].天津，《益
　　世报》第8版。

1935：6月22日报道《廖仲恺灵榇过沪情形：（上）灵榇由轮上吊下军乐队奏乐
　　之情形》（照片）[N].天津，《益世报》第3版。

1936：11月29日报道《各团体昨追悼高砚耘》[N].上海，《申报》第10版。

1990：记《意大利风情区调查情况·曾志房产》（据"和嫩19号"文件，接管为公

产）[Z].天津，电子档案。天津《今晚报》王振良先生提供，特致谢忱！

[清]曾志忞（泽　霖·志　忞·忞）

1903a：9月21日《音学·乐理大意》[A].江苏同乡会干事编《江苏》第6号[J].东京，神田区骏河台铃木町十八番地；总经销处，上海四马路惠福里明权社。

b：10月20日《唱歌及教授法·文明国宝·音乐·续第六号》[A].江苏同乡会干事编《江苏》第7号[J].同上。

c：《练兵》同上。

d：《游春》同上。

e：《杨子江》同上。

f：《海战》同上。

g：《新》同上。

h：《秋虫》同上。

1904a：2月14日《告诗人》[N].转梁启超《文苑·饮冰室诗话》合本[M].东京，《新民丛报》第46—48号。

b：5月13-18日《教授乐理之初步·附图》[J].东京，《江苏》第11—12期合刊。

c：8月11日《马蚁·学堂唱歌》[J].芜湖，《安徽俗话报》第9期。

d：8月25日译补、日本高等师范学校教授铃木米次郎校订《乐典教科书》[M].东京，三协合资会社印刷；上海，广智书局。

e：8月25日《自序·乐典教科书》[C].东京，三协合资会社，上海，广智书局[M].；张静蔚编选、校点《中国近代音乐史料汇编》（1840—1919）[C].北京，人民音乐出版社1998年12月版。

f：9月24日《乐典教科书（广告）》[N].东京，《新民丛报》第53号。

1905a(a)：2月4日《音乐教育论》[N].东京，《新民丛报》第3年第14号。

(b)：5月4日《音乐教育论》（续）[N].东京，《新民丛报》第3年第20号。

(c)：5月4日《一、不可改人原曲·第五章：音乐之于诗歌》[A].《音乐教育论》[N].东京，《教育·新民丛报》第62号。

b：4月15日编《音乐全书》[M].东京总发行所：中国留学生总会；上海发行所：开明书店；东京并木活版印刷行。按：此书分第一编《乐典大意》（乐理）、第二编《唱歌教授法》、第三编《风琴练习法》，涵盖乐理、声乐、器乐。

c：8月25日《专件·亚雅音乐会之历史》[N].东京，《新民丛报》第3卷第3期。

d(a)：9月29日《和声略意》（1）[J].东京，《醒狮》第1期；发行：中国留学生总会（日本东京神田骏河台铃木町）；明新书局（松江西门外）；国粹学报（上海四马路惠福里）；时中书局（上海望今街）；中国报馆（香港）。

 (b)：《曾志忞音乐书之用法》（广告）[J].同上，无页码，第88之后页。

e：10月13日编《教育唱歌集》订正四版[C].上海，开明书店；初版1904年5月29日；二版1904年9月24日；三版1905年4月19日[C].东京，浅草黑船町廿八番地"东京并木活版所"，印刷者：榎本邦信。

f(a)：10月28日译《日本音乐非真音乐》（原作：东京帝国大学兼东京音乐学校教师开孛氏）[J].东京，《醒狮》第2期。

 (b)：《曾志忞编音乐书目》（1904）[J].同上，第70后第二插页。

g：11月27日《和声略意》（2）[J].东京，《醒狮》第3期。

1906a：4月24日《音乐四哭》[J].东京，《醒狮》第4期。

b：《曾志忞音乐书之用法》（广告）[J].同上。

c：《教育唱歌集》订正五版[M].东京，中国留学生总会。

1909a：秋《予之贫儿观》[A].《自开办至宣统元年六月止——上海贫儿院第一次报告》[M].上海贫儿院。

b：《院歌》二首[M].同上。

c：《追悼创办人曾少卿先生歌》[M].同上。

d：《院联》[M].同上。

1910a：3月6日《弦乐之试习·半年中之实行事》[J].上海，《慈善：贫儿院月报》第1号。

b (a)：4月29日《上海贫儿院派遣募捐队之原由及报告》[N].上海，《新闻报》第3张第1~2版。

(b)：4月30日《上海贫儿院派遣募捐队之原由及报告》（续）[N].上海，《新闻报》第3张第2版。

c：4月《贫儿院管弦乐队》[Z].上海图书馆。

d：5月1日《曾志忞来书》（全稿）[N].上海，《申报》第3~4版；《曾志忞致申报书》[J].上海，5月2日《慈善：贫儿院月报》第4号第5~6页。

e：6月2日《关于募捐队之问答》[N].上海，《慈善：贫儿院月报》第4号第3~4页。

f：7月1日《音乐披露·院事记录》[N].上海，《慈善：贫儿院月报》第5号。

g：7月23日《杂文·答友人书》[N].上海，《时报》第5版。

h：7月31日《曾院监不应中学堂监督之复函》[N].上海，《慈善：贫儿院月报》第6号。

1911a：1月25日《曾监院与唐职员来往函件（为管乐出队吹奏事）》[N].上海，《慈善：贫儿院月报》第12号。

b：《曾志忞通告诸亲好友》[N].同上。

c：3月10日（宣统三年二月初十）提供"上海贫儿院管弦乐队合影"（照片）[Z].上海，《教育杂志》第3卷第2期。

d：10月16日《主张》[N].上海，《慈善：贫儿院月报》第20号。

1912a：10月10日《中华民国国歌·其一〈大桃园〉其二〈五色旗〉》[N].上海，《申报》第9版。

b：10月13日《中华民国国歌之一〈大桃园〉之二〈五色旗〉》[N].上海，

《新闻报》第1版。

c：11月25日《新京都之闻闻见见》[J].上海，《慈善：上海贫儿院月报》第
24号。

d：12月6日无名氏编《关于儿童艺术会之函稿：上海贫儿院院长曾志忞致教育
部范总长函（及范总长复函）》[N].上海，《申报》第7版。

1913：9月《编辑大意》[A].高寿田译述、曾志忞校订《和声学》[M].上海，商务
印书馆1914年10月初版。

1914a：4—6月《歌剧改良百话》[J].北京，冯文慈整理《中央音乐学院学院》
1999年第3期。

b：4月4日《读狷少书后志感》[N].北京，《顺天时报》第5版。

1915：6月《京剧脚本发刊序言》[A].与高砚耘合编，白承典、邹振元制谱《〈天
水关〉京剧第一集·中西音乐会刊》（译谱，附新创锣鼓谱）[M].北京
中西音乐会。

1919a：9—10月间《寿渔堂建筑始末记》[A].方经辑《曾氏寿渔堂家祠落成纪念
册》[C].出版地不详，1920年石印版。

b：10月24日—11月21日《艺菊新法》[Z].方经辑《曾氏寿渔堂家祠落成纪念
册》[C].出版地不详，1920年石印版。

c：《民国八年寿渔园子生新种菊花》（图片）[Z].方经辑《曾氏寿渔堂家祠
落成纪念册》[C].出版地不详，1920年石印版。

d(a)：7月《予之贫儿观》[J].上海，《广益杂志》第7期。

(b)：《院联》[J].同上。

1920：4月7日《四朝燕乐自序》[N].天津，《益世报》第4张第14版。

1921：5月21日《曾志忞顿首》[N].上海，《晶报》第2版。

[清] 北华捷报（*The North-China Dailly News*）

1904：12月9日 "Music in Shanghai".[N].Shanghai, *The North-China Dailly News*
第4版。

1907：12月9日"The Scandinavian Concert".[N].Shanghai，*The North-China Daily News* 第7版。

1908a：2月14日"The Mme. Thue's Concert".[N].同上。

    b：11月16日"The Mme. Thue's Concert".[N].同上。

1909：10月11日"Hansel and Gretel".[N].同上。

[清]严　修

1904a：6月23日《严修东游日记》[M].天津市人民出版社1995年12月版。

    b：7月17日《严修东游日记》[M].同上。

1906：《日记》天津图书馆编《严修手稿》（馆藏民国珍贵史料丛刊）全23册[M].天津古籍出版社2012年1月版。

1908：8月11日《日记》[M].同上。

1910a：3月28日《日记》[M].同上。

    b：自订，高凌云补、严仁曾增编《严修年谱》[M].济南，齐鲁书社1990年1月版。

    c：4月13日《日记》天津图书馆编《严修手稿》（馆藏民国珍贵史料丛刊）全23册[M].天津古籍出版社2012年1月版。

    d：7月13日《日记》[M].同上。

1911：4月29日《日记》[M].同上。

1912：6月23日《日记》[M].同上。

1914a：11月22日《日记》[M].同上。

    b：11月30日《日记》[M].同上。

1915：4月12日《日记》[M].同上。

1916：8月16日《日记》[M].同上。

1917a：5月11日《日记》[M].同上。

    b：8月3日《日记》[M].同上。

    c：8月21日《日记》[M].同上；撰书《寿渔堂记》[C].出版地不详，方经辑

《曾氏寿渔堂家祠落成纪念册》，1920年石印版。

1919a：9月8日《日记》[M].天津图书馆编《严修手稿》（馆藏民国珍贵史料丛

　　　刊）全23册[M].天津古籍出版社2012年1月版。

　　b：9月18日《日记》[M].同上。

　　c：11月12日《日记》[M].同上。

　　d：12月7日《日记》[M].同上。

　　e：12月18日《日记》[M].同上。

　　f：12月18日《日记》[M].同上。

1920a：7月22日《日记》[M].同上。

　　b：11月4日《日记》[M].同上。

1921a：11月9日《日记》[M].同上。

　　b：11月11日《日记》[M].同上。

　　c：11月14日《日记》[M].同上。

1924a：4月22日《日记》[M].同上。

　　b：4月24日《日记》[M].同上。

1926a：3月9日《日记》[M].同上。

　　b：3月26日《曾志忞曹理蕴夫妇结婚三十年纪念征题·日记》[M].同上。

　　c：5月15日《日记》[M].同上。

　　d：5月16日《日记》[M].同上。

　　e：9月9日《日记》[M].同上。

1927a：9月15日《日记》[M].同上。

　　b：9月19日《日记》[M].同上。

[清]湖北师范生（旅日）

1905：4月12—14日（原标"光绪三十一年三月初八印刷，初十发行）据铃木米

　　　次郎、中岛六郎"讲授"、陈邦镇、傅廷春编《音乐学·师范教科丛编

　　　第14种》[C].东京，湖北学生处；印刷所，株式会社秀英舍第一工厂，印

刷者，藤本兼吉（东京牛込区市ヶ谷加贺町一丁目十二番地）；东京，

总发售处，湖北官书处。

[日] 臼井规矩郎

1905—1906：《修文馆乐谱》[M].东京，修文馆。

[清] 权国垣

1905：7月黄子绳等编《教育唱歌》下编[C].东京，湖北学务处。

[清] 清国留学生会馆

1905：正月《亚雅音乐会第二次开会》[Z].《东京留学界记实》第1期[J].东京，

神田骏河台铃木町清国留学生会馆。

[清] 汪笑农·侬、熊文通

1905：《致曾少卿书》[C].阿英编《反美华工禁约文学集》[C].北京，中华书局

1960年版。

[清] 陈超立

1906：6月22日—7月20日（原标"光绪三十二年五月"）词《从军》[Z].丹徒叶

中冷编纂《小学唱歌初集》[C].上海，商务印书馆。

[清] 李叔同（息　霜）

1906a：2月8（丙午年正月十五）日编《音乐小杂志·封面·昨非录》[J].东京，

三光堂印刷所；上海公益社出版，上海开明书店2月13日发行。

　　b：5月3日未署名《论学校音乐之关系》[N].上海，《申报》第2版。按：

经查此文属《申报》编辑部据李叔同、曾志忞的文章辑录，笔者所引部

分为李叔同文字，详陈艳秋、李岩《论李叔同、曾志忞乐歌思想之异

同——从〈申报〉政论〈论学校音乐之关系〉说起》[J].北京，《音乐研

究》2020年第2期。

[清] 上海夏期音乐讲习会

1906：8月27日抄《来函·上海夏期音乐讲习会报告》[N].上海，《申报》第10版。

[清]王季良、胡君复

1906：9月《唱歌游戏绪言》[A].转张静蔚编选、校点《中国近代音乐史料》
（1840—1919）[C].北京，人民音乐出版社1998年12月版。

[清]辛 汉

1906a：2月《唱歌教科书》[C].上海，普及书局初版；4月再版（线）。

　　b：12月20—30日（原标"光绪三十二年十一月五日印刷，十一月十五日发
　　行"）铃木米次郎校阅《中学唱歌集》[C].上海，普及书局；印刷者、榎
　　本邦信，印刷所、并木活版所，日本东京浅草黑舟町廿八番地；分发行
　　所，南京启新书局（南京城内党家巷口）；天津同记普及书局（天津北
　　门西）、东京福记普及书局（东京神田猿乐町十七番地）。

[清]赵铭传

1907：11月编《东亚唱歌》[C].上海时中书局再版。

天津档案局

1908：存档《奉饬转知各行勿轻信曾少卿倡抵美货》[Z].天津档案局，卷宗号，
　　J128-2-00828-001；全宗号128；目录号3；案卷号2828。

[清]端 方

1908a：三月廿日《奏为商约大臣盛宣怀在沪捐建孤儿院并妥议办院章程等情形
　　事》[Z].北京，中国第一历史档案馆存《宫中硃批奏折》全宗号04·类别
　　号01·编目号1·案卷号1107·文件号18。

　　b：六月十三日《禀为上海绅商捐资创设贫儿院援案恳恩褒奖以昭激劝》[Z].
　　北京，第一历史档案馆存《宫中硃批奏折》全宗号03·目录146·案卷
　　号7223·文件号56。

[日]近森出来治

1908：9月5日《清国俗乐集》（第1、2集）[M].保定，直隶官书局；上海，东亚
　　公司书药局；北京，文明书局；天津，直隶教育图书馆；天津东亚书药
　　局；发行：天津，中国新书局。

[清] 政治官报

　1908：7月21日《硃批事由单·端方奏上海绅商贫儿院请赏匾额折》[N].北京，
　　　《政治官报》第264期。

[清] 王季烈

　1908：原译《小学理科教科书》（卷一、二、三、四）[M].上海，文明书局。

[清] 曾少卿遗族

　1908：5月27日《曾少卿大人讣告》[N].上海，《申报》第1版。

[清] 华商联合报

　1909：宣统元年四月十五日（6月2日）社评《中国第一伟人曾少卿先生》[N].上
　　　海，《华商联合报·海内外图画影片·亲笔》第7期。

[清] 茎（丁茎九）

　1909：秋《大事记》[Z].《自开办至宣统元年六月止——上海贫儿院第一次报
　　　告》[C].上海贫儿院。

[清] 上海音乐传习所

　1909：6月30日启《第三回上海夏期音乐讲习会广告》[N].上海，《申报》第1版。

[清] 图画日报

　1909：11月21日《贫儿院之吐气》[N].上海，《图画日报》第98号。

[清] 王国维

　1909：1月30日《人间词话》（三）[J].上海，《国粹学报》第4卷第12期（总第
　　　49期）。

[清] 宣统政纪

　1909：己酉闰二月廿四（甲辰）日《各学堂职员，凡有烟癖，不准充当》[C].《清
　　　实录大清宣统政纪·附录》[M].北京，中国第一历史档案馆。

　1911：10月4日《遵旨编制国乐专章一折》[C].《清实录大清宣统政纪·附录》卷
　　　60[M].北京，中国第一历史档案馆。

[清] 贫儿院

1910a：2月25日《公文件》[J].《慈善：上海贫儿院月报》第2号，上海贫儿院。

　　b：7月1日编《慈善：上海贫儿院月报》第5号[J].上海贫儿院。

　　c：12月26日编《上海贫儿院管乐队出队吹奏广告》[J].《慈善：上海贫儿院月报》第11号[J].上海贫儿院。

1911：2月13日编《慈善：上海贫儿院月报》第13号[J].上海贫儿院。

1913：1月2日《财政一览·总收支清单（从辛亥七月起十二月止）》[Z].《慈善：上海贫儿院月报》第24号[J].上海贫儿院。

1922a：编《年表·上海贫儿院概况》[M].上海图书馆。

　　b：《本院乐队奖章·上海贫儿院概况》[M].同上。

　　c：《大成殿古乐舞之景·上海贫儿院概况》[M].同上。

　　d：《收支清单（民国三年十月至四年十二月止）》[M].同上。

　　e：《贫儿院军乐队》[M].同上。

[清] 钏　影

1910：11月19日笑《咫闻尺见》[N].上海，《时报》第9版。

1927a：6月30日天笑《艺菊新法》[J].《上海画报》第248期第3页。

　　b：8月12日《悼曾志忞先生》[N].上海，《晶报》第3版。

[清] 苏颖杰（Soo Ying Juk）

1910：7月1日《演说辞二》[J].《慈善：贫儿院月报》第5号，上海贫儿院。

1920：3月29日《苏颖杰先生英文记》[A].方经辑《曾氏寿渔堂家祠落成纪念册》[C].出版地不详，1920年石印版。

[清] 王惠生

1910：11月26日《新乐府》[J].《慈善：贫儿院月报》第10号，上海贫儿院。

[清] 冯亚雄（孝　思）

1911：2月23日《本院管乐队出队吹奏报告》[J].《慈善：贫儿院月报》第13号，上海贫儿院。

1914：12月14日–15日《寿渔堂落成纪念册跋》[A].出版地不详，方经辑《曾氏寿
渔堂家祠落成纪念册》1920年石印版。

1959：4月11日"回忆"[Z].转梁良、沈旋记《访问冯亚雄先生的记录》[C].北京，
中国音乐家协会、中国音乐研究所编《中国近现代音乐史参考资料》第2
辑（参考资料105号）1959年9月3日油印本。

教育部

1912a：2月5日启《教育部征集国歌广告》[J].北京，《临时政府公报》第8号。

b：9月27日《教育部征求国歌广告》[J].上海，《申报》第1版。

c：9月28日公布《小学校令（节选）》[A].章咸、张援编《中国近现代艺术教
育法规汇编》[C].北京，教育科学出版社1997年7月版。

d：10月9日《教育部征求国歌广告》[J].上海，《申报》第1版。

e：11月10日《教育部征求国歌》[J].北京，《教育杂志》第4卷第8号。

1913a：3月10日《教育部征求国歌》[J].北京，《教育杂志》第4卷第12号。

b：3月《请撰国歌书》[J].北京，《教育部编纂处月刊》第1卷第2期。

1914：10月《教育部审定批语·和声学》[A].高寿田译述、曾志忞校订《和声
学》[M].上海，商务印书馆。

沈恩孚

1912：2月25日词、沈彭年曲《国歌拟稿》[N].北京，《临时政府公报》第22号。

沈庆鸿（心 工）

1912：7月25日邹华民曲《国歌拟稿》[N].北京，《临时政府公报》第86号。

1913：《国民唱歌集》（第4集）[C].转张静蔚《搜索历史·中国近现代音乐文论
选编》[C].上海音乐出版社2004年9月版。

双林黄敦鼎

1912：1月26日戏《新婚军歌·自由谈》[N].上海，《申报》第8版。

我 一

1912：9月10日《临时教育会议日记》[J].北京，《教育杂志》第4卷第6号。

[清]Yen Fu

1912：3月16日*From Yen Fu to G·D·Gray 16 March 1912*.Lo Hui Min ed.[Z].The Correspondenc of G E Morrison Vol I.[C].Cambridge University Press 1976. pp.768~69.

高砚耘（寿　田）

1913：9月高寿田译述、曾志忞校订《和声学》[M].上海，商务印书馆1914年10月初版。

1917：9月《上海乐界之今昔观》[J].上海，《江苏省立第二师范学校校友会杂志》第9期。

1919：《寿渔堂记跋》[A].出版地不详，方经辑《曾氏寿渔堂家祠落成纪念册》，1920年石印版。

1922：《教育方针与设施》[M].《上海贫儿院概况》，上海图书馆。

1930：6月《上海贫儿院之职业教育过程》（报告）[J].上海，《教育与职业》第8期，总第117期。

顾树森、丁锡华

1913：1月《新制中华理科教科书》[M].上海，中华书局初版；1914年9月再版。

息影庐

1913：1月17日《自由谈话会》[J].上海，《申报》第10版。

张秀山

1913：12月编《最新中学音乐教科书》[M].转张静蔚《搜索历史·中国近现代音乐文论选编》[C].上海音乐出版社2004年9月版。

政府公报

1913：1月8日《呈批》[Z].北京，《政府公报》第9册第138号。

何卓勋

1914：《曾氏瑞芝义庄序》[N].上海贫儿院编《慈善：上海贫儿院月报》第3期。

华航琛

1914：4月《新教育唱歌集》初编[C].上海教育实进会，南京图书馆藏。

狷 少

1914：3月14日《答听花·志忞》[N].北京，《顺天时报》第3722号。

秋 水

1914a：4月25日谨上《与志忞君书》[N].北京，《顺天时报》第3738号。

b：7月7日《再致志忞君》（续）[N].北京，《顺天时报》第3809号。

顺天时报记者

1914：12月7日《志中西音乐会》[N].北京，《顺天时报》第3版。

走

1914：10月19日《音乐济贫院之出现》[N]北京，《顺天时报》第3911号。

北京档案局

1915：8月26日—11月4日存档《中西音乐会葛正鼎走失（案）》（卷宗，司字第622号）[Z].北京档案局。

[日] 听 花（辻武雄）

1915：11月23日《廿年辛苦付东流：中西音乐会之解散》[N].北京，《壁上偶评（281）·顺天时报》第3版。

1922：7月11日《宗人府中西音乐会参观记》[N]北京，《顺天时报》第5版。

1923a：5月22日《第二工厂中西音乐会参观记》（上）[N].北京，《顺天时报》第5版。

b：5月23日《第二工厂中西音乐会参观记》（下）[N].北京，《顺天时报》第5版。

1924：12月30日《西乐中剧：中西音乐会之试演》[N].北京，《顺天时报》第5版。

1929：12月16日《第二工厂之解散：中西音乐会同时消灭》[N].北京，《顺天时报》第5版。

张聊公

1915：10月《曹润田氏宅中大堂会》（民四）[Z].《听歌想影录》[C].天津书局1941年
10月初版。

1941：10月《听歌想影录自序》[A].《听歌想影录》[C].天津书局初版。

赵元任

1915：3月10日《和平进行曲》[J].上海，《科学》第1卷第1期，上海商务印书馆，
上海中华书局。

1916：10月《说时》续前[J].上海，中国科学社编《科学》第2卷第10期。

1927：8月14日《原〈新诗歌集〉序》[A].赵如兰编《赵元任音乐作品全集》[M].
上海音乐出版社1987年5月版。

吴家煦

1917：2月《新式理科教科书》[J].上海，中华书局1918年版。

傅斯年

1918：10月15日《戏剧改良各面观》[J].北京，《新青年》（戏剧专号）第5卷
第4号。

胡　适

1918：10月15日《文学进化观念与戏剧改良》[J].北京，《新青年》（戏剧专号）
第5卷第4号。

张厚载

1918：10月15日《我的中国旧戏观》[J].北京，《新青年》（戏剧专号）第5卷第
4号。

范源濂

1919：4月《范静生先生序》[Z].出版地不详，方经辑《曾氏寿渔堂家祠落成纪念
册》，1920年石印版。

方 经（允 常）

1919：11月3日（民国八年己未冬日）辑《跋·曾氏寿渔堂家祠落成纪念册》[C].
出版地不详，1920年石印版。

1921：12月《登天下第一关眺远》（二）[J].上海，《金德储蓄会月刊》第3卷第
3期。

1922：8月16日《独宿燕燕山房》《雨后遥望》[N].《天津益世报》第四张第15版。

1928：6月10日画《美女刷马图》[J].天津，《妇女画报》第2卷第2号。

1929：1月1日《宝山方允常为曹豫才先生画归稼图》（后立者为豫才先生公子曹
润田先生）[J].上海，《湖社月刊》第1册至第10册合刊。

[意] 费来谛（V.F.Loti）

1919：《费来谛领事英文记》[C].出版地不详，方经辑《曾氏寿渔堂家祠落成纪
念册》，1920年石印版。

凌启兰

1919：《凌启兰女士书宴池先生四言二首》[C].出版地不详，方经辑《曾氏寿渔
堂家祠落成纪念册》，1920年石印版。

柳 遗

1919：7月22日《东籬轩杂缀》[N].上海，《剧谈·申报》第14版。

[清] 苏曾泽新、曾泽霖

1919：9–10月间（合撰）《少卿府君行述·苏曾泽新女士〈太夫子行述〉》[A].
出版地不详，方经辑《曾氏寿渔堂家祠落成纪念册》，1920年石印版。

杨楚湘

1919：《杨楚湘先生序》[C].同上。

寒 云

1921：5月21日《寒云顿首》[N].上海，《晶报》第2版。

吉 生

1921：1月18日《参观曾祠及美术石工制造所记》[J].上海，《申报》第2张第16版。

辛 盒

1921：2月19日《记中华美术石工制造所》[N].上海，《申报》第4张第14版。

叶遽鸿英

1922：《序·上海贫儿院概况》[A].上海图书馆。

国文系教授会

1923：5月14日《启事》[N].《北京大学日刊》第1238号第1版。

随

1923：11月30日《军乐》[J].上海，罗伯夔、黄詠台主编《音乐季刊》第2期，上海中华音乐会。

[日]田边尚雄

1923a：5月23日[日]小峰莫蹊记《中国古代音乐之世界价值》[N].北京，《晨报副刊》第1～2版。

b：5月25日周作人口译、李开先记《中国古代音乐之世界价值》[J].《北京大学日刊》第1248期。

c：9月25日李开先记《中国古代音乐之世界价值》[N].南京，《文艺旬刊·民国日报》第9期。

d：10月5日李开先记《中国古代音乐之世界价值》（续）[N].南京，《文艺旬刊·民国日报》第10期。

e：10月16日李开先记《中国古代音乐之世界价值》（续）[N].南京，《文艺旬刊·民国日报》第11期。

f：11月10日《中国古代音乐之世界价值》[J].上海，《东方杂志》第20卷第10号。

仲子通

1924：1月《音乐教育的本质》[J].上海，《商旅友报》第1期。

1925：10月1日《上海之音乐队》[N].上海，《申报》第3～4版。

1927：《论生活艺术化与都市的艺术文化》[J].上海，《道路月刊》第20卷第
　　　　1期。

1928：潘大道作词《上海法政大学校歌》[J].上海，《月刊（上海）1928》第
　　　　6期。

1930：《中学乐理教科书》[M].上海，开明书店。

1938：《抗战与歌曲》[C].上海，商务印书馆。

1941：《中学音乐教学法》（附图表）[J].南京，《教育建设》第3卷第2期。

丁逢吉

1925a：4月3日《中西音乐会之回顾》[N].上海，《申报》第2张第7版。

　　　b：3月8日《电影偶谈》[N].上海，《申报》第11版。

　　　c：4月11日《谈棋》（一）[N].同上，第7版。

　　　d：4月12日《谈棋》（二）[N].同上，第7版。

　　　e：4月13日《谈棋》（三）[N].同上，第7版。

刘海粟

1925：9月23日演讲，宋寿昌、杨枝移录《人体模特儿》[N].上海，《时事新报》
　　　10月10日增刊；转素颐编《民国美术思潮论集》[C].上海书画出版社2014
　　　年8月版。

潘公展

1925：5月31日《爱国青年与曾少卿》[J].宁波，《爱国青年》第2期。

张若谷

1925：9月13日《艺术评论·国内音乐刊物述评》[N].上海，《申报》第2版。

佟晶心

1926：5月《名伶：新旧戏与批评》[M].北京/上海，隆华书社、光华书局初版。

中西音乐会

1926：1月6日《广告》[N].北京，《顺天时报》第1版。

嘉定曾氏瑞芝义庄账房

1927a：8月10日《报丧》[N].上海，《申报》第2版。

　　b：8月11日《报丧》[N].同上，第1版。

清　瘿

1927：12月25日星期日（圣诞节）《曾志忞接灵记》[N].上海，《申报》第5张第
　　　17版。

梁所得

1929a：7月，总编，中央特聘上海王开照相馆、南京中华照相馆摄，中央宣传部
　　　黄英编《军乐及宣传人员出发登车·奉安大典写真》[M].上海，良友出
　　　版印刷公司。

　　b：《军乐队前导·奉安大典写真》[M].同上。

　　c：《军乐队沿途奏哀乐·奉安大典写真》[M].同上。

觉梦生

1930：《曾志忞之〈天水关〉秘本》[J].上海，《江天小阁戏谭·戏剧月刊》第7
　　　期，大东书局。

刘天华

1930a：元旦编《梅兰芳歌曲谱》[M].北京，石印本。

　　b：元旦《序二·梅兰芳歌曲谱》[M].同上。

梅兰芳

1930：元旦《序一·梅兰芳歌曲谱》[M].北京，石印本。

欧阳予倩

1930a：4月1日《自我演戏以来·五续》[J].广州，《戏剧》第1卷第6号。

　　b：6月15日《在南通住了三年·自我演戏以来》[J].广州，《戏剧》第2卷第1号。

1939：11月《自我演戏以来》[M].上海，神州国光社。

王光祈

1931：2月26日《中国音乐史·自序》（于柏林国立图书馆）[A].上海，中华书局 1934年版。

教育部中小学课程标准编订委员会

1932：1月编订《初级高级中学课程标准》[M].上海，商务印书馆。

王泊生

1932a：1月《曹心泉先生标准音黄钟考证之始末》[J].北平，南京戏曲音乐院北 平分院研究所编《剧学月刊》第1卷第1期。

b：1月《中国剧乐进一步的办法》[J].同上。

c：1月图2.（六律六吕图式及释文）[J].同上。

胡怀琛

1933：12月《上海乐艺学概要（三）》[J].《上海通志馆期刊》第1卷第4期。

沙　飞、吴宝基、沈振黄

1936：10月15日报道《一代文豪鲁迅先生之丧：殡仪出发时之行列，军乐队前导》 （照片）[Z].上海，《良友图画杂志》第121期。

玉　足

1936：3月14日《救亡歌曲之鼻祖》[N].上海，《辛报》第2版。

朱少屏、柳亚子等

1936：2月20日《发起健行公学校友会启事》[N].上海，《申报》第6版。

陈招慧

1938：12月27日《今日播音》（ZEK12时半、中乐唱片）[Z].上海，《申报》 （香港版）第5版。ZEK12

汪笑笑

1938：9月28日《今日播音秩序》（时半到2时半、中乐唱片）[Z].上海，《申报》 （香港版）第4版。

东 阜

　　1940：2月15日《曹心泉小传》[N].无锡，《锡报》第3版。

朱士嘉

　　1941：《序》[A].李士涛《中国历代名人年谱目录》[M].长沙，商务印书馆；转
　　　　　来新夏、徐建华《中国的年谱与家谱》[M].北京，中国国际广播出版社
　　　　　2010年7月版。

顾毓琇

　　1942：7月15日《黄钟定音记：为庆祝中国音乐学会成立而作》[J].重庆，《乐
　　　　　风》第2卷第4期。

天津档案局

　　1944：藏《曾寿渔堂地契卷》全宗号56，目录号42，案卷号77381[曾寿渔堂（天
　　　　　津市财政局房地契）第7197号][Z].天津档案局。

程懋筠

　　1947：11月26日提议《关于〈修订高级中学音乐课程标准草案〉之意见·附加意
　　　　　见》[Z].南京，中国第二历史档案馆藏，全宗号五，卷宗号7025。

黄炎培

　　1948：7月12日《音乐教育家沈心工先生传》[N].上海，《大公报》第8版。

萧 铮

　　1977：主编《民国20年代中国大陆土地问题资料》[R].台北，成文出版有限公司；
　　　　　[美]中文资料中心。

[美] 曹汝霖

　　1980：6月1日《曹汝霖一生之回忆》[M].台北，传记文学出版社再版。

黄祥鹏

　　1980：初，统修《旧民主主义革命时期——近代的音乐》[Z].北京，打印本。

陈聆群

　　1982：《近现代音乐资料》（照片，陈聆群同志提供1982年·二）[Z].北京，中

国艺术研究院音乐研究所资料室。

1983：《曾志忞——不应被遗忘的一位先辈音乐家》[J].北京，《中央音乐学院学报》第3期。

2009：《从新披露的曾志忞史料谈起》[J].上海，《音乐艺术：上海音乐学院学报》第1期。

2013：《曾志忞——犹待探索研讨的先辈音乐家》[J].上海，《音乐艺术：上海音乐学院学报》第4期。

胡从经

1982：4月《晚清的儿童音乐家——曾志忞》[A].《晚清儿童文学钩沉》[M].上海，少年儿童出版社。

姜椿芳

1982：5月23日《序·中国音乐史纲要》（沈知白遗作）[A].上海文艺出版社。

沈知白

1982：12月《中国音乐史纲要》[M].上海文艺出版社。

达　威

1983：2月《梁启超、曾志忞对近代音乐文化的贡献》[J].北京，《人民音乐》第2期。

[美] 内　透（Bruno Nettl）

1983：*The Study of Ethnomusicology：Thenty-nine Issues and Concepts*.[M].Urbana/Chicago London,University of Illinois Press.

薛绥之、韩立群

1983：4月《鲁迅生平史料汇编》第3辑[C].天津人民出版社。

张静蔚

1983a：7月《学堂乐歌〈祖国歌〉作者是李叔同吗？》[J].北京，《中央音乐学院学报》第2期。

b：10月《音乐史料与论文汇编》[Z].北京，中国音乐学院音乐学系（铅印，内部交流版）。

1987：10月《论学堂乐歌》[A].中国艺术研究院研究生部编《中国艺术研究院首
届研究生硕士学位论文集·音乐卷》[C].北京，文化艺术出版社。

1998：12月编选、校点《中国近代音乐史料汇编》（1840–1919）[C].北京，人民
音乐出版社。

2004：9月《搜索历史：中国近现代音乐文论选编》[C].上海音乐出版社。

[美] 韩国锽

1985：《自西徂东：中国音乐文集》第2集[C].台北，时报文化出版事业有限公司。

1990：1月《韩国锽音乐文集》（一）[C].台北，乐韵出版社。

韩世昌

1985：6月《我的昆曲艺术生活》[C].北京，中国政协北京委员会文史资料研究会
编《燕都艺谭》，北京出版社。

秦国经

1985：《逊清皇室轶事》[M].北京，紫禁城出版社。

上海市公证处

1987：2月12日《公证书》[Z].上海，中华人民共和国上海市公证处。

秦启明

1988：4月《沈心工年表》[J].《南京艺术学院学报·音乐与表演版》第1期。

庄　政

1989：8月《我国国歌之沿革》[J]. 新北市，《师友月刊》第 266 期。

教育大辞典编辑委员会

1990：9月编《幼儿教育·教育大辞典》[M].上海教育出版社。

沈　洽、许常惠

1990：编《学堂乐歌之父：沈心工之生平与作品》[M].台北，乐韵出版社。

谢　巍

1990：1月《弁言》严修自订、高凌云补、严仁曾增编《严修年谱》[M].济南，

齐鲁书社。

杨伯峻

1990：《春秋左传注》[M].北京，中华书局。

孙令仁、李德征

1991：6月主编《中国近代企业的开拓者》（下）[M].济南，山东人民出版社。

[美] 鲍会园

1994：4月编《马可福音·新约圣经》（新国际版研究读本）[M].新泽西，更新
传道会。

李　岩

1994：《论国乐改进观念的衍变》刘靖之、吴赣伯编《中国新音乐史论集·国
乐思想》[A].香港大学亚洲研究中心。

2007：1月《美育之兴起、确立及景观》[J].武汉，《黄钟：武汉音乐学院学报》
第1期。

2011a：11月《淬本而新：文化退潮现象研究》[J].天津，《天籁：天津音乐学院
学报》第4期。

　　b：11月《黄河的世纪情仇》[A].《不忍乐史尽成灰》[M].北京，燕山出版社。

2014：9月《广学流慈——曾志忞史料殆尽之欤？》[J].上海，《音乐艺术：
上海音乐学院学报》第3期；《广学流慈——曾志忞史料殆尽之欤？》
[J].北京，《人大报刊资料·舞台艺术（音乐·舞蹈）》（2015年第
1期·下）、中国社会科学网（http://www.cssn.cn/ysx/ysx_ylx/201601/
t20160127_2845513.shtml）全文转载。

2018a：4月15日《世纪之问：曾志忞史料殆近之欤》（1）[J].杭州，《音乐文化
研究：浙江音乐学院学报》第2期。

　　b：7月15日《世纪之问：曾志忞史料殆近之欤》（2）[J].同上，第3期。

　　c：10月15日《世纪之问：曾志忞史料殆近之欤》（3）[J].同上，第4期。

2019：1月15日《世纪之问：曾志忞史料殆近之欤》（4）[J].同上，第1期。

苏祖斐

1994a：《难忘的旧宅和先辈·我的医学生涯》[M].上海，文汇出版社。

　　b：《恰似"移民渡江"·我的医学生涯》[M].同上。

　　c：《母亲与母亲的病·我的医学生涯》[M].同上。

　　d：《终与艺术无缘·我的医学生涯》[M].同上。

　　e：《我的童年·我的医学生涯》[M].同上。

　　f：《男教师写的妇女〈放脚歌〉·我的医学生涯》[M].同上。

1996：8月《苏祖斐百岁回忆录》[M].上海科学普及出版社。

汪毓和

1994：10月编著《中国近现代音乐史》（修订版）[M].北京，人民音乐出版社。

2002：10月编著《中国近现代音乐史》（第二次修订版）[M].北京，人民音乐出版社、华乐出版社。

中国艺术研究院音乐研究所资料室

1994：3月编《中国音乐书谱志（先秦——1949年音乐书谱全目）》（增订本）[M].北京，人民音乐出版社。

李文如

1997：8月《音乐全书修补重装记》（手抄）[Z].曾志忞编《音乐全书》1905年4月15日版。

[美]Pennsylvania，Commonwealth

1997：August 6 *Certificate of Death*[Z].Pennsylvania，Department of Health.

郭长海

1998：3月《〈祖国歌〉等诗非李叔同所作考》[J].《长春师院学报·社会科学版》第1期。

缪天瑞

1998：10月主编《音乐百科词典》[Z].北京，人民音乐出版社。

徐家力

1998：6月《中华民国律师制度史》[M].北京，中国政法大学出版社。

卢　栩

1999：6月《中国近代新音乐的拓荒者——论曾志忞的音乐思想及实践》[D].北京，中央音乐学院音乐学系（硕士论文，俞玉姿教授指导）打印本。

2000：《京剧改革的先声——曾志忞〈歌剧改良百话〉》[J].北京，《中央音乐
　　　　学院学报》第2期。

张　前

1999：10月《附录1.东京音乐学校中国留学生名薄·中日音乐交流史》[M].北京，
　　　　人民音乐出版社。

刘靖之

2000：7月李岩译《抄袭、模仿、移植：中国新音乐发展的三个阶段》[J].《南京
　　　　艺术学院学报·音乐及表演版》第3期。

2005：9月《抄袭·模仿·移植：中国新音乐发展的三个阶段》（增补版）[A].
　　　　刘靖之、李明编《长河集：香港民族音乐学会二十周年文集》（1984—
　　　　2004）[C].香港大学亚洲研究中心、香港民族音乐学会。

钱仁康

2001：5月《学堂乐歌考源》[M].上海音乐出版社。

桑　桐

2001：5月《第三十八章：和声材料与处理和弦方法（三）》[A].《和声学教程》
　　　　[M].上海音乐出版社。

叶秀云

2001：《宗人府教养工厂创办概况》[A].清代宫史研究所编《清代宫史论丛》[C].
　　　　北京，紫禁城出版社。

金　梅

2002：8月《弘一法师——李叔同》[M].北京，人民音乐出版社。

梁茂春

2006：1月《饶歌鼓吹观凯旋：沈心工〈黄河〉赏析》[C].《20世纪中国名曲鉴赏》
　　　　[M].合肥，安徽文艺出版社。

2009：6月《饶歌鼓吹观凯旋：沈心工〈黄河〉赏析》[A].北京，音乐周报社编《音
　　　　乐周报精品文选1979—2009》[C].北京，同心出版社。

郑逸梅

2006：《南社丛谈：历史与人物》[M].北京，中华书局。

[日]中村忠行

2006：1月吉田薰译《中国戏剧评论家辻听花》[J].蒋锡武主编《艺坛》第4卷[J].
　　　　上海书店出版社。

杜亚雄

2007：7月《商核、商调式、商代音乐》[J].北京，《中国音乐：中国音乐学院学报》第3期。

李　静

2007：3月《民国国歌〈卿云歌〉的诞生与争论》[J].北京，《文艺研究》第3期。

2012：10月《乐歌中国：近代音乐文化与社会转型》[M].北京大学出版社。

熊月之

2007：12月编《晚清新学书目提要》[M].上海书店出版社。

邱志红

2008：8月《民国时期北京律师群体探析》[J].《北京社会科学》第4期。

瞿　巍

2008：11月《清政府在抵制运动中的态度》[J].贵阳，《贵州社会科学》第11期。

张　伟

2008：5月11日《曾氏父子与贫儿院》[N].上海，《新民晚报》B13版。

高　婷

2009：6月《留日知识分子对日本音乐理念的摄取：明治末期中日文化交流的一个侧面》[M].北京，文化艺术出版社。

[日] 小野寺史郎

2009：1月《平衡国民性与民族性：清季民初国歌的制定及其争议》[J].广州，《中山大学学报·社会科学版》第1期。

谭建川

2010：10月《日本文化传承的历史透视：明治前启蒙教材研究》[M].北京，商务印书馆。

刘湜湜

2010：《遗忘·重现·永恒——曾志忞研究综述》[J].西安，《音乐天地》第1期。

程　美、孟维平

2011：《曾志忞的人生三部曲》[J].天津，《天籁：天津音乐学院学报》第3期。

邓嗣明

2011：《中国词美学》[M].深圳，海天出版社。

袁韵佳

2011：5月20日《二十世纪上半叶中国管弦乐队发展史略》[D].青岛大学硕士学位论文（UDC781；分类号J6；学校代码11065；陶亚兵教授指导）。

孙继南

2012：1月《中国近代音乐教育史纪年》（1840—2000新版）[M].上海音乐学院出版社。

王璜生、李垚辰

2012：5月《李叔同油画〈半裸女像〉的发现与初考》[J].北京，《美术研究》第2期。

翁礼成、叶　芳

2013：5月编《名人名言·胡耀邦情暖农技人》[A].《青少年不可不知的100名人和谐故事》[M].合肥，安徽文艺出版社。

王振良

2014：8月主编"天津记忆第二种"《荏苒芳华：洋楼背后的故事·附录四："三重证据法"及其在确认历史建筑身份中的运用》[M].天津出版传媒集团、天津古籍出版社。

张明观

2014：10月编《柳亚子〈健行公学（资料）抄件〉》[C].《柳亚子史料扎记二集》[M].上海人民出版社。

韩永进、王建朗

2015：8月主编《民国文献类编·法律卷398》[C].北京，国家图书馆出版社。

杨传庆

2015：7月整理《序·严范孙先生古近体诗存稿》[C].天津出版传媒集团、天津古籍出版社。

[英]斯图尔特（Ian Stewart）

2016：5月潘涛译，朱照宣校，陈以鸿审订《上帝掷骰子吗？——混沌之新数学》（*Does God Play Dice the New Mathematics of Chaos*）[M].上海交通大学出版社。

中国艺术研究院音乐研究所《中国音乐词典》编辑部

2016：10月《中国音乐词典》增订版[Z].北京，人民音乐出版社。

吴贵水

2017：1月《管理学学术规范与方法论 研究》[M].南京，东南大学出版社。

陈艳秋、李　岩

2020：3月《论李叔同、曾志忞乐歌思想之异同——从〈申报〉政论〈论学校音乐之关系〉说起》[J].北京，《音乐研究》第2期。

图

图 1.（曾志忞 1910c：1）

图 2.（贫儿院 1922e：36）

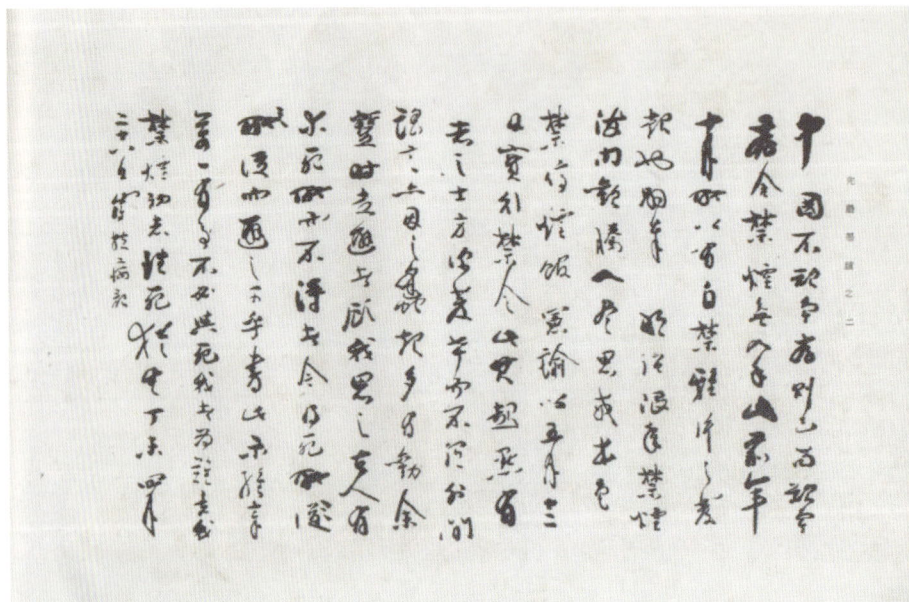

图 3.（曾铸 1907：34）

松江留東學生調查錄

姓名	籍貫	到日本年月	費別	學校
曾澤霖志忞	上海	光緒辛丑七月	自費	早稻田大學豫科
朱孔文君樓	上海	光緒壬寅五月	公費	法政大學速成科
金慶萱靜初	上海	光緒壬寅五月	公費	法政大學速成科
周文彬	華亭	光緒辛丑十月	自費	慶應義塾幼稚舍工手學校
諸翔青來	上海	光緒癸卯二月	自費	正則英語學校
施猛大任	華亭	光緒癸卯二月	自費	越後小學校
周貽倫秩臣	奉賢	光緒癸卯五月	自費	清華中學校
黃懿錫潤書	上海	光緒癸卯臘月	北洋官費	第一高等學校
王曾憲彥孚	南匯	光緒癸卯臘月	北洋官費	同上
吳介英新一	婁	光緒甲辰二月	自費	弘文速成師範科
王廷幹貢名	華亭	光緒甲辰三月	自費	同上
閔銘昌禁伎	婁	光緒甲辰二月	自費	法政大學速成科
吳前樞叔蘊	華亭	光緒甲辰二月	自費	同上
朱 照救黃	華亭	光緒甲辰正月	自費	弘文學院普通科
祖 鉞紹伊	上海	光緒甲辰六月	自費	法政大學速成科
褚克明聘三	奉賢	光緒甲辰六月	官費	日本帝國紙幣局
沈 琦孟材	華亭	光緒甲辰六月	官費	官版合資會社
曹汝錦理蘊	上海	光緒壬寅五月	自費	女子美術學校 東京音樂學校
曹汝荃英子	上海	光緒甲辰八月	自費	高等女子學校
朱英哲益秋	上海	光緒甲辰四月	自費	絹之紡績會社實習係 幻
陳 琦景韓	華亭	光緒壬寅四月	自費	熊本鐵道學校
王建善立才	上海	光緒壬寅	自費	金澤醫學校
沈成均石卷	婁	光緒壬寅九月	自費	大阪高等工業學校
王 逸	上海	光緒壬寅臘月	自費	熊本中學校
桀 石	青浦	光緒壬寅臘月	自費	同上
陳 非			自費	熊本島取小學校
李維翰芑香	華亭	光緒甲辰九月	自費	弘文師範速成科
高劍公天梅	金山	光緒甲辰九月	自費	同上
顧靈東地		光緒甲辰九月	自費	同上
周贊襄鑑臣	奉賢	光緒甲辰九月	自費	成城學校
姜邦幹仗村	華亭	光緒甲辰正月		

此係甲辰秋季調查錄以後官派自費各學生尚多容再調查續錄

图 4.（申报 1905a：3 版）

天津曾氏[illegible]宅[illegible]正面

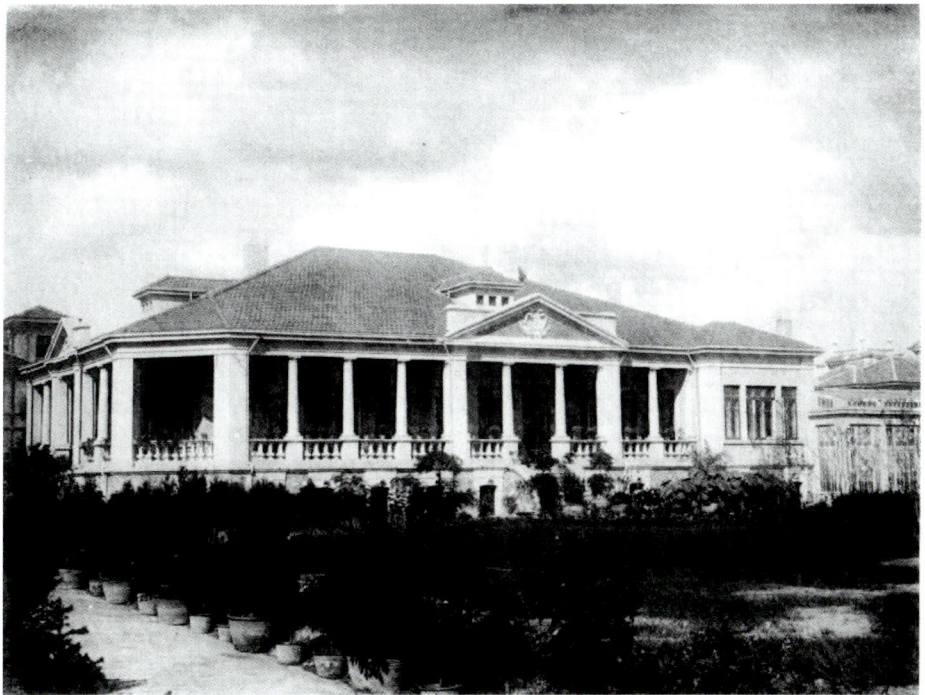

图 5.（方经 1919：36）

图 6.（李岩摄于 2017 年 1 月 15 日，恰逢此"堂"建成 100 周年）

忠愍少卿曾府君铜像

图 7.（方经 1919：38，位于曾寿渔堂西北隅，现已踪影全无，引者）

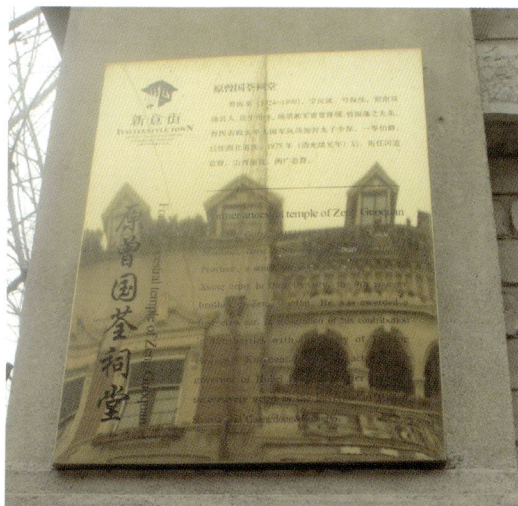

图 8. 李帛邢摄

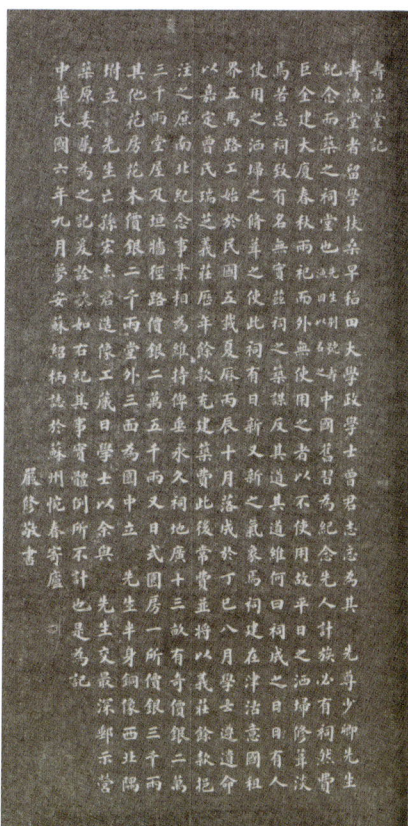

图 9.（严修 1917c: 37）

澤霖先生賜存

戊辰十月

梅瀾謹贈

图 10.（现藏中国艺术研究院）

日　本　式　閣　房

图 11.（方经 1919：49）

图 12.（曾裔萱提供）

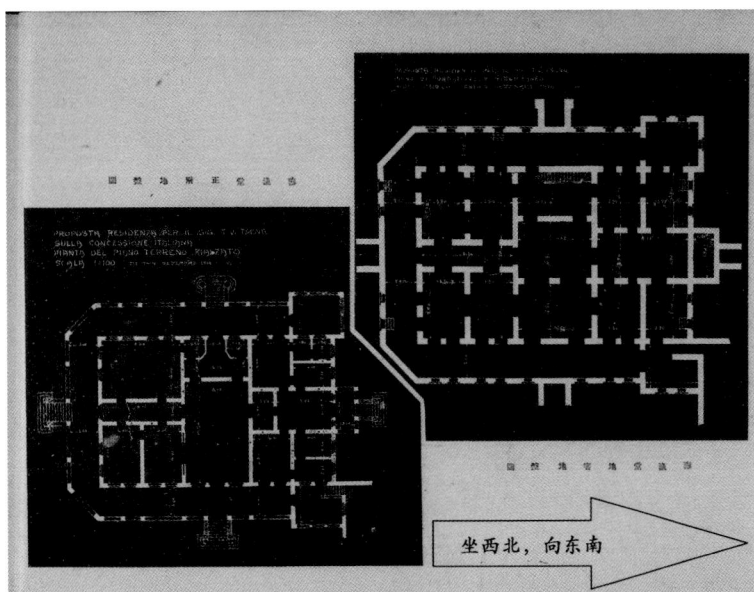

图 13.（方经 1919：30）

曾志忞編音樂書目（一九〇四年）

四版　教育唱歌集　實價三角

再版　國民唱歌集　實價二角

再版　樂典大意　實價二角

再版　唱歌教授法　實價二角

再版　風琴習練法　實價二角

再版　簡易進行曲　實價二角

發行所

上海開明書店

國民音樂會廣告

本會以修養高尚技術探本求源擴張國民音樂思想鼓吹國民音樂精神爲宗旨

本會設在東京神田駿河臺袋町十一番地

本會分三大科

一　軍樂科

二　管絃合奏科

三　普通科

本會講師姓氏如左

聲樂專門　現任東京音樂學校講師　外山國彥氏

絃樂專門　現任宮內省武部職　多忠朝氏

管樂專門　現任宮內省式部職　多忠龍氏

本會在東京試辦二年二年之內一切爲由發起人擔任

本會另有詳細章程願入會者請來會取閱可也

一九〇五年十月

發起人

朱少屏

曾志忞　訂

图 14.［曾志忞 1905d (b)：无页码］

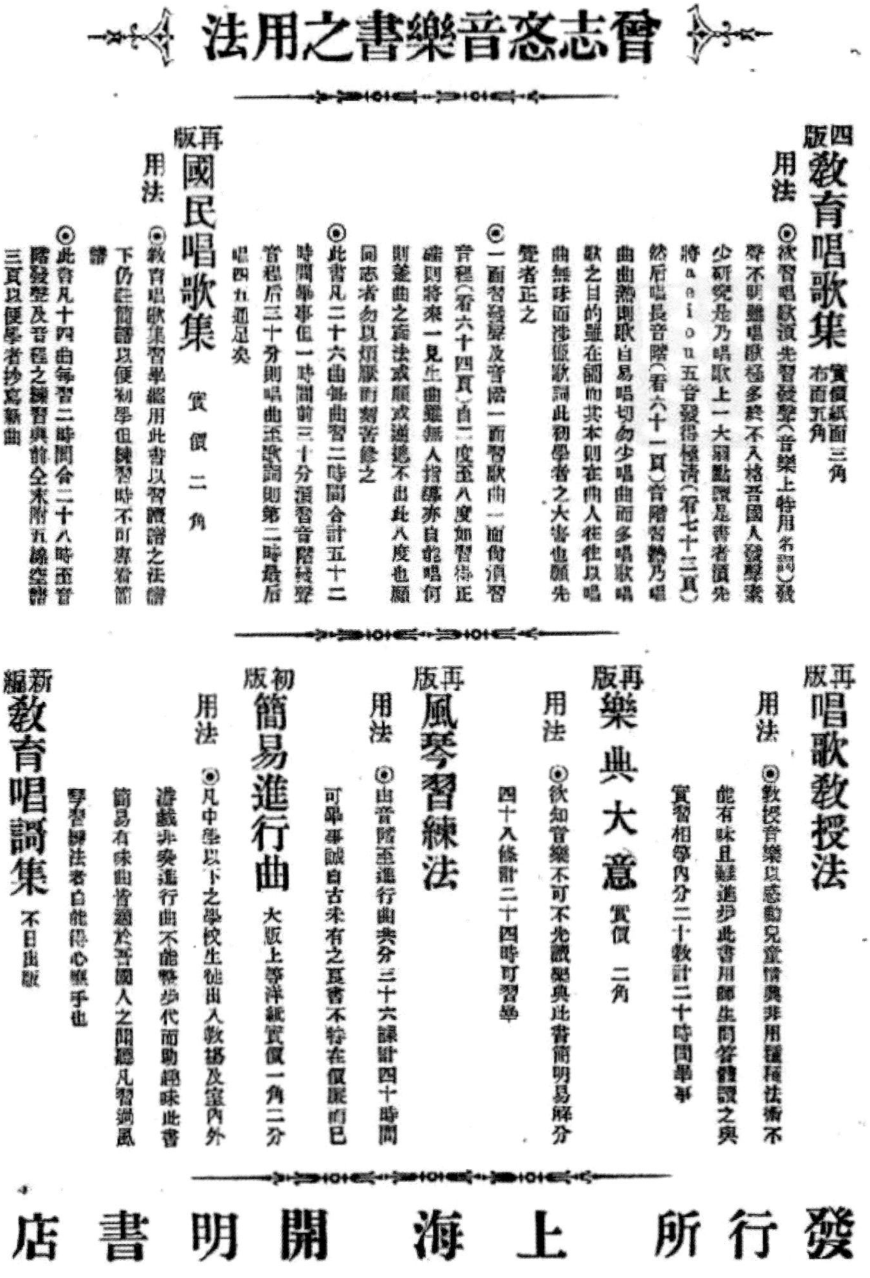

曾志忞音樂書之用法

四版 **教育唱歌集** 實價紙面三角 布面五角

用法 ◉欲習唱歌須先習發聲（音樂上特用名詞）發聲不明雖唱歌極多終不入格吾國人發聲素少研究是乃唱歌上一大弱點讀是書者須先將a e i o u五音發得極清（看七十三頁）然后唱長音階（看六十一頁）音階習熟乃唱曲曲熟則歌自易唱切勿少唱曲而多唱歌唱歌之目的雖在歌詞而其本則在曲人往往以唱曲無味而涉獵歌詞此初學者之大害也願先覺者正之

◉一面習發聲及音階一面習歌曲一面須習音程（看六十四頁）自二度至八度如習得正確則將來一見生曲雖無人指導亦自能唱何則蓋曲之高法或順或逆總不出此八度也願同志者勿以煩厭而畏苦修之

◉此書凡二十六曲每曲習二時間合計五十二時間每事但一時間前三十分須習音階發聲音程后三十分則唱曲至歌詞則第二時最后唱四五遍足矣

再版 **國民唱歌集** 實價二角

用法 ◉教育唱歌集習畢總用此書以習讀譜之法譜下仍註簡譜以便初學但練習時不可專看簡譜

◉此書凡十四曲每習二時間合二十八時至音階發聲及音程之練習與前仝末附五線空譜三頁以便學者抄寫新曲

再版 **唱歌教授法**

用法 ◉教授音樂以感動兒童情興非用種種法術不能有味且難進步此書用師生問答體設之與實習相等內分二十教計二十時間學畢

再版 **樂典大意** 實價二角

用法 ◉欲知音樂不可不先識樂典此書簡明易解分四十八條計二十四時可習畢

再版 **風琴習練法**

用法 ◉由音階至進行曲共分三十六課計四十時間可畢事誠自古未有之良書不特在價廉而已

初版 **簡易進行曲** 大版上等洋紙實價一角二分

用法 ◉凡中學以下之學校生徒出入教場及室內外遊戲非奏進行曲不能整步代而助趣味此書簡易有味曲皆適於吾國人之聞聽凡習過風琴習練法者自能得心應手也

新編 **教育唱詞集** 不日出版

發行所 上海 開明書店

图 15.（同上）

图 16.（曾裔萱提供）从左至右：冯亚雄、曾志忞、曾宏杰、高砚耘、方经

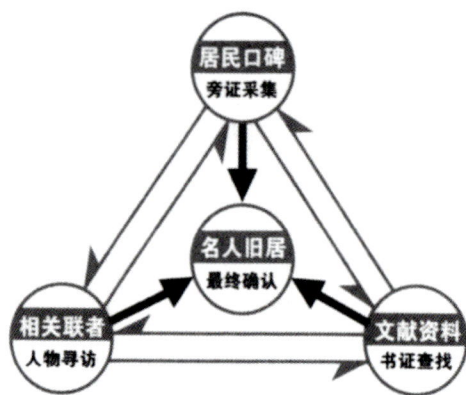

图 17.（王振良 2014：310）

图 18.（曾裔萱提供）

图 19.（"志忞初到日本之照"，曾裔萱提供）

图 20.（李叔同 1906a）

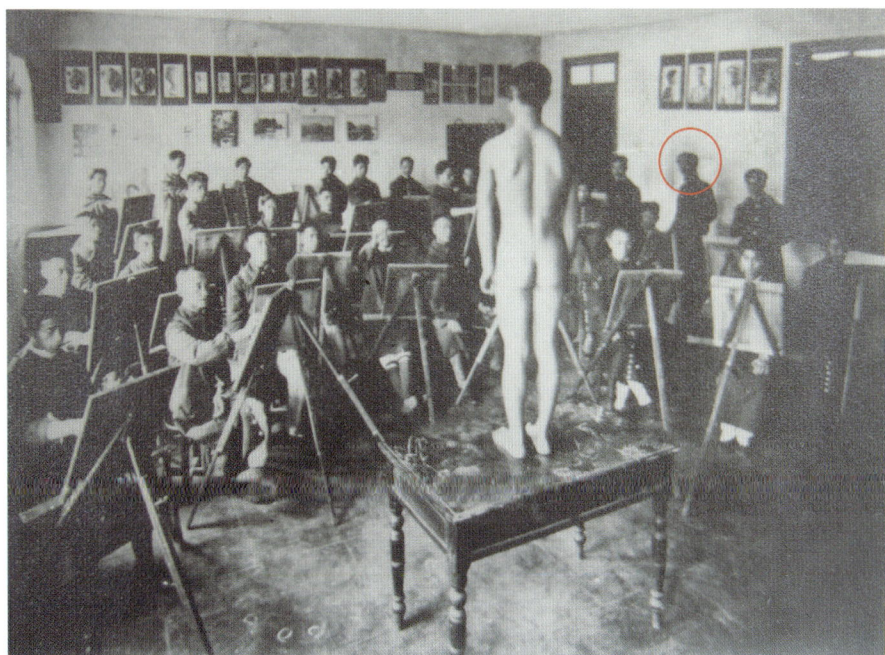

图 21.［金梅 2002：107，1914 年李叔同，站在门口处中间者（见红圈），在浙一师教授裸体写生时与学生合影］

图 22.（与王振良合影，2017 年 10 月 11 日 17 点，天津"问津书院"，王兰笛摄）

图 23.（2017 年 12 月 18 日下午 3 点，与曾喦萱、曾喦滢及女儿杨芮菁、女婿方联，在曾寿渔堂旧址，现福楼巴黎经典法餐厅南门南门台阶。天津河北区意大利风情街光复道 37 号，王兰笛摄）

图 24.［2018 年 11 月 26 日晚 20：00 点与曾氏姊妹于上海明珠大酒店大堂（黄浦区肇嘉浜路 212 号，陕西南路口）确认方经的遗物，1927 年为曾志忞特制 50 大寿佛像照片，王兰笛摄］

图 25（王泊生 1932c：44 第二插页）

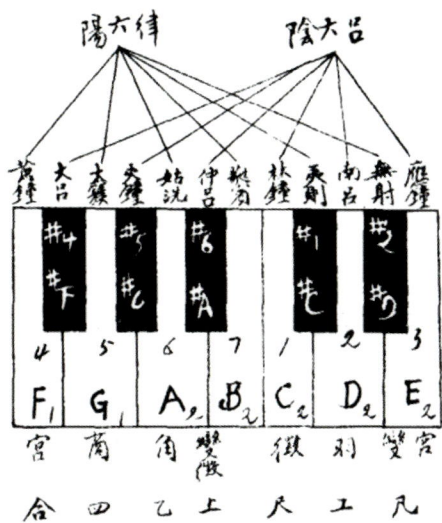

图 26.（王泊生 1932b：40）

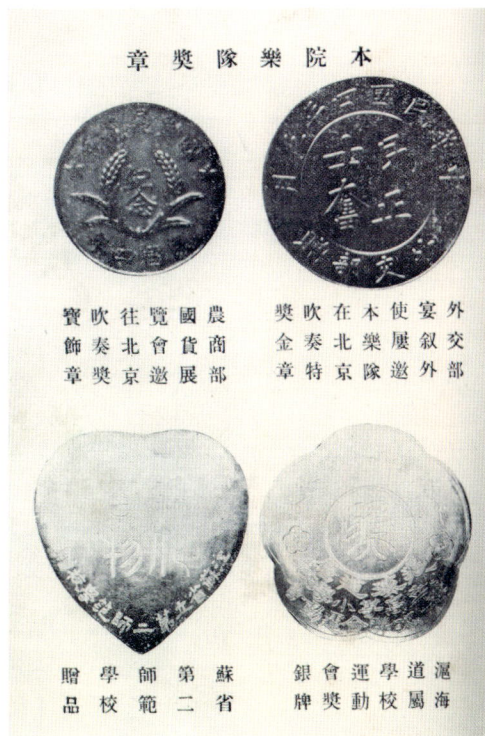

图 27. "本院乐队奖章"（贫儿院 1922b：无页码）

图 28. "大成殿古乐舞之景"（贫儿院 1922c：无页码）

图 29. 1905 年曾志忞夫妇在日本，从左到右：曹汝荃（小曹汝霖八岁，嫁王雅虹）、曹汝锦（原名汝金，小曹汝霖三岁）、王雅虹（守善）、曾泽霶（志忞）、曹汝霖（润田）

图 30. 音乐家曾志忞便装照

图 31.（与曾裔萱、曾裔萍在天津"津菜典藏"，2017 年 12 月 18 日晚 7 时，王兰笛摄）

图 32.（图画日报 1909：12）

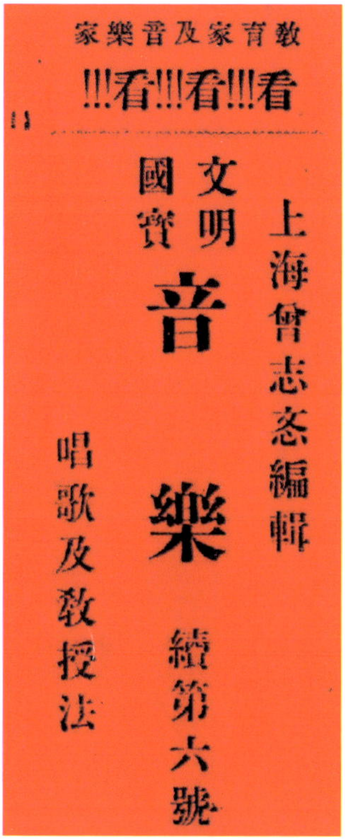

图 33. 曾志忞 1903b：无页码

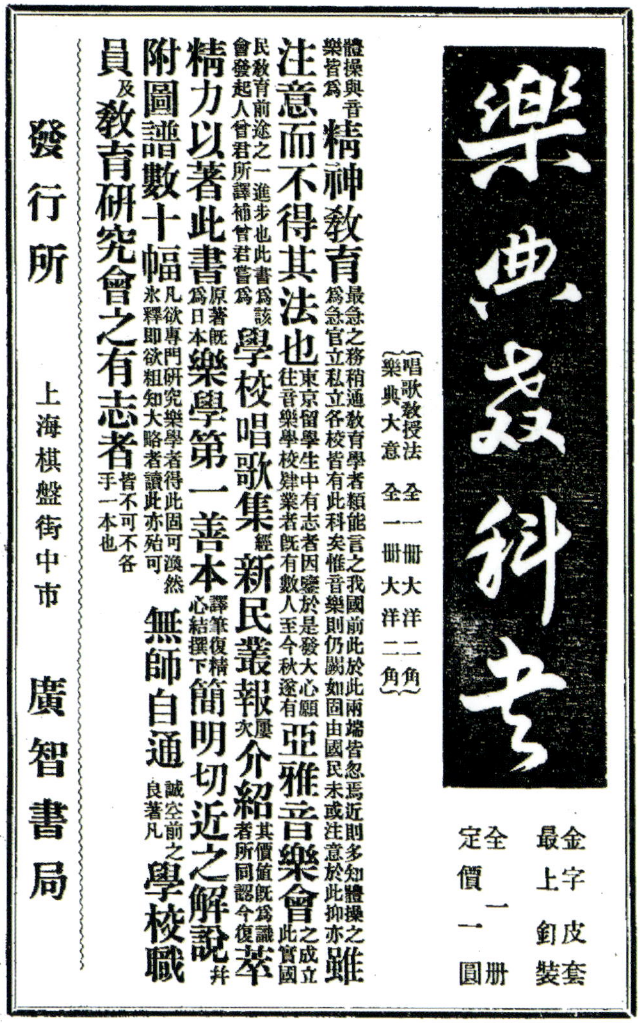

图 34. 乐典教科书广告（曾志忞 1904f：1 版）

《曾氏寿渔堂家祠落成纪念册》

228

少卿府君行述

府君諱鑄字少卿原籍福建同安

來漚逢家焉　先祖秉性仁愛旅漚同鄉有事恆樂贊

助鄉人德之公舉董事漚南泉漳會館今之泉漳別墅

規模宏廠廈屋渠渠著即　先祖所督建也

祖妣周太夫人治家有道訓子有方恭儉慈敦睦鄰

里生子二　府君其次也幼面岐嶷值洪楊之亂奔走

避難無暇讀書年十四從　蘇太翁子明公學賈終日

勤勞黎明即起習字日以千計筆法蒼勁自成一家兼

焉年十九被任祥泰商行經理年二十　母馬夫人來

嗜盡盧雁棚棚如生商餘手不釋卷博覽羣書若宿儒

歸母淑順而好潔離家有備僕而事必躬親性聰顯幼

逢世亂未嘗讀書而詩書諸子均能覽之生澤新與弟

澤霖（字志念）衣裳冠履浣濯瑣事無不親操

時　府君經商失敗備歷艱辛而　母無戚容戚里咸

愛憐之澤新四歲　母即教之識字七歲授女紅焉

府君以營業失敗中心負疚看破塵世擬投方外遇某

寺僧見之驚曰君乃救世之星佛地不敢容也勤之賦

乃隱居南鄉奮志攻書　母恆針黹伴讀午夜不輟

府君嘗嘆曰若余者何乃潦倒若此乎　母慰之曰有

志如君豈久困者惜余福薄不及見耳相對泣下

母歸　府君九年　祖妣乘養逮服闋　府君理其事逢應讀

子試適有同鄉人集資經聘　府君欲應童

就商

未幾　母氏見背澤新方八歲澤霖僅三歲猶憶彌留

1

229

時　母知兒女皆幼無從囑咐惟日顧兒輩成人皆有
志氣至今思之猶有餘痛縱我兄弟入世四十餘年窮
不敢濫富不敢淫可告地下耳
母起病至歿僅七日澤新年幼無知未能事奉但知伴
侍泣噫府君內助乏人又見兒女啼哭悲不能勝澤
新與弟因無人媒育乃寄居外家旋　府君繼娶沈夫
人五月而卒復繼娶葉夫人性忠厚好善維幼　府君
府君年四十四伯考金臺公逝世娌寡妊幼　府君
情殷手足哀痛逾恆凡喪葬嫁娶皆一人任之筆授
遺產焉
府君年四十六遺澤新歸蘇氏未炎即　府君受業師
之孫轉奉祖母之命從　府君游者也憶嫁時　府
君揮淚而訓之曰汝母早逝世母之責兼有之惟顧
汝孝翁姑和妯娌能相夫教子勿作兒女態時時泣歸
余心慰矣澤新咽而心應之今雖不肖亦莫敢忘此
嚴訓
府君年四十八澤新入泮娶婦曹氏名汝錦端莊溫厚
誠賢婦也澤新逸家訓殫肩家事絕不告弟而弟婦曹
氏亦相若絕不以家事告曹兒二十餘年如一日此亦
我兩家改良社會習慣之一端乎汝婆曹氏年餘舉一
子　府命名宏杰顧而樂之　府君嘗謂之曰子孫
雖愚不可不讀與其遺以金不如教以理苟能明理不
遺以金亦能自立若教之而仍不肖雖遺多金亦無用
也後卒於嘉定購良田千畝建瑞芝義莊族伯曾蘭坪
名鈺有莊聯一文曰

2

由義居仁體體宗祖心可告宗祖
求田問舍不為兒孫計正保兒孫
庚子年北地拳亂初定襄呂海寰盛懷設紅十字會
旋往南洋華島運米平糶甲辰之歲美人虐華工倡議
抵制全國響應時人記是役始末有山鐘集刊行內藏
生輓五十八聯足以證輿論之一般因錄三聯如下
上海曾鈺蘭坪
人誰不死死得其所雖死猶生宇宙終鮮徒死之奇男子
天必好生生來無用即生亦死古今曷貴虛生之大丈夫
蘇州女士蔣振懦
食貧少卿先生留別天下同胞書懷激激昂古今第一人物預
以聯贈之
貪利忘義者愧死振懦壯其志而悲其遭授古人生輓之例耶
為同胞犧牲性命古今奇禍古今完人震蕩五洲洋從此
大名光宇宙
任奸謀鬼域心腸甘作牛馬甘作奴隸摩拳三尺劍羞將
涼血污鋒鋩
浙湖錢永銘
腸何熱心何慈欲救億萬人於水火之中忠矣舍生弗顧
性本剛骨本傲特書數百言於風波之際壯哉視死如歸
南市工程局向由官辦巡道袁樹勛改歸紳辦府君
多所規畫實樹地方自治先聲
尤以鴉片不除中國無由爭存乃創設振武宗社創製
鴉郎草戒煙膏勸導自禁一時支社踵起戒食者達數
十萬人丙午四月復上議樞府八月奉詔限年禁絕倘

3

府君猶在煙害或不致蔓延流毒至今

厥後府君創辦商團保衛地方隣省都縣多所採仿

第一次革命攻破製造局上海第一光復稱全國之先

聲者半此商團之力也民國二年袁氏勢熾商團懵解

散矣

光緒三十三年　府君捐資創辦上海貧兒院奉旨嘉

獎並頒御書廣學流慈區額今貧兒院雖半殻於袁氏

然數百孤寒猶被惠澤於今朝也

府君一生慷爽聰明正直遇人急難雖萍水相逢亦立

濟之嘗自撰聯懸諸齋室文曰

　放開肚皮受氣

　磨快牙齒吃虧

府君治家儉訓子嚴遇事進止胸有定衡當道嘗委監

督江南彩票　府君以秕政辭不與聞

府君聲帶宏亮有演說才前清末葉風氣雖開各地皆

有演說然聚數千人而能全體一致鼓掌如雷者要推

府君之演說爲最盛　府君理直氣壯精神貫注字字

眞切語語忠誠感人所難能也

府君平生絕少游戲事然至悲極樂亦能一歌一泣

與時伶孫菊仙潘月樵善彼等得　府君提倡聲價頓

增十倍改良新劇實因此起點也　府君又愛西樂嘗

資派高生壽田馮生亞雄出洋留學今春申浦上得聆

一小部份之管絃聲者　府君有以致之也

府君奔走國事忘身因之肝胃致疾光緒三十二

三年已病不能興然遇江浙鐵路借款事起　府君猶

4

致書英使爭請幣圖久病積勞憂時憤世遂於光緒戊

申四月二十六日在嘉定瑞芝義莊逝世享年六十

府君臥病二年餘養疴於新高昌廟新宅即民國二

年被殻病於袁氏者是時弟婦已畢業歸國親侍湯藥無

少倦容病篤時澤霖在日本東京早稻田大學部肄業

遵命勿聞然澤霖得日本新聞計電星夜奔歸府

適遇畢業試驗　府君命勿使知恐荒學業也家人雖

君歿百日謹奉葬於葛龍鎮墓穴是時宏杰肄業於上

海師範附屬小學弟婦命歸侍奉祖父兒離年幼然聰

明穎悟類如成人　府君歿哭之慟日父尚未歸祖

何逝之急也人皆爲之流涕代父殮祖禮盡然不幸後

府君四年以傳染病亡於上海

府君行狀如上所逃不敢虛飾不敢鋪張然　府君一

生克己工夫有數端足以矯今日社會習慣者謹附述

之

府君守　祖訓極嚴不食鴉片恐自鴉片流入以來社

會俗習以吃煙爲消遣親友社交更非此不足以連絡

情感　府君市中設肆及家庭宴會不得不以煙款客

但一生未嘗自吸一口甲午戰敗民氣更養　府君日

因利己而以煙損人仁者不取余今不以煙款客

烟害亦弱國之一因也非禁不可即將肆中所有煙具

樊燬一空誓之日經商謀利也歡迎顧客爲利己也今

惡感影響商業所不計也此克己工夫之第一端也

府君善飲尤長拇戰花前月下師友一樽備極快樂然

力戒勸人過量於己亦未嘗狂醉訓日宴客切勿流連

5

府君有之目今社會惡習宴會非子夜不止而太白
淵明更有風流自命者然　府君當年未嘗有也此克
己工夫之第二端也
府君衆濁獨清衆醉獨醒雖市廛酬應非妓不樂而
府君三十歲後足不入妓院口不嘗市脯一切商界無
謂之周旋悃愊行謝絕三十年如一日故晚年營業異常
發達以此證之花天酒地果能補助商界社交藉充媒
介乎　府君以有子對婉辭却之故四十至六十二
十年間實行獨宿主義精神異常旺健非奔走美約熱
心過度決不致傷及肝胃此　府君克己工夫之第三
端也
府君晚年商業雖發達然絕對不營投機事業故所入
有限生平捐助施與之外一不求書畫骨董二不置金
珠體石三不御輕裘肥馬四不喜賭博游戲凡此諸端
皆足爲當世法其克己工夫第四端如是
府君力行正道破除迷信營墓不相移宅不卜而生
尤惡僧道不許入門故逝世後不僱僧道禮懺蓋遵
遺命也此　府君克己工夫第五端是也
民國六年弟澤霖爲　府君造像建祠於津沽八年有
落成紀念册之刊郵書告我囑草行述維澤新自遣嫁
後才短行謹不敢涉足社交　府君交游大廣事業尤
多因與弟澤霖彼此各見其所到各舉其所知錯綜叙
述文之工拙不及計也
中華民國八年九月十月之交
　　　女蘇曾澤新
　　　子　曾澤霖合撰

6

壽漁堂建築始末記
先嚴於前清光緒二十五年歲次己亥在江蘇嘉定
縣創立曾氏瑞芝義莊莊成訓志忞曰義莊初創規
模稍具汝守成而擴張之又日余創此莊私產已
骸曾氏家祠之建築今雖無力他日必成之此庚子
秋初之語也敬謹聆之不敢或忘
庚子冬志忞由溫移居莊宅理莊事越年辛丑
事務大致楚楚壬寅秋乃有游學日本之行身雖異
城心無日不在嘉莊也
歷考日本救貧事業如籤老院孤兒院等雖極完備
然未聞有義莊之制此可知我國之思想文化倫理
進步實有過人之處歟莊恩觀其學校林立非若
中西學堂以近年子姓尚未繁無設立之必要事未
實行但志忞在日本研究敬育觀其學校凡
嘉定全邑絕無僅有者比因郵書禀　先嚴陳述嘉
癸卯暑假歸國計畫校事定名曾氏瑞芝小學凡
莊設立小學之不可緩不必以同姓限也遂蒙允准
莊田所在地如外岡葛隆鎮望仙橋等處各分設初
級小學是時嘉邑風氣逐大開矣
校成六閱月規模大定因又赴日就學校事聘人代
理逮乙丙之交先農在申奔走國事如美約禁煙平
糶等等不遑監督學校殊少進步各鄉小學更爲腐
敗而志忞自甲辰入早稻田大學部後不能回國主

7

持徒費財力無裨實益此學校之命運遂由此告終
矢丙午丁未　先嚴已得胃疾無暇爲家事計此
先嚴生前不及見家祠成立之一因也
戊申夏志忞將畢業授學位而　先嚴已逝世矣遺
囑歸國先辦上海貧兒院籌議家祠戊申已酉庚
戌辛亥壬子癸丑前後六年置身院事此外無論公
私不聞不問此　先嚴去世後六年家祠不能成立
之二因也
癸丑六月二十一爲袁氏攻滬之大紀念日女貧兒
院及志忞私宅被大礮轟毀凡物付之一炬（最可
惜者是時宅中所藏　先嚴家書九百餘通以及詩文稿畫
稿亦不及從林彈雨中携出）不能救亦不能搬也及
今思之袁氏雖爲貧院之敵然可爲家祠落成之媒
介人也蓋貧院不毀私宅不焚志忞萬無不問院事
之理理院事即不及計家事雖至今日恐家祠之建
築尚未勸議也
是時樓居無地乃奔京師爲大理院特約律師民
國四五兩年在京創辦中西晉樂會計回鄉里謀事
建祠迄未得相當地位
民國六年會事告終上海無家可歸（蓋戊申至丙辰此
九年中皆人賃下來及自營家室也）以復友之約住天
津作小住逡巡查此地風土各國租界情形一切衣
食住生活程度乃大喜曰此地可以家矣賃屋三椽

8

躊躇歲月者經年
是時家居在意國租界（歐戰前德意兩界管理最清潔
衛生）詳察界內管理章程家屋不得敷宅毘連各馬
路雨旁不准開設商店飲食雜貨悉彙入於本界榮
市故居家異常清靜
至其地地隘南爲法界西南爲日界東爲俄界西爲舊
奧界北爲中國地（參觀地圖）實可謂天津交通便利
之中心
無事靜坐凝思以爲在此營一小屋栽數畝秋菊大
是快事（忞最愛栽菊此時菊與又來）未幾又凝思所
間曾氏家祠究結搆於何處忽神往於上海嘉定之
間既以爲嘉定雖樓僭惜交通不便耳目不新上海
五方雜處繁華若盜且地價昂貴無力經營此時若
有人告余曰何不即求諸意界耶蓋腦筋中已默認
此佳地矣翌日謀諸親友曰可因相地於此
湖自　先嚴生前未覺北游常以未識京華引爲缺
恨則今日此間供奉九京有知得毋抵掌一笑手
地購定一日遇意領袁君大鍾之蓋意界居宅地
建築余告以建祠造像袁君問君得此地將何
獻狹者多而廣者少有此建築亦是爲界內光也
堂屋係一層純粹西式下層爲地窖如圖屋正中爲
大禮堂供　先嚴神像嵗時致祭此家祠至今日始
告落成之事實也

9

大堂神龕所供神像實係白石產自保定曲陽縣(市
舊六朝石佛贗物即產此地)石工楊姓於同地訪得之
雇來津祠由窊夫婦監督(內子曹氏畢業樂油畫能繪像)
仿意大利式從事雕刻今眉目畢肖音容如在者楊
之技也此中國之美術也特表出之
銅像石座亦用保定曲陽白玉堂石統名漢白玉
前清專供宮廷御用禁人民採取今乃弛禁此座悉
仿西法建造費一千五百餘工乃成
祠基本舊時曠堵地土內塭分甚多栽植顏不易易
故今庭園中尚無喬木且俟異日
庭園東隅建有日式小屋再檀使心目中朝夕警惕
富東降可畏不可一日或忘之意非僅點綴風景已
也
建築經費半係瑞芝莊歷年餘款半係忞九年中家
用增節餘款(余家人禁區金珠寶石余亦絕無嗜好)
營造上無時無物無不親爲監督計盡故所費甚廉
祠成之日蒙諸　父執寵賜　鴻文用光泉壤實深
感激不敢謝爲有志竟成亦聊以承　先志示後人
云爾
中華民國八年秋日上海曾志忞謹識

10

壽漚生者曹君志忞某其光前少卿先生之
祠堂也頃承志忞以建祠之紀念冊相示受而
讀之遜此有感而感後何則以民生之多艱
國事之日亟伯懷先生高曰憂國之誠令
人嘆服無已也方美人遠約禁阻華工我國抗
爭安致眾情憤鬱遂養爲止燦美貨以
事持割之舉其時先生主之勉力赴德此
特爲一何無可爲之計深知強國之本要
在民庶之教養故同時波之爲臨財苟力
以濟事松本之國若義莊若學校若孤兒
院次第興舉大患所沾澤麗淮其行
義之勇主見之高爲此郎　途者世界
大戰院終國際閣係翻盡一變一國與廣
金憑實力其本理益爲昭著使先生今
猶健在亦知其所以謀國者必將析爲養
二事倍加注重可節言也泰伊廿三吞丛

11

者淶直至今日犆坐視荼眾之失教其養
漢道無高於此邪彼熱心國事者然往々
致疑於培養實力之道為迂緩而慕濟其所
樂以為術國之真乃不惜舍本而求世之
人公爾忘私而後能深深謀遠願以力行所信
如先生其誠不易見也然其為人夫豈一鄉
之組里鄉黨遂足為其崇報也歟

民國九年四月范源廉謹識

清季 曾公少卿為華倫市戊辰袁中外頷
余未識其人以將京師興于忘相友善予子
志 少卿子也善飲酒情奇性淡不索石
利景列業於津門養前懷樹有愍為之忘盖其
身自好者流去年冬 子慈過念後言計而為其
先君立銅像於微海內閘人八平生親
此為文以誌不忘今不又兩為其嘉其意重以教鳴
筑成教言不計工拙也
小國數畝雜花四時優得魚鳥為下率池云誰主之
賓公之兄
玖公平生見義勇為熙富且仁公克富之范金稀家
儀型永垂

廣甲孟夏晨肯陽撰啟蘭謹書

12

壽漁重石像歌

崇眾冥外逐官貴不識人
間須正氣戰：石像張目看
能肩吾道魂猶毅踽旁看
口誦曾公公之稿誠滿國中
瀘瀆津沽數千里靈棋來
往馳長風塵氣浩喬香天
地瀘清誰攬中原黯昏十年
遺憂至南天至今廣廈貧兒底

沈恩孚 [印] [印]

13

昔年旅滬耳少鄉曾

先生名未詳一親道貌

迄癸丑甲寅間暗摧嗣

志忝世誼始卷忝志伉

儷與仲和及彥安十餘

年前皆東瀛摩侶意氣

相投忝忝之為人操履

高潔不屑媚世求榮通

法律嫻音樂絕不自炫

初承先志創義莊瞻

寒畯復設學校以惠貧

見惜石於兵而家且同爐

乃更絕意利祿為先生

14

築祠於津沽而廬其中

初建先生遺像朝夕瞻

仰孝子用心為世觀感今

者仲和退隱侍鄰人移

廟於津適共此隣朝

夕過從益欽風範祠多

花卉尤多蘭為志忝新

法所藝益足見其雅人

深致志忝將有紀念冊之

刊爰敘崖署命仲和書之

誌景仰也

民國八年十一月吳興章祖佑

謹誌時年六十有八

15

庚子前湘遊學北洋習聞　曾心少卿在滬興義學禁珸
氏指美莖約剏貧兒院種、義舉廣不專為初雖竊慕
歟仙近世偉人活名譽者流此其措嗣志忍先生偕夫
人北游燕京肥弟雪峰嘗受業其門以第子禮近之津
高卿性素苦不憤近名此偉人理不可拒心頗廉之距意
志忍伉儷甬入寓門竟非湘意蓋而擬盖皆純粹天真況
無褒氣相興誤論不憙遠年安也況於貧兒院則散其家
財音樂會則盡其律師業所入傾囊從事貧兒有瘖癆者
躬為去膿挂藥又湘之所目親　老子云聖人不仁以百姓為
駑狗者近是矣不有其粹天真之女何有其子於是
曾心之仁風義澤生得不佳仙以為真何况功德之夢彰在人
耳目固不待傳而自傳惜乎人斯形沒调其道而不能見其
人斯為大憾今者志忍先生造心神像建諸家祠使後世人
浑暄山斗　曾心雖斯造異長生夫以海内敎仰之曾心微不
遣像建祠後人心目中當有想像當心如礼祠像覆成是
志忍之心亦卽海内人心也　民國九年夏愙上元楊棣湘敬識

16

壽漁堂序

粵稽于門高大特陰德之過人樂社馨香繁庸
功之被世不能忘者遺愛雖非子姓所私況有
美而必彰亦是後人之責秉彝同其亘古爲昭
若我曾少卿先生旣無思之不服更有口而皆
碑尤足起恭敬於惟桑隆蒸嘗於馨黍者奕先
生以商場泰斗具佛國心腸本仁親以仁民推
愛鄉而愛國生平樂善好施到處救災恤患狰
聞彼美虐我華工爰更提倡國貨彙綸人心謂
江山如畫已近黃昏謂天地無情誰憐白禍黑
夷紅爐風潮驚捲地而來美北非南苦海演額
天之錄天胡此醉人實無良民苟知危國其有
务用敢振同胞於彼岸矢衆志分成城本忠信
則絲太和其表身爲弓而義爲的中立不阿酒
與識時之傻傑迺興體育之商團以爲粉榆在
望久欲振個人自治家族自治社會自治之精
興並因籌策難辭恆抱此商業改良工藝改良
神善改良之希望舉國之潔身似玉豬奴之
慈善改良之希望望舉國之潔身似玉豬奴之
戲堪嗤望兆民之守口如瓶鴉片之灰早死舉

17

凡博簺場中迷香洞裏人自入銷金之窟我恆

持式玉之軀錦繡組是爲伐性之斧甘脂腥

醴名曰腐腸之藥先生稟家世之清修習儒門

之淡泊神智日益清明在躬旣得康強幸福常

欲先覺將來然其可貴而難能尤在孤貧之敎

養雖春風風人夏雨雨人施之者固多衆母而

解衣我推食我感之者不少窮孺身或涉

寺觀能破除迷信門不實僧釋能因機悟禪斯

又卓識通議跨越儕輩者已至其粟積常平倉

營廣惠謹守藏之職則寅卯更權出納之宜

則秋遷春貸尤一方自保之謀實萬世無窮之

鐘集寫涛仁躄義之規詞慚謝草闓懦立廉頑

利佩珍等紲懷前躅鳳耳德音瞻瑞芝莊讀山

之旨筆倩江花志忞君善讀父書克承家學立

德立功著圖形於不朽事生事死儼廟貌以如

存冀藉鳩成之吉特徵鴻碩之篇會看三千世

畀免冠拜銅像之魂從兹七十二沽刻木傳蘭

公之孝

上元甲子歲次己未十一月　　愚弟定海朱佩珍頓首
　　　　　　　　　　　　愚姪鄞縣江義修拜譔

18

壽漁堂曾公少卿祠像記

野衲與曾公當時爲忘年交

事急者衲本其胞與是得之懷實欲推而至於任

四海而準因陶情酒酣耳熱稍稍息肩於

間談或嘉許年少氣盛獨與奇角無敢

抗焉嗟人之咻人成夢寐利鈍一齊人之多傳公與

引滿楚士失其病燕趙之士

讓衆夫生不遇以區區老病之身旣歸

敵夜半鐘聲驚人驚敗者那然而殆傳公與

猶死矣耿耿之心日月經天江河行地

公於藏憺立聞風而起先覺覺後覺在其左

今廉懦立祠風日在其上如景仰一

右者立祠慈孫百世不改下風

孝子九京可作亦念荒江老屋

中有如木之癭石之暈犀之通不欹

以物之辨心香京可作亦念人者乎

已未孟冬野衲拜譔

19

壽漁堂記

壽漁堂者上海曾少卿先生之祠
宇也先生籍隸蘇而祠則建諸析
津歿於戊申而堂乃成於戊午此可
見先生之德澤及人不以地限不
以世易而後此之景仰先生者將
偏於全國偏於全世界且歷百年千
年而未有已也先生一商人耳豹
自刻苦不求封殖而於義舉則擲萬
億之鉅金無所惜且其設義莊與學
校辦種種之善舉非有意求名也行
乎心之所安耳而名卒歸之以視世
之好爲大言博世人推崇一旦得志
則惟一己之聲色貨利是務者其相
去爲何如耶人謂三代以下惟恐不
好名逐使公益熱心愛國等美名皆
求利逐者之敲門磚世變所由日
變爲求利者之
呴歟余深冀先生之高風能使聞
者良心不死而戒言行相背之舉動
則其功在後世者不在再下矣然成
令嗣屬余記數言牟臆直書知我
罪我在所不計倘先生有知或不
以爲謏語乎此記

振華女學校長王謝長達

20

民國九年九月

壽漁尊翁太父大人何嘗志志增誌喜喜王遘布擎在好眈突巍成香仰

（落成紀念冊詩文手跡，草書難辨，從略）

21

中西音樂會信箋

壽漁堂落成紀念冊跋

孝思遜　曾師逝十五年矣光緒丙午

夏理蘊師母畢業歸國於夏期講習

得矣殷槧官槧丁未戊申迫隨東瀛仍

習音津己酉壬子之交送事創設上海

貧兒院甲寅乙卯助理都門中西音槧

中西音樂會信箋

會事務丙辰以後殷授授京師上範學校

丙京津之間仍時承教誨蓋親炙

夫子之言行者三年而轉得諸　曾師

之口講指畫者且十二年　曾師之言

曰太夫子之言行無他一箇真字而

已說到做到做不到不說而　曾師之

中西音樂會信箋

所以教孝思者亦一以真字為根據其

行事件上真切絕不敷衍了事以政治

經濟專家而不恃不商是別有懷抱

者箇孔門侍聖獨與曾點今津沽間得

風浩詠歸之槧其誰非之其誰及之孔

子云父在觀志父沒觀行庚子旅　太

外交部贈

22

中西音樂會信箋

夫子於滬商獨登一幟若創商團商會

若救工興學若戒煙濟貧行者　太夫

子亦則內有　曾師外有蘇文鈞尚

之左右輔助也戊申孜守成瑞芝莊也

創辦貧兒院也移設音槧會也行在

曾師丙一承　太夫子之先志者也今

外交部贈

堂祠落成銅像建太定事求是較諸延

懸空論者其相去幾何堂之構造像之

雕塑庭園之點綴是刊已見圖形無待

孝思贅述難是冊之刊以紀念　太夫

子及　曾師之志與行者為重故叙其

略以為跋

外交部贈

寄廬

中華民國八年冬月　小門人馮孝思謹

識於都門旅次孜學雷華同書於析津

外交部贈

23

240

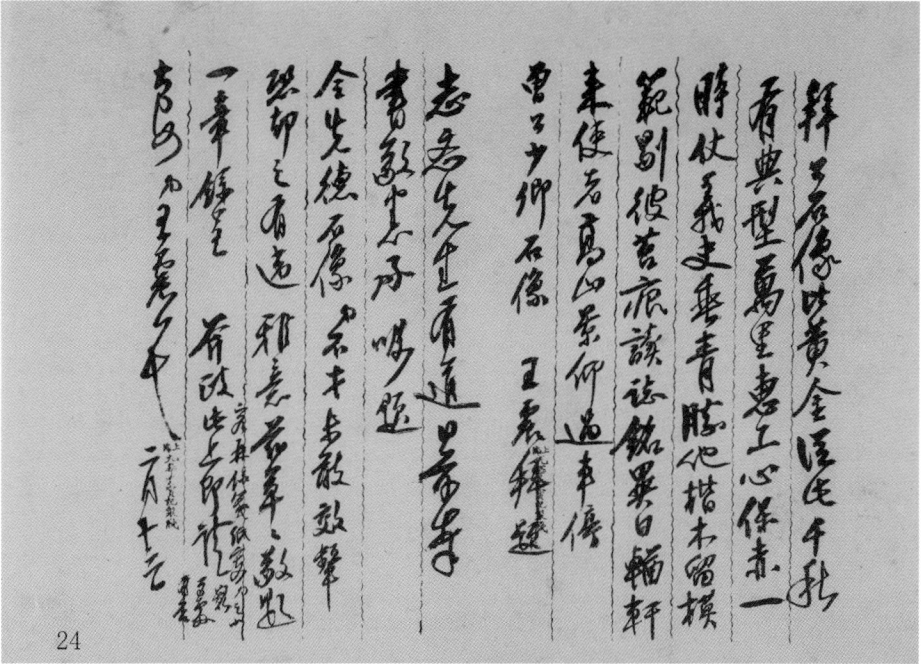

24

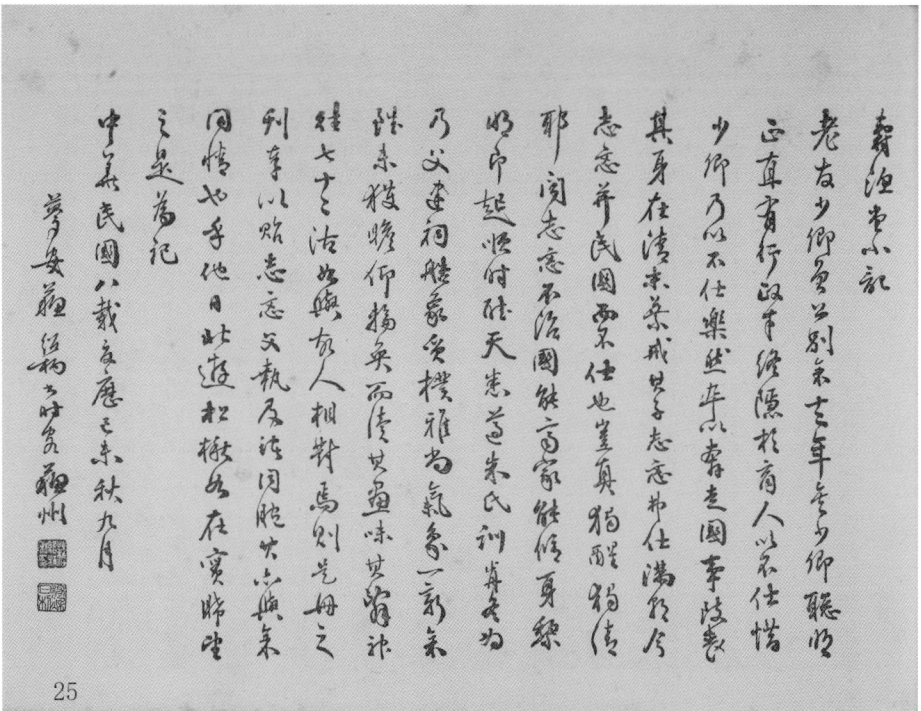

25

壽漁堂記跋

己未秋　曾師理志蘊以津宅家祠壽漁堂慶成始末見

示夫堂之建祠　少卿公也　公之言行示後世闓譽

滿天下何待祠爲抑知不然　公去今十有餘載民德

依然墮落國勢益見衰微實業猶未盛與煙毒仍難掃

盡舉世混濁後死者之責固難諉也且　公之惠德多

矣於家族則設莊訓農敬老慈幼於社會則濟貧與學

通商惠工凡利國福民之事無不先人爲之生逢亂世

者瞻仰遺型當亦爲之神往　二師作堂祠之不僅以

其堂基之清逸像石之潔尚已也殆欲於北方混惡交

流之中藉以揚清激濁模楷人羣歟　公爲我院創辦

人範像示後早有成議今先慶成於津埠壽田謹遵率

數百孤寒北向以祝之

中華民國八年秋日上海貧兒院主事後學高壽田識

26

壽漁堂落成紀念册跋

滿清末葉吏治不修士大夫之先天下憂

者竟不可得　曾公少卿崛起商界操籌

握算之餘憂國憂民無時或釋其於華工

受虐尤爲痛心遂創抵制之舉開民氣之

先然公卒以奔走成疾致捐其軀今觀

留別一書慷慨激昂如醒酬灌頂此非膠

兩弦高所能相望者也　年少未識公

面宣統紀元入貧兒院甫務始得瞻

仰遺容奕奕英姿自異庸衆復讀遺集知

公之言行無一非爲後世箴爲若天假以

年則公之苦口婆心諄諄勸導其於世

道人心誰謂無小補哉今夏

以繪事召往津沽壽漁堂之落成幸獲瞻

覽美輪美奐以馨以香而

像則正在錚錚引鑒此今者公之紀念石

木翁鬱家祠之建厥工告竣從此

或曰公園人其建瑞芝莊也創貧兒院也

名公之德與七十二沽同流於無盡矣

皆在江南則在天之靈當必眷戀於此今

27

242

建祠於彼無乃相背乎經曰不然昔東坡
謂韓文公之神在天下者如水之在地中
無所往而不在公生未嘗燕趙與彼邦
士夫相周旋然其憫孤苦之無依念同胞
之困厄固無分南北况民德日隳國勢日
衰烟毒未除寔業未振公每以為憾則
公之神不獨戀於滬瀆一隅也必矣故經
以為邦人君子瞻公之像企公之德
必有興起而步公後塵加惠於社會國
家者故建祠於彼誰曰不宜茲二師有
紀念冊之刊徵求當代碩彥之題詠付之
梓人古色古香宜書宜畫行見碧紗籠護
術之光明焉經菲質陋才不能表彰潛德
紙貴洛陽不獨傳令名於不朽且將展美
又當大人先生珠玉在前更何敢妄贅一
辭然以崇拜之心長者之命不敢緘默謹
書數語以為是冊之殿
民國八年己未冬日小門生方經謹跋於
泉漳公學

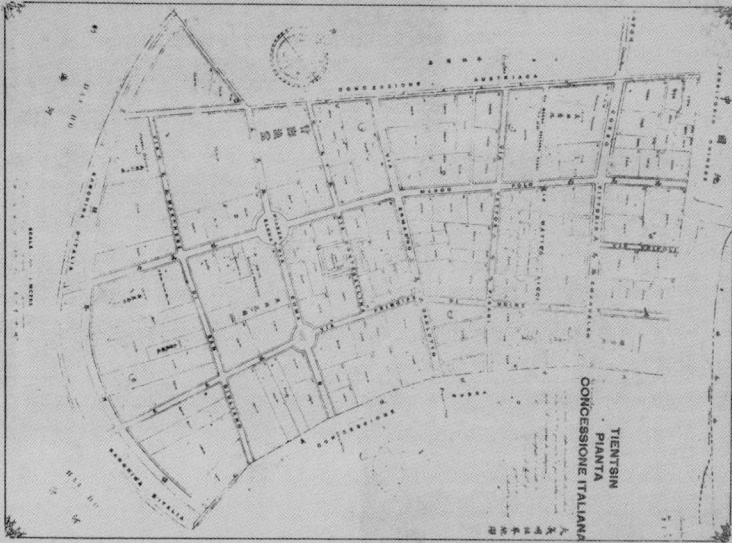

28

29

TIENTSIN
PIANTA
CONCESSIONE ITALIANA

30

31

先 德 生 前 六 旬 影 像

244

上海曾少卿先生之像

曾君少卿象贊　南通張謇撰書
矯矯曾君黜墨之士託業於商裁利以義
爛其有施平章滬市惟華億衆昔虑於美
靡控靡訴君挺而起準海巔平馮天瞖理
百夫一身當怒毅矢鷔鷔者蘇咷咷者喜
異族格孚綢直君子薄海歌呼魯連觀二
武是逍象用型千稞
中華民國八年九月

32

曾氏璅莊全案

光緒二十六年秋八月開雕　本莊藏板
上海徐揆大春臣拜題

33

245

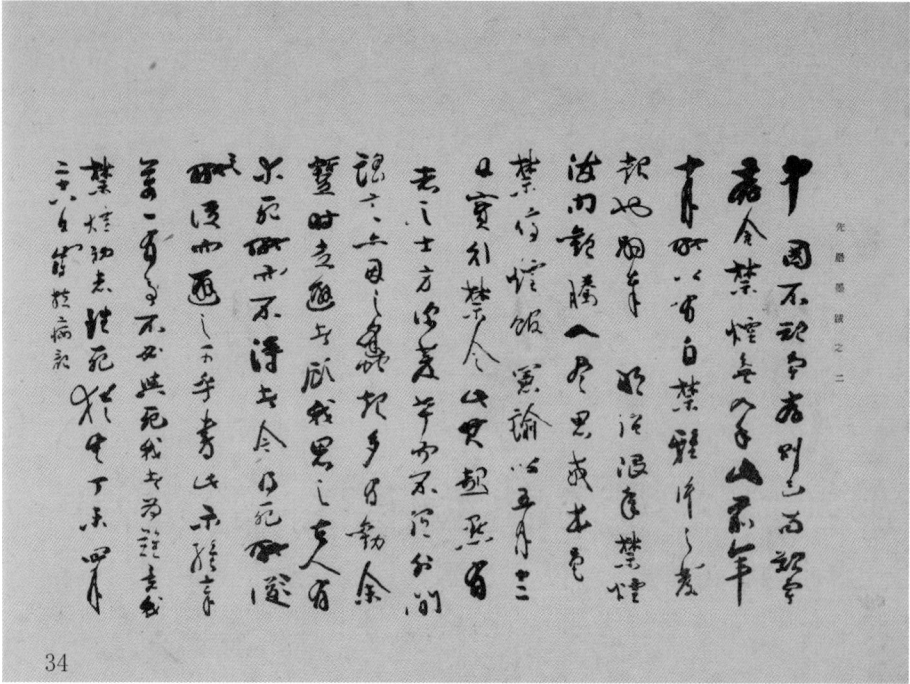

34

曾祖堂神龛

36　　　　　　　　朱职少赙府君铜像

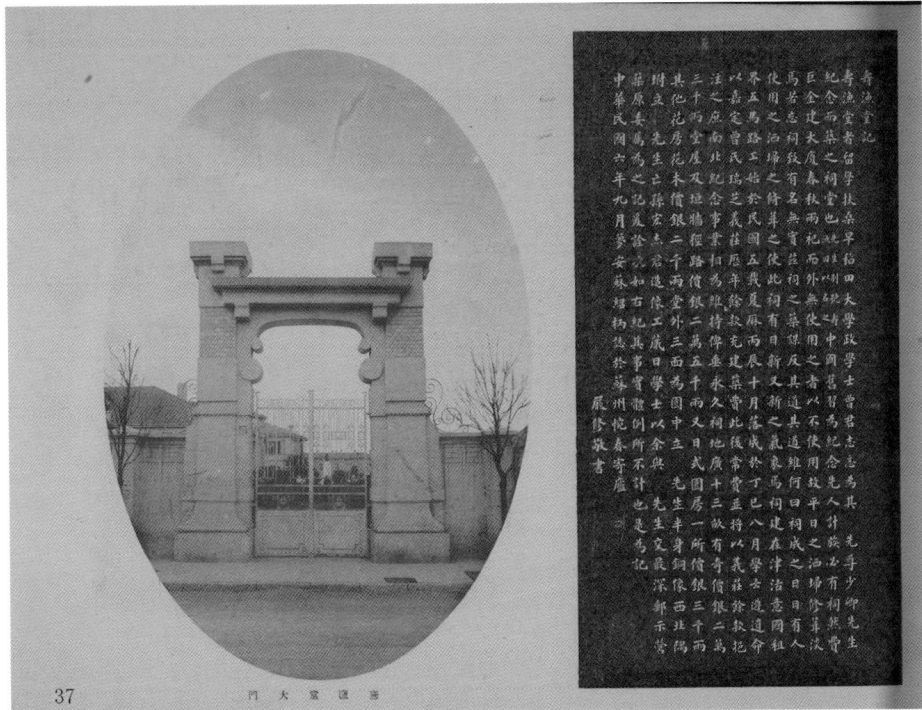

37　　　　　　弄堂大门

38　　　　　　　　天津曾氏旧礼堂室祠正屋

39　　　　　　　　清渔堂内书斋

40　　　　　　　　　堂渔寿内膳室

41　　　　　　　　　堂渔寿地听望

42　唐溪电堂话電

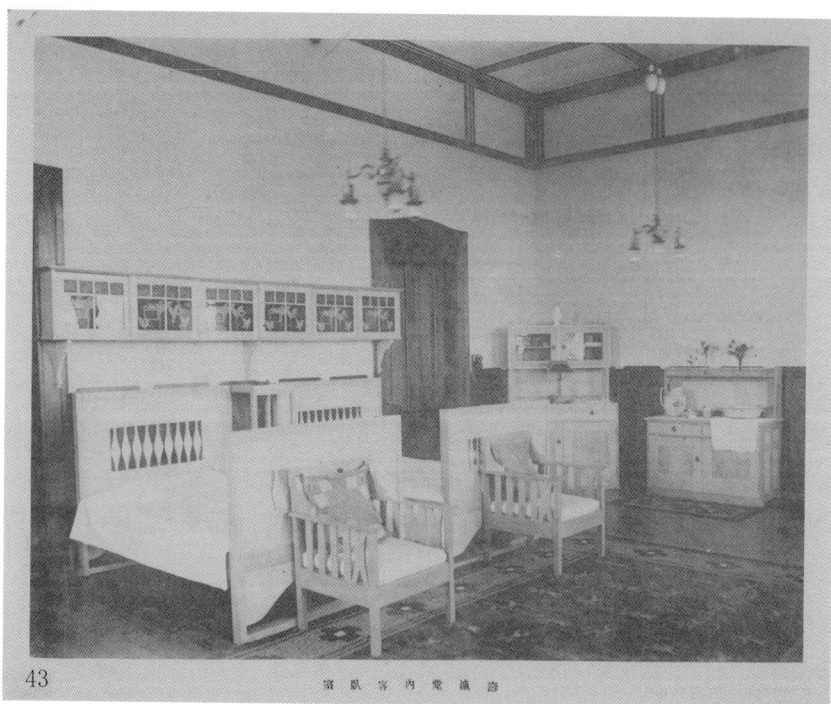

43　唐溪电内客卧宿

44　　　　　曾渔堂内球房

45　　　　　曾渔堂内浴室

46　　　　　　　　　　　　　　　　藍北會花遜濬

47　　　　　　　　　　　　　　　　部內會花堂濬遜

曾渔堂花窖南郡

48

日本式围房

49

菊 圃

50

51

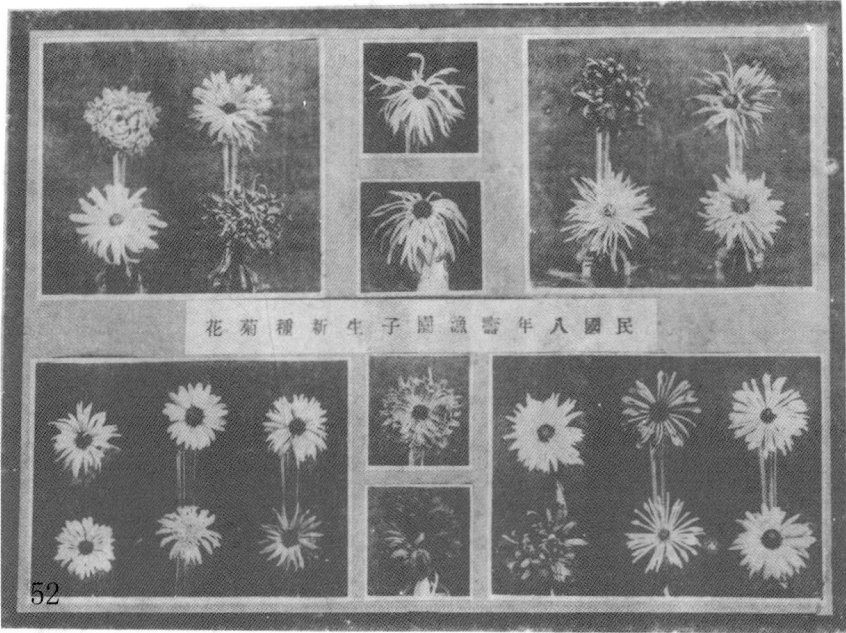

花菊種新生子嗣漁壽年八國民

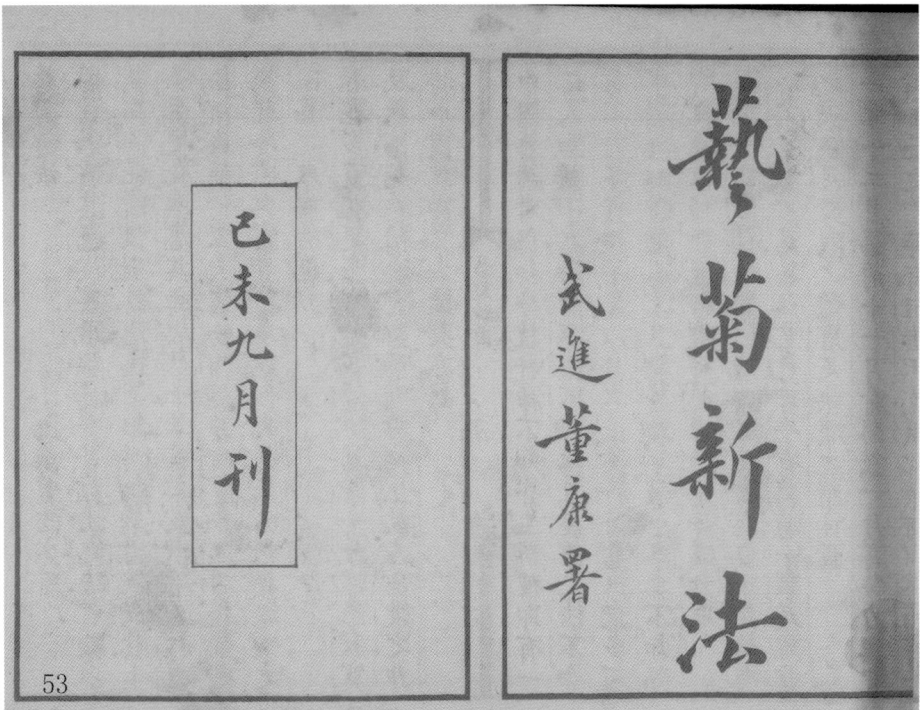

藝菊新法

武進董康署

己未九月刊

藝菊新法

上海曾志忞著

菊性傲霜其色淡其形雅其香苦故人之淡者擬以
菊而品花者復別爲隱逸菊雖宿根草本兼或枝生
子生變化無盡其得與歷千年百年數十年不朽之
松栢梅蘭竹五大名物相提并論實非無因吾輩避
炎就冷不與富貴相爭競似與菊臭味相投故愛之
而藝之理或然也

特中國然即日本歐美亦然

及秋而花漸稀矣有菊焉應時挺生故人多愛之非
春花多夏花更多室外花壇中萬紫千紅不患寂寞

守舊種不知介生新種有菊癖者得毋嘆息耶
中國非特新種不生且將舊種年減一年矣不知保
每不能多得種子是以日本歐美新菊出愈多而
二人知種子之法然亦秘不肯傳且養種之法不合
中國藝菊者但知分植扞插不知介生新種即有一

心不用賢不商不仕世間一廢物耳飽食終日不諳博奕
之天職足勞我之體膚足快我之精神焉
一年十二月藝菊十一月看菊僅一月耳勞力與報
償如此之差非有恒者不克執此業何以藝菊有十

一月之久曰此今日藝菊進步之新法也非昔日三
徑就荒松菊猶存一任淘汰者比脘秋菊無花之冬
節將根旁新出嫩芽一一拆下用扞仟法於溫室中

倘其生根約十五日根生小雪節再十五日清明節出
雪節分株每株植一盆盆口徑約四英寸清明節出

溫室換五寸口徑盆摘頭一次立秋爲度
清明至立秋前四五日此一百廿天中每一月換盆
一次每換盆一次摘頭一次立秋後不可再摘頭矣
計菊一本共摘頭五次或四次至少每本可得三四
十花多則百數十花此最新之藝法也

依此新法可使成樹形即高輪傘形或樂譜臺形
亦可作平面多枝矮形即縈成低枝約高二尺許
亦可作成中國自然形即高低二三寸不齊者
立秋至霜降此五十日中灌溉更忙驅蟲施肥摘蕾
更多勞心勞力之事
霜降至而花盛開此十一月間之大功至此始克告
成

余年八九歲在上海高昌鄉別墅就讀見先伯
金臺公藝菊頗愛其種種操作課餘即摹仿其所爲
年十三四家居城市無地可圖心癢而已年廿一還

嘉定大為試驗翌二年將日本得其栽養新法甚多
建上海貧兒院成立乃以三十年之經驗所得教諸
兒全體種菊
種花難種葉更難是年以菊葉之肥美光澤見譽於
上海中西人士至今貧院之菊會年又一年蓋有前
因也

常人藝菊用土太不講究此乃花瘦葉黃之大原因
也冬季用好黃土堆高尺許作成方形每土一平方

摷一次用篩篩細藏在無兩處

〈藝菊新法〉

三

以嫩草浸濃汁隔三四日一灌最能滋葉
有葩後施用鷄毛蝦殼鷄魚骨湯灌之花色濃豔有神
冬季施糞之土名曰熟土四成加馬糞六成馬
糞濱二年前陳物至少須隔一年當年者萬不可用
馬糞六熟二年四此和合之土名曰鬆土藝菊非鬆土
不可灌汁灌湯灌養其餘事也人第知肥料之緊要
而不知吸收此肥料之根本物更為緊要而求
末事倍功半亦固其所
收穫菊花之花子並非難事北地冬季無兩雪亦乾
雪故晒菊子較南方為易余每種子年產五六百棵雜

56

佳者不易多得耳
養子之法不問單雙瓣之花擇其肥綻者花留枝上
於陽光裡日日曝之根仍灌水不許沾霜露不許染
雨雪至瓣乾乃摘下盛在竹筐內再晒之立春方
可收藏花若干層不見心者可將心上花瓣剪去一
層收藏其花底瓣露其花藥俾風蜂可以媒介花粉
以單瓣大理花與菊花兩花對合因此媒介而得之
子其生花能得大理花形色之花
現在科學幼稚財力缺乏人工媒介法如溫室檢蜂
等事不能實行只得從天然媒介入手
第一年子出之花花瓣必單弱至翌年其花乃定切
勿見其單弱而輕棄之
清明後即可種子種子之法別無秘異與溫室中種
洋花子同七日即出出後長至八葉即可分栽栽在
畦中較盆內易發
傳播菊種使世界上多一種植物不得謂之玩物喪
志亦不得謂為嘯傲林泉我故曰盡我之天職
年中行事始於立冬節成於霜降節乾則水之濕則
曝之瘦則肥之害則除之多則摘之少則長之周而
復始較之古人運甓其勞動如何其功用如何我故

〈藝菊新法〉

四

57

日勞我之體膚

三百六十日中花一日有一日之變化人一日有一

日之希望養成一枝一葉一如教養子女訓練學生

少有些微進步異常歡喜我故日快我之精神

京津栽菊不甚講究不講枝不講葉不講盆不講架

若上海堆菊花山之菊亦可陳列賽會北京農事試

驗場於日人指揮之下能種大盆西式矮枝菊去秋

天津公園曾創菊花會但以花朵論優劣不問枝葉

不問多少不問獨本合本不問姿態與會者已屬寥

寥京津藝菊之幼稚於此可見苟用此新法栽培當

藝菊新法　五

可面目一新也

此稿均係新法凡已見前人著述者概不贅敘

世界潮流日趨於滑稽之境凡事均有餘興本著因

菊圃之攝影連類及之謂之本冊之餘興可也

藝菊新法完

58

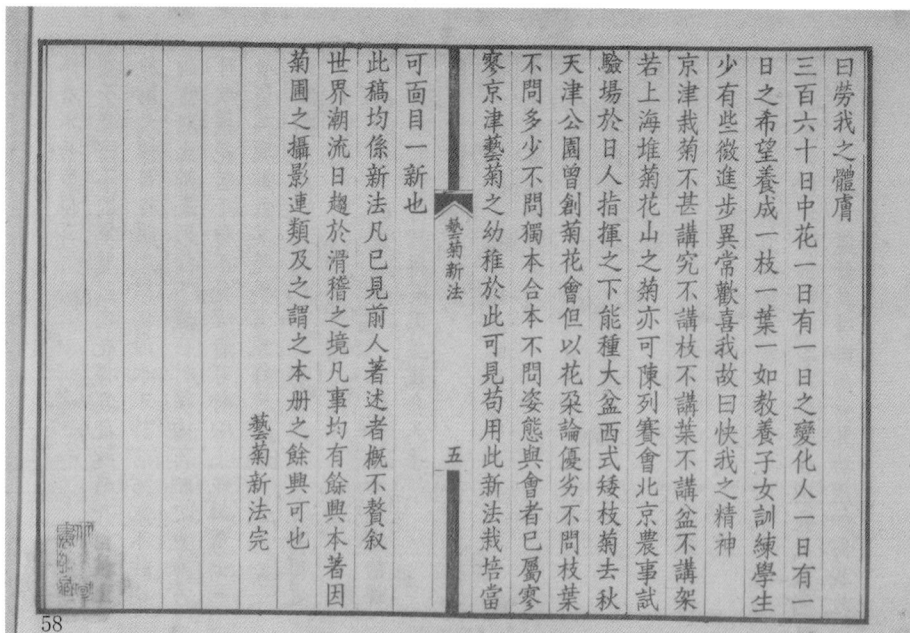

During a period of social disruption, when new institutions are only in the process of construction, while old ones are nearly destroyed or at least disregarded, when families themselves are being broken up, and Bolshevikism is advocating for their so called emancipation from proper home life, here in China, and in this city, we find a lofty structure, with a bronze statue, raised for the glorification of the old family tie! It is a family temple, built by Mr. T. V. Tseng, in memory of his venerable father Mr. Tseng Shao-Chin. The building is situated at Ho-tung, Tientsin, and constructed by the architect Mr. E. Marzoli. For the construction of his family temple I was called by T. V. Tseng to assist him to plan out and to decide the style and arrangements of the building.

Mr. Tseng Shao-Chin's life story is probably well-known to most readers, but a brief summary of his achievements here may not be out of place. Originally a literary man, he changed his career after his thirties and entered business life. On account of his sincerity and integrity, he enjoyed every good credit among the merchants. In a few years, he built up a big fortune, which he spent mostly on public welfare work. In 1899, he established a "charity farm" for the support and education of poor members of his own clan. As an organizer of the boycott of American goods in 1905, a strong advocate of the Anti-opium movement, and a promoter of native industries. Mr. Tseng's service to the country has been fully recognized by all.

With the attainment of such achievements we might have expected Mr. Tseng to be well satisfied. But Mr. Tseng still felt that his cherished hopes were not yet all fulfilled. Among these, two in particular received his attention. One was the building of a poor children's home and the other the construction of a family temple. Unfortunately Mr. Tseng died before these objects were realized.

And now through the efforts of his filial son, Mr. Tseng's long cherished hopes were finally fulfilled. The poor children's home was built in Shanghai in 1908, and the family temple is now completed. This booklet gives a complete account of the construction of the latter, to which I refer the reader for all details. I am glad to introduce this booklet to him because it affords a striking example of strong family attachment and is an expression of a rare quality in this world of social chaos and disruption.

Perry C. Wong

Tientsin, November 29th., 1912

59

MR. TSENG SHAO-CHIN

Mr. Tseng Shao-chin was a great scholar as well as a pioneer in the field of modern industries. He was the most illustrious example of the day and one of the greatest benefactors of China. He was also the friend, lover and defender of his fellow men. As a philanthropist, he organized a Charity Farm in 1899 for the support and education of the dependent members of his own clan. As a promoter of native industry, he knowingly lost a great part of his fortune for its advancement, and as a reform leader, no voice of his day pleaded more fearlessly against the opium vice.

In memory of these noble deeds, his beloved son Mr. T. V. Tseng established an Orphans' Home at Shanghai in 1908 and very recently has erected a family temple in Tientsin. With the completion of these tasks, it may be said that the father's good will for mankind has been truly brought to its perfection; and such, as Mr. Tseng realized in his own person, shall always constitute the supreme end of human life and civilization.

T. Y. Chang.

Tongshan December 10th, 1919

60

Ancestral Worship is to China what Christianity is to the West. Both forms of religion teach the grand doctrine of love: the one na intensive love called "Filial Piety", and the other an extensive love known as "the Brotherhood of Man." Superficially, the two forms of re ligion may seem to be opposed, but fundamentally they agree. On the one hand, we have Confucius, the teacher of filial piety, who says "Within the four seas, all are brethren"; on the other, there is Jesus, the exponent of the brotherhood of man telling his disciples "Honor thy father and thy mother". Therefore these two forms of religion are not conflicting, but mutually supplementary.

In the evolution of the doctrine of filial piety, there has grown up in China a custom of erecting ancestral halls by worthy descendants who wish to perpetuate the memory of their deceased parents. It is an endeavor to set forth in concrete form what the deceased look like and in writing what they stand for, so that their descendants may ever think of them and practise their virtues. In a borrowed sense, the ancestral hall is like a family church, open, however, only to descendants and their relatives.

My friend Mr. Tseng Tse Ven of Tientsin, a man of liberal ideas and an ardent believer of ancestral worship, has recently built a memorial hall dedicated to his noble father, the late Mr. Tseng Shao Chin. The late Tseng was, in many ways, a very remarkable man, and in my opinion, both his private life and his career as a public-spirited citizen deserve public notice. I therefore take pleasure in writing a short biographical sketch of the worthy man which heretofore has not been available in English.

Born in Shanghai 1849, the late Mr. Tseng started his life in business at the age of fourteen. Although he had little schooling, he was, by nature, fond of learning, and because of his intellectual avidity, he soon became a well-read man. At nineteen, he was the manager of a small firm which, however, failed, in spite of the pains-taking efforts to prosper. For a time, he was very despondent; but his friends had confidence in his natural ability. They soon organized another company and he was placed at the head of it. Fortune now smiled on him, and his business transactions were attended with growing success. In a few years, he climbed to the top and became the recognised leader in his line of business which was the import and export trade.

It was, however, not his business, success but his exemplary private life and his public-spiritedness as a citizen for which he was remarkable. Though a stoic in his habits, he was an enlightened father and a kind and generous friend. In his relation towards his children, he felt that they should not be given a large inheritance, but that they should be well-educated, so that they might become good intelligent citizens. In his relation towards his friends, his characteristic saying was "I am ever ready to swallow offenses and forget ingratitude". Therefore rarely did he ever refuse a worthy call for assistance, and it was this trait in his character which made him popular and influential in his civic career. He hated smoking, gambling, immorality and easy life.

As a citizen Mr. Tseng Shao Chin first came into the public attention shortly after the Boxer Outbreak. He assisted the late Shen Kungpao in establishing the Chinese Red Cross Society. He went to the East Indies in order to buy rice to succor the poor. In 1905 he protested against the injustices of the American Immigration law, and figured prominently in the boycott of American goods. It was he wh took over the municipal bureau from the Shanghai Taotai and made it a civic activity. In the national crusade against opium, he was instrumental in establishing many anti-opium societies, for he believed that unless the use of this pernicious drug was entirely given up, there was no hope of China's salvation. A little later, he organised a merchants' volunteer corps which, in the Revolution of 1911, assisted in the capture of the arsenal at Shanghai. In 1907, he founded a poor children's home and placed his son in charge of it. His interest, however, did not end here. He wished to modernize music and the stage. In order to do the former, he sent several young men abroad to study music at his own expense, and in order to do the latter, he made the acquaintance of some of the leaders of the stage, a class of people traditionally held in contempt by society, and succeeded in persuading them to introduce modern plays. His range of interest therefore was large and his enthusiasm unbounded. He died at the age of sixty in 1909, leaving a son and a daughter.

His life was a simple life, but it was also an unselfish life. The talents with which he was endowed he turned to good account and what wealth that was entrusted to his care he used for the benefit of the public. It was fortunate that he lived, but unfortunate that he did not live longer. To the memory of such a life, it is fitting that something permanent should be built, both as a reminder and as a guide to those who come after him. Physically he is dead, but spiritually he lives, not in that memorial hall which has been erected to perpetuate his memory and deeds, but in his only son who is rigidly practising the virtues of the father and is a living embodiment of those high principles which derive their life in that love we call Filial Piety and in that worship which we call Ancestral Worship.

Y. T. Tsur.

Tientsin,
January 18th 1920.

61

En un temps où le dogme de la piété filiale en Chine est battu en brèche par certaine Ecole, il est réconfortant de voir l'exemple que donne M. T. V. Tseng, en élevant, à Tientsin, à la mémoire de son père défunt, un temple de famille avec une statue de bronze.

Le défunt, il est vrai, M. Tseng Shao-chin, fut un homme de grand mérite qu' il convient d'honorer d'une manière toute spéciale.

D'abord engagé dans la carrière des lettres, il se lançait ensuite dans les affaires où il acquerrait bientôt une grande réputation d'intégrilté et de savoir-faire.

Devenu riche, il se distinquait par sa philantropie et son ardent amour du progrès.

Il créa une ferme modèle au profil des membres pauvres de sa propre famille, et contribua de tout son pouvoir à créer des industries nouvelles.

Il consacra tous ses efforts à la propagande contre le vice de l'opiun et se dévoua en général pour le bien puplic.

C'est pour rendre hommage à une vie si bien remplie que son fils, M. T. V Tseng, lui a élevé une statue de bronze dans un temple de famille, témoignant ainsi d'une piété filiale edifiante et digne d'être meditee.

LIOU TSINE-JEN.

62

Some time later Mr. Tseng Shao Chin founded the Shanghai Volunteer Corps for local defence. People of the neighbouring provinces and cities also adopted this policy with success. In the first revolution, the attack on the Kinagnan Arsenal was partly due to the effective services of this corps. It was dissolved in the second year of the Republic, when Yuen Shih Kai was at the height of his power.

Another great deed was the establishment of the Shanghai Poor Children's Home in the 33rd year of Kwang Hsü. The then government greatly approved of this and highly praised his actions, expressing their feelings by presenting him with a tablet engraved with the following words 'Kwang Hsüeh Liu Sze" (meaning that the recipient of the tablet had diffused learning and spread the spirit of charity). In the Home there are now several hundred poor children well supported, although a part of the building was destroyed through the action of Yuen Shih Kai.

Mr. Tseng shao chin was benevolent, wise and upright. He was willing to help others, even if they were new acquaintances. He managed his family with frugality, and instructed his children with rigid strictness. He did everything with determined energy.

He had a very clear voice, and was a fine orator. In the closing years of the Tsing dynasty, speeches were delivered in various places on political subjects, but none of them were so eloquent and emphatic as Mr. Tsen's When he gave a speech, he was generally applauded by thousands of listeners at one time.

Through he had no craving for pleasure, he had a liking for singing. He made acquaintance with two famous actors, Sun and Pan, whose reputation was widely spread with his help. This greatly contributed to the improvement of modern plays in China. He also had good taste in foreign music, so he sent his two students Kao and Feng to study the art in Japan. It is through his efforts that we have the pleasure of hearing some bands at Shanghai

Owing to his enthusiastic services towards his country, which entailed overwork, his health became gradually weakened. He died at the age of 60 in his "Charity Farm" at Karding, much loved and respected by his fellow-countrymen.

In conclusion, a few words of gratitude may be added for the invaluable assistance he rendered towards my school (the Shanghai Ming Lih Middle School) Its success was greatly due to his generous donations from time to time. The total number of students now reaches neraly 1,000 and it is a great pity that he could not have lived to see such a success.

China is now in a chaotic condition and is in urgent need of such patriotic men as Mr. Tseng Shao Chin to help her out ef danger. It is sincerely hoped that members of the highly educated classes, especially his son Mr. Tseng Tse Ven, who is a prominent and well-known scholar among the Chinese people, will use their best endeavours to follow in the foot steps of Mr. Tseng Shao Chin in the re-construction of New China, so that she may in the near future become a member of the family of strong nations.

As to the construction of the "Temple Family," I do not deem it necessary to write anything about it here as a detailed account of it has already been given in this booklet.

Soo Ying Juk

Shanghai Ming Lih Middle School.
Shanghai, 29th April 1920

63

In order to show my profound gratitude towards my relative, the late Mr. Tseng Shao Chin, in memory of whom his son Mr. Tseng Tse Ven has built a "Family Temple" named Shou Yu Tang in Tientsin, and for the general information of the public, this article has been written.

To trace the origin of this Family Temple, I think an account of the life of Mr. Tseng Shao Chin, containing so many important services rendered and benevolent deeds done for his fellow-countrymen, should be given here, and it will undoubtedly interest readers to a great extent.

Mr. Tseng Shao Chin's original native place was in Tung An, Fukien province. His grand-father came to Shanghai as a merchant and thus his family removed here. Mr. Tseng Shao-Chin was the second son of his family; he was very clever even from childhood. Just at the time of the Taiping Rebellion, he had very little time to pursue his studies, and therefore at the age of fourteen he entered the firm of Mr. Soo Tse Ming (the grandfather of the writer) as an apprentice. He got up very early in the morning and worked very hard during the day, and in his spare time paid special attention to reading, writing and drawing. His essays, handwriting and drawing were afterwards well-known among his acquaintances.

At the age of nineteen he was appointed manager of the Chiang Tai Company, and he worked there very successfully for twenty years. A few years after leaving that firm he became partner and manager in the China Trading Company, and remained in that position until his death.

In 1900, at the time of the Boxer trouble he rendered a great service to Mr. Lu Hai Huan (then Commissioner for Treaty Revision at Shanghai) and Sheng Kung Pao, in the establishment of the Red Cross Society at Shanghai soon afterwards he went to the Malay Islands to buy a large quantity of rice to be imported to China for cheap sale to his poor fellow-countrymen.

Five years later, when it happened that the American people treated the Chinese work men with cruelty, he started a boycott against the American goods, which was carried on by the people of the whole country. It was largely due to his efforts that the American people were willing to remedy the conditions in the treatment of Chinese workmen.

When the Nantao Chinese Municipal Council of Shanghai which had long been ruled by the officials, was tranferred to the hands of local gentry, Mr. Tseng Shao-Chin rendered very invaluable services in its reorganization. This was the nucleus of local self-government in Shanghai.

Seeing that without abolition of opium smoking China could not effectively struggle for existance, he established Tsung Wu Chun Shui Society to manufacture a kind of gum for the relief of opium smokers. Gradually branches were established in various places; the people who got rid of the opium habit by its means have numbered several hundred thousand.

In the 4th moon of 1906 he lodged a memorandum with the Cabinet, suggesting some plans as to how opium-smoking might be prohibited, and in the 8th moon of the same year a Presidential mandate was issued prohibiting opium-smoking within a certain limit of years. Were he alive at present, people would not have suffered so much from opium-smoking as they have done.

64

I have not had the pleasure of personally knowing Mr. Tseng Shao Chin, but men are esteemed and appreciated through their private life and work, the former being proved by the veneration Mr. T. V. Tseng has for his father and latter by the great blank he has left amongst his fellow citizens.

In the actual difficult moment, when the most important questions are being discussed in China (a thing which will be a deciding factor for her future settlement), the loss of a man like Mr. Tseng Shao Chin assumes a character of a real national loss.

Fortunately work survives men, and Mr. T. V. Tseng in erecting a "Memorial hall" to his beloved father is doing a great service to his country. It will indeed be like a warning and guide to the present and future generations, and it will also show how one can serve his own country dedicating his whole activity not to a selfish end, but to the general interest of the people.

Mr. Tseng Shao Chin, in studying the greatest philosophers and learned men, had, first of all, the firm will of educating and raising his mind and heart to a higher level. He worked then for the realisation of a fortune, not for the lust of money, but for conveying to his own fellow countrymen all the good felt by his great soul.

It would be enough here to recall the active part Mr. Tseng Shao Chin took in the opium-smoking campaign, and the foundation of a home for the poor.

A broad-minded man, he understood the necessity of sending some young men to study abroad, for the purpose that with the new ideas and the knowledge of foreigners, they could better serve their own country.

Of a kind nature, and sensitive to beauty, he understood the great influence art has in educating people. He was thus a great friend and protector of artists, and never spared efforts or money in the purpose of renewing the theatre and music as means of popular education. A literate and business man, he proved also to be a man of action when the occasion arose. We saw him in the 1911 revolution at the head of his volunteers in the capture of the Shanghai Arsenal and he proved himself to be a fiery patriot and custodian for the dignity of his country at any time or on every occasion when the good name of China was at stake.

For what I have said, Mr. T. V. Tseng, in erecting to his great father a "Memorial hall", has accomplished his duty as a son a citizen as well Good blood does not fail.

I feel particularly grateful to Mr. T. V. Tseng for having purposely chosen the Italian Concession as the site for the erection of the "Memorial hall" to his venerated father Mr. Tseng Shao Chin, and I can assure him that the respect and devotion which the old Chinese people have for their great dead, find now and it always will, a profound echo in the hearts of the Italians, who are accustomed, for centuries, to venerate their great Masters.

65